Autismus verstehen & verändern

Abigail Marshall mit Ronald Dell Davis

Autismus
verstehen & verändern

Am Leben teilnehmen mit dem Davis-Autismus-Ansatz

ITV

Originalausgabe „Autism and The Seeds of Change"
© 2012 by Abigail Marshall and Ronald Dell Davis.

© 2013 der deutschsprachigen Ausgabe ITV,
Ioannis Tzivanakis Verlag, Hamburg.
www.ioannistzivanakisverlag.com

Cover: Ioannis Tzivanakis Verlag
Übersetzung: Dr. Andrea Paluch
Lektorat: Ute Bahn
Fachlektorat: Sonja Heinrich
Satz und Layout: Anne Beeger-Naroska
Knetfiguren & Fotos: Suzanne Pope-Mayell, Lorna Timms & Himanshu
Ratnakar
Printed in Germany

ISBN: 978-3-940493-06-4

Bibliografische Information der Deutschen Nationalbibliothek:
Die Deutsche Nationalbibliothek verzeichnet diese Publikation in der Deutschen Nationalbibliografie; detaillierte bibliografische Daten sind im Internet über http://dnb.dnb.de abrufbar.

Gewidmet Dr. Fatima Ali,
die zur rechten Zeit für uns da war.

Danksagung

Die folgenden Davis-Berater haben mit ihren Einblicken und Erfahrungen aus der Arbeit mit ihren Klienten zu diesem Buch beigetragen.

Stacey Borger Smith	Calgary, Alberta, Kanada
Cathy Cook	Columbia, Missouri, USA
Ray Davis	Burlingame, California, USA
Cathy Dodge Smith	Oakville, Ontario, Kanada
Tina Guy	Nelson, Neuseeland
Gale Long	Elkview, West Virginia, USA
Marcia Maust	Berlin, Pennsylvania, USA
Cinda Osterman	Grand Ledge, Michigan, USA
Gabriela Scholter	Stuttgart, Deutschland
Elizabeth Currie Shier	Oakville, Ontario, Kanada
Lawrence Smith, Jr.	Calgary, Alberta, Kanada
Lorna Timms	Christchurch, Neuseeland
Christien Vos	Groningen, Niederlande
Yvonne Wong	Hong Kong, China

Inhaltsverzeichnis

Vorwort

Eines Tages traf ich einen tollen kleinen Jungen. Er war acht Jahre alt; seine Eltern hatten ihn aus der Schule genommen, weil er, in seinen eigenen Worten, gesagt hatte: „Ich bin so verwirrt, ich bin überfordert." Sie konnten zusehen, wie er sich von Tag zu Tag mehr in sich zurückzog. Er fragte mich, ob ich ihm helfen könne, und ich sagte, ich würde es versuchen.

Es dauerte nicht lange, bis mir schmerzhaft bewusst wurde, dass ich ihm trotz all meiner Bereitschaft, meiner Entschlossenheit und meines Könnens nicht helfen konnte.

Ich saß einem kleinen Jungen am Tisch gegenüber, der ein Gesicht voller Unschuld, das Lächeln eines Engels und Weisheit jenseits seines Alters hatte, der sich aber in einem Gefühl der Leere befand.

Ich konnte ihn für eine Weile in seiner Leere erreichen und dort mit ihm zusammen sein, aber ich konnte ihn nicht mitbringen und an meiner Welt teilnehmen lassen, der Welt, in der sich seine Familie, Freunde und Schule befanden. Diese Welt war zu überwältigend.

Ich bat meinen Mentor Ronald Davis um Hilfe und er gab mir ein Manuskript. Es war eine Anleitung dafür, wie diesem jungen Mann zu helfen sei. Ich verschlang jede einzelne Seite; es machte alles Sinn, natürlich – warum hatte ich nicht vorher auf diese Weise gedacht!

Mit Ron Davis' Nachhilfe gelang es mir, auf meinen bisherigen Erfahrungen mit den Davis-Methoden für Legasthenie und Aufmerksamkeitsdefizite aufzubauen. Durch meine bisherige Ausbildung und Praxis besaß ich Wissen und fast alle Werkzeuge, die ich brauchte, aber Ron gab mir das Gerüst und die Anleitung, wie ich diese mit einem Kind teilen konnte, das in einer andersartigen Innenwelt wohnte. Mit diesem neuen Ansatz sah ich, wie der Junge aus seiner autistischen Welt herauskam und mit uns in unserer Welt umherspazierte.

Das war die gewinnbringendste Erfahrung, die ich jemals in all meinen Jahren als Lehrerin gemacht hatte. Von da an fühlte ich mich verpflichtet, diese Arbeit fortzusetzen. Ich konnte es Anderen, wie diesem kleinen Jungen, ermöglichen, auf Regelschulen zurückzukehren, aus Wohnheimen zurück zu ihren Familien zu ziehen, eine Anstellung zu bekommen und tiefer gehende Beziehungen zu haben. Das war eine extrem befriedigende Arbeit.

Obwohl eine gewaltige Veränderung für diese Familien stattfand, dauerte es nicht lange, bis ich realisierte, dass es nur wenige Auswirkungen auf die größere autistische Gemeinschaft gab. Ich hatte ein elegantes und erkenntnisreiches System erhalten, das von einer autistischen Person erschaffen worden war, um anderen autistischen Individuen und ihren Familien zu helfen. Dieses Programm veränderte Leben. Es mussten noch mehr Leute die Möglichkeit bekommen, das zu erfahren.

Mit diesem Ziel entstand Davis Autism International, eine Organisation, die Andere im Davis-Autismus-Ansatz ausbildet und im Gegenzug dadurch viel mehr autistischen Personen die Möglichkeit gibt, weitgehender am Leben teilzunehmen. Je mehr Menschen teilnahmen, desto offensichtlicher wurde es, dass dieses Programm der Schlüssel war, um so viele Rätsel zu lösen.

Unglücklicherweise gab es immer noch ein fehlendes Puzzleteil: Information. Information für jene, die die Davis-Programme noch nicht kennen, Information, die ein Verständnis für die Einfachheit und doch Tiefe dieser Arbeit erzeugen konnte, die Neugier befriedigen und kundige Entscheidungen hervorbringen konnte. Information, die das fehlende Teil zutage bringen würde, nach dem ich schon all die Jahre gesucht hatte.

Abigail Marshall, Autorin von *Everything Parent's Guide to Children with Dyslexia* und *When your child has ... Dyslexia* hat wieder eines ihrer Wunder vollbracht. Zusammen mit Ron Davis hat sie das vorliegende Buch geschrieben, *Autism and the Seeds of Change*. Es erfasst den Kern unseres einzigartigen Programms, erklärt es in leicht verständlicher Weise und beantwortet Fragen, von denen man nicht wusste, dass man sie hatte.

Abigail hat das Talent zu erklären. Sie kann eine dritte Größenordnung in eine Thematik einführen, die es einem erlaubt, aus verschiedenen Perspektiven auf die Dinge zu schauen und überzeugende Zusammenhänge herzustellen. Abigail hat die Begabung, für ein großes Publikum zu schreiben, und sie hat dieses Buch verfasst, um sowohl Eltern, Großeltern, Lehrer als auch Fachleute zu informieren. Ich bin sehr dankbar, dass ich diese Quelle habe, und ich bin mir sicher, dass es Ihnen auch so gehen wird.

Oh, was den kleinen Jungen angeht. Acht Jahre später ist er in der Highschool und erzielt ausgezeichnete Noten in den unterschiedlichsten Fächern und ist überragend in Schauspiel, Französisch, Englisch und Mathe. Seine Eltern machen sich keine Sorgen um seine Zukunft und genießen es, ihn bei der vollständigen Teilnahme am Leben zu beobachten.

Lorna Timms
Director, Davis Autism International

Eine Anmerkung von Ron Davis

Lieber Leser,

seit langem schon wollte ich ein Manuskript schreiben mit dem Arbeitstitel *Autismus – Geschenk und Fluch wahrer Genialität*. Mein Alter, mein unbeständiger physischer Zustand und meine vielen anderen Interessen haben es jedoch zeitlich nicht zugelassen.

Ich hatte gehofft, solch ein Werk würde die Aufmerksamkeit des Lesers auf eine andere Perspektive des Autismus lenken. Es würde die Grundlage für die Möglichkeit autistischer Individuen bilden, Fähigkeiten und Fertigkeiten zu erlangen, um vollständig am Leben teilzunehmen. Das Buch hätte „laienfreundlich" sein müssen, denn es wäre für die Angehörigen autistischer Menschen geschrieben worden. Aber es hätte auch eine Bibliographie haben müssen, um die akademische Gemeinschaft zu überzeugen, dass es sich um eine seriöse Arbeit handelt, die auf vernünftiger Argumentation und Logik basiert und mit den Ergebnissen vieler Anderer übereinstimmt.

Zunächst verfasste ich ein Manuskript mit dem Titel *Das Geniale zur Reife bringen*, das die praktischen Grundlagen dafür lieferte, wie man diese Aufgabe tatsächlich bewältigen konnte. Es war jedoch weder laienfreundlich noch akademisch kompatibel. Dieses Buch war ein wirkungsvolles Handbuch für Workshops mit erfahrenen Fachleuten, die bereits über Verstehen, Wissen und Können,[1] die den Vorgehensweisen und benötigten „Werkzeugen" zugrunde liegen, verfügten. Es entsprach aber nicht den Bedürfnissen eines breiteren Publikums.

---

[1] Es handelt sich bei diesen Davis-Fachbegriffen um die drei Blickwinkel der Erfahrung: understanding – Verstehen, knowledge – Wissen, wisdom – Können. Anm. d. Übers.

14

Falls das neue Buch etwas werden sollte, brauchte ich Hilfe. Glücklicherweise war eine gute Freundin von mir genau die richtige Person dafür. Abigail Marshall ist eine verlegte, eigenständige Autorin. Ich habe mit ihr auch in der Vergangenheit schon zusammengearbeitet, als Koautor einiger Artikel, und sie ist gründlich vertraut mit meiner gesamten Arbeit. Wir kennen uns seit 1995. Sie war ein Teil der ursprünglichen Gruppe, die die Davis Dyslexia Association International gegründet hat und gehört dieser Organisation noch immer an.

Es gibt viele, denen ich bereitwillig mein Leben anvertrauen würde, aber nur wenige, denen ich bereitwillig die Zukunft meines Lebenswerks anvertraue. Abigail ist eine von ihnen. Wenn Sie das Buch lesen, werden Sie sehen, dass mein Vertrauen nicht unangebracht war und wie viel Glück ich einfach habe.

Ron Davis

Einleitung:
Anmerkungen und Hinweise der Autorin

Bis zum Jahr 2012 gab es ungefähr 75 ausgebildete Fachleute, die aktiv mit Kindern und Erwachsenen gemäß des Davis-Autismus-Ansatzes arbeiteten. Sie sind in gut einem Dutzend Länder tätig und sprechen in mindestens acht Sprachen mit ihren Klienten. Die Davis-Methode besetzt eine bestimmte Nische und hat einen bestimmten Zweck, und zwar den, autistische Menschen zu befähigen, die Kluft zwischen der Unfähigkeit und der Fähigkeit, vollständig am Leben teilzunehmen, zu überbrücken. Aber weil das Programm neu ist, haben erst wenige davon gehört, ebenso, wie die akademische und die Fachwelt sie noch nicht wahrgenommen haben.

Dutzende Kinder und Erwachsene haben alle Phasen des Programms abgeschlossen und viele andere sind dabei, sich ihren Weg entlang der verschiedenen Schritte zu erarbeiten. Deshalb ist es Zeit für ein Buch, das Eltern und Fachleuten als Informationsquelle für diesen revolutionären Ansatz dienen kann.

Dieses Buch ist keine Bedienungsanleitung, und ein Elternteil, Tutor oder Therapeut sollte nicht versuchen, es als solches zu benutzen. Die beste Informationsquelle für jemanden, der direkt mit einem autistischen Menschen arbeiten will, ist das Coaching-Angebot einer Davis-Fachperson.[2] Dennoch soll dieses Buch den Leser mit der grundlegenden Information darüber versorgen, welche Rolle die Fachleute beim Anleiten ihrer autistischen Klienten hin zur Unabhängigkeit spielen.

Für die Arbeit nach dem Davis-Autismus-Ansatz ausgebildete Berater/Coaches sind talentiert, kreativ, geduldig, geübt und höchst

---

[2] Die Adressen sind erhältlich bei Davis Autism International (DAI): www.davisautism.com (Stand: 30. Januar 2013); die deutschsprachigen Adressen unter: www.davis-autismus.com.

erfahren. Zusätzlich zu ihrer umfangreichen Ausbildung bringen sie für ihre Arbeit ihren eigenen spezifischen Grad an Einsicht und Offenheit mit, ein Element, das nicht in einem Buch gelehrt oder erklärt werden kann. Die Anleitung für das Programm ist momentan in Form der direkten Beratung verfügbar. Zusatzangebote wie unterstützende Videos und Elternworkshops werden gerade entwickelt.

In diesem Buch benutze ich das Wort „Autismus" weit gefasst für alle Erscheinungsformen des autistischen Spektrums. Der Begriff beinhaltet klassischen Autismus jeden Funktionsniveaus, das Asperger-Syndrom, tiefgreifende Entwicklungsstörungen und alle weiteren Diagnosebezeichnungen, die gemeinhin dem autistischen Spektrum zugeordnet werden. Ich mache das zum Teil deshalb, weil sich wahrscheinlich gängige Kategorien und Bezeichnungen mit der erwarteten Veröffentlichung des DSM-V[3] im Jahr 2013 verändern werden.[4]

Ich habe mich jedoch des Weiteren dafür entschieden, die Abkürzung ASD (für Autism Spectrum Disorder) nicht zu benutzen. Ich habe das Gefühl, dass das Wort „disorder" [Störung] innerhalb der Abkürzung abwertend aufgefasst werden könnte. Für mich ist „Autismus" keine Krankheit, die geheilt werden muss, sondern vielmehr ein komplexes Muster individueller Eigenschaften. Einige dieser Eigenschaften sind offensichtlich ziemlich hinderlich, aber andere können erfreulich und sogar sehr beeindruckend sein. Viele sind einfach Merkmale, die mit der Persönlichkeit eines Menschen verwoben sind, Reflexionen seiner eigenen inneren Veranlagung und Lebenserfahrung. So, wie er in diesem Buch benutzt wird, um-

---

[3] DSM-V ist die Abkürzung für: Diagnostic and Statistical Manual of Mental Disorders 5, hg. von American Psychiatric Association (Anm.d.Übers.) [Siehe auch die Ankündigung im Ärzteblatt:
www.aerzteblatt.de/nachrichten/40054/DSM-V-Erste-Einblicke-in-das-neue-Psychiatrie-Handbuch (Stand: 30. Januar 2013), Anm. d. Hg.].
[4] Mit diesem Vorschlag wird die Diagnose des AspergerSyndroms abgeschafft und alle Formen des Autismus werden unter dem Begriff „Autism Spectrum Disorder" zusammengefasst (American Psychiatric Association 2011).

fasst der Begriff „Autismus" das große Ganze, das Gute und das Schlechte, die Schwächen und die Stärken. Dieses Buch beschreibt einen bestimmten Ansatz, der darauf abzielt, autistischen Menschen dabei zu helfen, ihre Schwächen zu überwinden, ohne dabei in irgendeiner Weise ihre Stärken zu schwächen oder in Abrede zu stellen.

Manchmal benutze ich den Ausdruck *Autist* für eine Person, die autistische Merkmale aufweist. Ich mache das, weil *Autist* ein Substantiv ist und ein Begriff, den man gleichermaßen für ein Kind oder einen Erwachsenen benutzen kann. Ich will mit dieser Wortwahl keine Rückschlüsse auf die Person als Ganzes oder die Art des Autismus zum Ausdruck bringen. Ich glaube, dass jeder einzelne „Autist" ein einzigartiger Mensch ist, der durch seinen Autismus weder völlig festgelegt ist, noch davon herabgewürdigt wird.

Aus Gründen der sprachlichen Einheitlichkeit verwende ich das männliche *er*, wenn ich allgemein von entweder einer autistischen Person oder einem Davis-Klienten spreche. Wenn ich allgemein von einem Erwachsenen spreche, der mit autistischen Menschen lebt oder arbeitet, wie etwa ein Elternteil, Therapeut oder Vermittler, benutze ich das weibliche *sie*. Das ist lediglich eine sprachliche Festlegung, um Verwirrung zu vermeiden.[5]

Dieses Buch handelt hauptsächlich von Ronald Dell Davis, dem Begründer des Davis-Autismus-Ansatzes. Ich spreche üblicherweise von Mr. Davis als entweder „Ron Davis" oder „Ron", wenn es um Dinge geht, die er als Mensch getan oder erlebt hat. Den Nachnamen „Davis" allein benutze ich vor allem, wenn ich von den Methoden spreche, die er entwickelt hat. „Ron" ist mit anderen Worten die Person, die die „Davis"-Methoden erfunden und angeregt hat, die in diesem Buch behandelt werden.

---

[5] In der deutschen Übersetzung verhält es sich mit dem grammatikalischen Geschlecht genau anders herum: die autistische Person erhält das Pronomen „sie", der Davis-Berater das Pronomen „er" (Anm.d.Übers.).

Genauso sind Davis® und Davis-Autismus-Ansatz® eingetragene Warenzeichen von Ron Davis. Das bedeutet, dass diese Methoden nicht ohne Lizenzvertrag beworben oder in einem kommerziellen Kontext (gebührenpflichtig) angeboten werden können. Eine Lizenzierung ist erst nach umfangreicher Ausbildung und Praxis möglich. Viele der speziellen Verfahren, die in diesem Buch beschrieben werden, haben ebenfalls spezielle eingetragene Namen.

Davis-Fachleute, die das strenge, für die Lizenzierung benötigte Ausbildungsprogramm absolviert haben, werden zum „Berater/Coach" ernannt. Als Beratung bezeichnet man die Einzelarbeit mit einem autistischen Klienten, Coaching nennt man die separate Arbeit mit einem Elternteil oder Tutor, welcher dann wiederum selbst mit einem autistischen Klienten oder Familienmitglied arbeitet. In diesem Buch spreche ich von solchen Fachleuten grundsätzlich als „Berater" – und ich benutze diesen Ausdruck *nur* in Verbindung mit lizenzierten Anbietern des Davis-Autismus-Programms.[6]

Schließlich gebe ich im Laufe dieses Buches viele Anekdoten und Berichte wieder, die ich von Davis-Beratern, Eltern und sogar unmittelbar von autistischen Menschen, die von dem Davis-Autismus-Ansatz profitiert haben, gehört habe. Meine Quellenangaben bezüglich der Davis-Fachleute enthalten ihre echten, vollen Namen. Bezüglich Autisten und ihrer Familienangehörigen habe ich mich entschieden, Pseudonyme zu benutzen, um ihre Privatsphäre zu schützen.

Abigail Marshall

---

[6] Die Aufgabe eines Davis-Beraters sollte nicht verwechselt werden mit der Idee einer „gestützten Kommunikation", einer umstrittenen Autismus-Therapie, in der ein „Vermittler" einer non-verbalen autistischen Person Hilfestellung gibt, indem er für sie schreibt. Davis-Vermittler unterstützen einen interaktiven Lernprozess bei Schülern, die normalerweise sprechen können und immer eindeutig sprachlich aufnahmefähig sind, die zumindest die Fähigkeit haben, über Gesten, wenn nicht über Wörter oder ganze Sätze, effektiv zu kommunizieren.

Kapitel 1

Autismus aus der Davis-Perspektive

Das Ziel des Davis-Autismus-Ansatzes ist es, Menschen aus dem autistischen Spektrum in die Lage zu versetzen, vollständig am Leben teilzunehmen. Das Programm ist so aufgebaut, dass der Person die Kernkompetenzen, das Verstehen und das Selbstvertrauen vermittelt werden, welche die Voraussetzung dafür sind, unabhängig zu leben, eigene Lebensziele wie Bildung und Beruf zu verfolgen, sich in Beziehung zu Anderen zu setzen und sich in Gesellschaft Anderer zu integrieren. Dieses Ziel wird durch die Kombination selbststeuerbarer Werkzeuge erreicht, die den mentalen Fokus verbessern, und durch eine Abfolge von Begriffen, die aufeinander aufbauende Lebenslektionen umfassen. Beide Phasen werden einfühlsam mit aktiver Teilnahme des Klienten und in einer bestimmten Reihenfolge durchlaufen, die die vollständige Beherrschung und Integration dieser Begriffe ermöglicht.

Obwohl der Davis-Ansatz Techniken benutzt, die unter Umständen auch kleinen Kindern und anderen Menschen mit niederfunktionalem Autismus helfen können, ist das Programm, das in diesem Buch beschrieben wird, nicht für eine frühe Intervention gedacht. Es ist eher für ältere Kinder, Teenager und Erwachsene gemacht, die eine gute sprachliche Aufnahmefähigkeit besitzen. Der typische Davis-Klient ist über sieben Jahre alt und wird als moderat funktional bis hochfunktional eingestuft.

Das Davis-Programm will Autismus nicht „heilen", sondern vielmehr autistischen Menschen eine Anleitung und Werkzeuge an die Hand geben, die sie brauchen, um in der Welt, in der sie leben, zurechtzukommen. Das Davis-Programm besetzt eine spezielle Nische. Es enthält einige Elemente, die entwicklungspsychologischen Ansätzen für Autismus und sozialen Kompetenztrainingstherapien ähneln, hat jedoch eine andere theoretische Grundlage und benutzt eine spezielle Methodik.

Davis unterscheidet sich von anderen Programmen in dem Grad, in dem es letztendlich von den Impulsen der Person gesteuert wird, die das Programm absolviert, anstatt von dem Therapeuten oder Vermittler, der lediglich betreut und anleitet. Philosophisch gesehen ist Davis eine Reise der Selbsterforschung, Selbstentdeckung, Selbstverwirklichung und letztlich Selbstbefähigung.

Das Davis-Programm ist effektiv, weil es auf autistischer Erfahrung beruht und es die Menschen mit grundlegenden Werkzeugen ausrüstet, mit denen sie eine Veränderung in ihren jeweils eigenen Leben herbeiführen können. Der Davis-Berater setzt die Samen, die die Veränderung herbeiführen können, aber das anschließende Wachstum ist natürlich und wird genährt von der angeborenen Fähigkeit und Neigung dieses Menschen.

Autismus ist im Kern keine Beeinträchtigung der Kognition oder des Intellekts, sondern der Integration. Der Autist war nicht in der Lage, neue Informationen und Erfahrungen auf dieselbe Weise in sein Leben und Sein zu integrieren wie Nicht-Autisten oder neurotypische Personen. Während der Autist heranwächst und sich entwickelt, nimmt er seine Welt auf eine deutlich andere Weise wahr. Das schränkt ihn ein, weil sich bestimmte Gedanken und Verhaltensweisen bei ihm nicht entwickeln, die die nicht-autistische Welt aber voraussetzt. Davis stellt dem Autisten die fehlenden Elemente auf eine einfache und direkte Weise bereit, die seiner angeborenen Lernweise entspricht. Diese Elemente bieten einen Weg zur vollständigen Verinnerlichung des Wissens, Könnens und Verstehens an, ohne welche man im Leben nicht erfolgreich zurechtkommen kann.

Die Wurzeln des Autismus-Programms

Ronald Dell Davis entwickelte sein Autismus-Programm, indem er seine vorhergehende wegweisende Arbeit im Bereich der Legasthenie erweiterte und fortführte. Obwohl es keine direkte Beziehung zwischen Autismus und Legasthenie gibt, wurden Ron Davis und seine Kollegen bereits in den Anfängen des Legasthenie-Programms gebeten, mit autistischen Klienten zu arbeiten. Weil das Legasthenie-Programm nicht auf Autismus ausgerichtet ist, war ein erfolgreiches Arbeiten mit autistischen Klienten nur sporadisch und entsprach nicht vollständig den Bedürfnissen dieser Menschen. Aber es wurden Erfahrungen gesammelt, auf denen man aufbauen konnte. Die grundlegenden Davis-Werkzeuge sind auf kein bestimmtes Etikett festgelegt, wie „Autismus" oder „Legasthenie", sondern erreichen alle Lernenden effektiv. Trotzdem wurde, um den besonderen Bedürfnissen autistischer Klienten gerecht zu werden, ein neues Programm entwickelt, das speziell auf Autismus abgestimmt ist.

Ron Davis eröffnete 1981 das Reading Research Council Dyslexia Correction Center, wo über die Jahre Berater beschäftigt und ausgebildet wurden, um bei der Arbeit mit Klienten zu assistieren. 1994, nachdem er mit über tausend Betroffenen gearbeitet hatte, veröffentlichte Ron die erste Ausgabe seines bahnbrechenden Buches *The Gift of Dyslexia: Why Some of the Smartest People Can't Read...and How They Can Learn* [deutscher Titel: Legasthenie als Talentsignal]. Das Buch war sofort ein Erfolg und löste eine starke Welle von Nachfragen nach dem innovativen Davis-Legasthenie-Korrektur-Programm aus. Gemeinsam mit anderen Pädagogen entwickelte Ron ein professionelles Ausbildungsprogramm, das zur Zulassung und Lizenzierung hunderter Davis-Legasthenie-Korrektur-Berater führte.[7]

---

[7] Eine vollständige Liste momentan lizenzierter Davis-Legasthenie-Korrektur-Berater findet man unter der URL www.dyslexia.com/providers.htm (Stand: 06.02.2013). Informationen zu deutschsprachigen Davis-Beratern finden Sie am Ende dieses Buches.
Die Namen qualifizierter Davis-Autismus-Berater finden sich unter der URL www.davisautism.com/contact_facilitator.html (Stand: 06.02.2013); deutsche Adressen unter: www.davis-autismus.com.

Die Davis-Berater wurden mit vielen Klienten konfrontiert, die innerhalb des autistischen Spektrums lagen. Einigen konnte mit dem für Legasthenie entwickelten Programm geholfen werden; Andere mussten abgewiesen werden. Doch der Erfahrungsschatz, auf dem man aufbauen konnte, wurde größer. Statt eines Zentrums in den USA gab es nun hunderte erfahrener und qualifizierter Berater in der ganzen Welt. Viele arbeiteten versuchsweise mit autistischen Klienten und gaben ihre Einzelberichte an Ron Davis und andere Beraterkollegen weiter.

Zu Beginn des 21. Jahrhunderts war eine kleine Gruppe hoch motivierter und erfahrener Berater bereit, sich autistischer Klienten anzunehmen. Gleichzeitig wurde ein neu gestaltetes Programm lanciert und ein erster Versuchsdurchlauf gestartet. Im Jahr 2008 traf sich Ron mit einem Dutzend Berater zu einer einwöchigen Klausur in Kaikoura, Neuseeland, um das genaue Vorgehen bei einem standardisierten Davis-Autismus-Programm auszuarbeiten. Jeder der Teilnehmer hatte in verschiedenen Kontexten ausgiebige Erfahrungen mit der Anwendung der Davis-Methoden gemacht, auch mit autistischen Klienten. Doch weil die Reihenfolge und das Timing für die Einführung der jeweiligen Davis-Begriffe von der individuellen Beurteilung und Kreativität des einzelnen Beraters abhingen, waren die Ziele eines Programms für Autisten noch nicht vollständig klar. In Kaikoura setzte die Gruppe eine bestimmte Reihenfolge und ein Regelwerk für den Davis-Autismus-Ansatz fest – ein neuer Anfang war gemacht, abgestimmt auf die speziellen Bedürfnisse von Kindern, Teenagern und Erwachsenen mit autistischem Hintergrund.

Wie Davis das Thema Autismus betrachtet

Ron Davis wurde 1942 in Utah geboren und in der Kindheit als „Kanner-Baby" bezeichnet. Dr. Leo Kanner hatte in einer wissenschaftlichen Veröffentlichung von 1943 erstmals den Begriff „Autismus" benutzt, um ein Krankheitsbild zu beschreiben, das er bei seinen Patienten beobachtet hatte. Ron kam also noch vor dem Wort „Autismus" auf die Welt.

Bei Ron zeigte sich deutlich eine klassische, schwere Form des Autismus. Er schreibt:

> My Mother told me that as an infant, any physical touch from her would set me off. Even when she was trying to nurse me I would try to scream and suckle at the same time. She was so afraid that I would choke that she had to find a way of feeding me without touching me. [8]

> [Meine Mutter erzählte, dass mich als Kind jede physische Berührung von ihr rasend gemacht hatte. Selbst wenn sie versuchte, mich zu stillen, versuchte ich, gleichzeitig zu schreien und zu trinken. Sie hatte solche Angst, dass ich ersticke, dass sie einen Weg finden musste mich zu füttern, ohne mich zu berühren.]

Ron begann in seinem zweiten Lebensjahrzehnt aus diesem autistischen Zustand herauszukommen. Mit Hilfe einer engagierten Sprachtherapeutin wurde er im späten Teenageralter ein unabhängiger, selbständig handelnder Erwachsener.

Seit dieser Zeit haben sich das allgemeine Verständnis und die Diagnosekriterien für „Autismus" erweitert und umfassen jetzt auch andere Ausdrucksformen des zugrundeliegenden Musters, einschließlich des Asperger-Syndroms und anderer Kombinationen von Symptomen, die mittlerweile zum autistischen Spektrum gezählt werden.

Der Davis-Ansatz ist darauf ausgerichtet, sich mit einem bestimmten *Problem* (oder eine Reihe von Problemen) zu beschäftigen und nicht, zu diagnostizieren. Um die Zielsetzung des Programms zu verdeutlichen, könnte man Autismus beschreiben als d a s U n v e r - m ö g e n , e i n V e r h a l t e n i n d e m M a ß e z u e n t w i c k e l n , d a s s

---

[8] Ronald D. Davis, *Nurturing the Seed of Genius* (Burlingame, CA: Davis Autism International, 2009), S. 5.

der Mensch soziale Beziehungen eingehen und auf-
rechterhalten kann.[9]

Bevor ein Mensch effektiv mit anderen in Beziehung treten
kann, muss er zuerst ein Verständnis von *Selbst* entwickeln. Er muss
auch fähig sein, seine Welt zu verstehen und darin zurechtzukommen. Bevor ein Autist erfolgreich soziale Beziehungen eingehen
kann, muss er auf Augenhöhe mit Gleichaltrigen sein.

Offensichtlich kann ein Autist eine Reihe anderer Symptome
und Probleme haben, die nicht direkt etwas mit Fähigkeiten der
sozialen Bezugnahme zu tun haben. Autismus wird typischerweise
auch von verschiedenen mentalen Stärken begleitet, die von den
Personen, die mit dem Autisten in Kontakt sind, manchmal als solche erkannt werden und manchmal auch nicht.[10] Es wäre also unangemessen, das Davis-Programm als eine „Heilung" des Autismus
zu betrachten. Das Ziel des Programms ist es nicht, den sogenann-
ten „Autismus" zu beseitigen, sondern vielmehr den Menschen mit
der Fähigkeit zu versehen, die für die vollständige Teilnahme am
Leben notwendigen Fertigkeiten zu entwickeln.

Ebenso wenig darf der Davis-Ansatz als Versuch verstanden
werden, ungewollte Verhaltensweisen zu beseitigen oder zu verändern. Davis glaubt, wenn der Grund für ein Verhalten beseitigt wird,
wird das Verhalten selbst auch aufhören. Das bedeutet, dass ein

---

[9] Diese Definition korrespondiert eng mit Kanners ursprünglicher Beschreibung von Autismus als „innate inability to form the usual, biologically provi-
ded affective contact with poeple" [angeborene Unfähigkeit, den normalen,
biologisch angelegten gefühlsbedingten Kontakt zu Menschen aufzubauen],
in: Leo Kanner, „Autistic Disturbances of Affective Contact", *Nervous Child* 2
(1943), S. 250.
[10] Vgl. z.B. Michelle Dawson et al., "The Level and Nature of Autistic Intelligence", *Psychological Science* 18, Nr. 8 (2007), S. 657-662; Michelle Dawson
et al., "Learning in Autism", in: *Learning and Memory: A Comprehensive Reference: Cognitive Psychology,* (Hg.) J.H. Byrne und H. Roediger (New York: Elsevier, 2008), S. 759-772; Isabelle Soulières et al., „Enhanced Visual Processing
Contributes to Matrix Reasoning in Autism", *Human Brain Mapping* 30, Nr. 12
(2009); Laurent Mottron, "Commentary: The Power of Autism", *Nature* 479,
Nr. 5 (2011), S. 33-35.

Verhalten, welches eine zwanghafte Reaktion des Autisten auf seine Unfähigkeit ist, mit seiner Umwelt zurechtzukommen, zurückgehen wird, sobald er die Fähigkeit erlangt, seine Welt zu verstehen und zu kontrollieren. Autistische Trotzanfälle, zum Beispiel, werden wahrscheinlich im Laufe der Zeit mit Hilfe des Davis-Programms verschwinden.

Trotzdem können manche autistische Verhaltensweisen bleiben, einfach deshalb, weil derjenige diese Verhaltensweisen nicht verändern will oder muss. Eine junge Frau, zum Beispiel, schrieb nach einem Davis Programm:

> This program works so well, that people don`t believe me anymore when I say I'm Aspergers. Not only that, I feel more free to "safely" indulge in my Aspie idiosyncrasies. I now rock back and forth and flap my hands not because I'm freaking out, but because it's fun and I like doing it! I don't have to be afraid that the dark places of my mind will take over and swallow me up just because I'm behaving Aspie. There is joy in my life and I am safe.[11]

> [Dieses Programm funktioniert so gut, dass die Leute mir nicht mehr glauben, wenn ich erzähle, dass ich Asperger-Autistin bin. Doch nicht nur das. Ich zögere nicht mehr, meinen Asperger-Eigenarten nachzugeben, und fühle mich sicher dabei. Ich schaukele nicht hin und her und schlenkere mit den Händen, weil ich ausraste, sondern weil es Spaß macht und ich es gern mache! Ich muss keine Angst haben, dass die dunklen Seiten meiner Seele von mir Besitz ergreifen und mich verschlingen, nur weil ich mich wie ein Aspie benehme. Es gibt Freude in meinem Leben und ich fühle mich sicher.]

Das Davis-Programm vermittelt einer Person einen höheren Grad der Selbstwahrnehmung, aber auch der Wahrnehmung ihrer Umwelt und der Menschen darin. Das macht es wahrscheinlicher,

---

[11] Am 1. August 2009 in einer Facebook- Gruppe gepostet: www.facebook.com/groups/6567263146/ (Stand: 26. Februar 2012).

dass der Klient nach einem Davis-Programm Verhaltensweisen zu-
rückhält, die andere stören oder ärgern könnten. Die junge Frau, die
über ihre „Aspie-Eigenarten" geschrieben hat, war nach dem Programm in der Lage, einen Arbeitsplatz mit Publikumskontakt zu
bekommen und zu behalten. Es ist also wahrscheinlich, dass sie ein
Verständnis dafür entwickelt hatte, wann und wo es angemessen
ist, mit den Händen zu schlenkern und sich hin und her zu schau-
keln.

Aber ihr Kommentar deutet auf einen entscheidenden Punkt
hin, in dem das Davis-Programm sich von vielen anderen unterscheidet. Es besteht kein Zweifel daran, dass sich das Verhalten
eines Menschen nach dem Davis-Programm erheblich verändern
kann und wird. Aber die Veränderung wird von innen angetrieben.

Das Ziel des Davis-Autismus-Programms ist es nicht, den Menschen zu „reparieren", sondern vielmehr, ihn in die Lage zu versetzen, auf eine neue Weise leben zu können – eine Tür zu öffnen, die
bislang verschlossen war. Ein Teil des Prozesses besteht darin, sich
mit der zugrunde liegenden Einschränkung zu beschäftigen, die der
Art und Weise, wie das autistische Gehirn funktioniert, innewohnt.
Mit anderen Worten, dem Autisten beizubringen, sein Gehirn auf
eine andere Weise zu benutzen, und zwar auf eine bewusste Weise.
Der restliche Teil des Prozesses besteht darin, eine geordnete und
zusammenhängende Reihe von Begriffen zu erarbeiten. Diese Begriffe vermitteln Lebenslektionen, die dieser Mensch aufgrund seines autistischen mentalen Zustandes bislang versäumt hat.

Die Struktur des Davis-Programms

Ron Davis sagt über seinen eigenen Autismus:

> Way before I started working with autism or had any
> understanding of it, I referred to myself as having come
> from a void. My sense of the void was not as existing as
> an individual, but as existing as both nothing and every-
> thing at the same time. There was no sense of being an

individual, so there was no "me". There was nothing upon which to base a sense of identity. Without a "me", there was no basis for memory or knowledge.

Somehow – by pure luck or by the grace of God – around the age of nine I began to individuate and develop out of the state of oblivion – out of the void. In hindsight, I can see there were three phases that I had to go through to become a human being. First, I had to **individuate**, I had to stop being everything and nothing and become just one thing, my body. Second, I had to develop an **identity** for the thing I had become. And third, I had to **adapt** to the world of being human.[12]

[Lange bevor ich angefangen hatte, mit Autismus zu arbeiten oder irgendein Verständnis dafür zu entwickeln, habe ich über mich selbst geäußert, ich sei aus der Leere gekommen. Mein Erleben der Leere war nicht, als eine Person zu existieren, sondern als nichts und alles gleichzeitig zu existieren. Es gab keine Wahrnehmung davon, ein Individuum zu sein, also gab es auch kein ‚Ich'. Es gab nichts, worauf die Wahrnehmung von Identität hätte aufbauen können. Ohne ‚Ich' gab es keine Basis für Erinnerung oder Wissen.

Irgendwie – durch pures Glück oder die Gnade Gottes – habe ich ungefähr im Alter von neun Jahren angefangen, mich zu individuieren und aus dem Zustand des Nicht-Bewusst-Seins heraus zu entwickeln – heraus aus der Leere. Rückblickend kann ich sagen, es gab eine ungefähr elfjährige Entwicklungsverzögerung in meiner frühen Entwicklung. Ebenso kann ich im Nachhinein sagen, dass es drei Phasen gab, durch die ich gehen musste, um ein Mensch zu werden. Zuerst musste ich mich **individuieren**, ich musste aufhören, alles und nichts zu sein, und anfangen, nur eine Sache zu sein, und zwar mein Körper. Zweitens musste ich eine **Identität** für den Körper entwickeln, der ich geworden war. Und drittens musste ich mich der menschlichen Welt **anpassen**.]

Der Davis-Autismus-Ansatz ist so konzipiert, dass er den drei Entwicklungsstufen folgt, die Ron Davis an seinem eigenen Leben

---

[12] Davis, *Nurturing the Seed of Genius* (2009), S. 5.

beobachtet hat: Individuation, Identitätsentwicklung und Anpassung. Die dritte Phase (Anpassung) wird mittlerweile soziale Integration genannt.

Der erste Schritt – Individuation – kann entweder der leichteste oder der schwierigste Schritt des Programms sein. Er ist potentiell sehr einfach, weil der autistischen Person hierbei einfache mentale Techniken vermittelt werden, die ihr Kontrolle über ihre Wahrnehmung, Aufmerksamkeit, Stimmung und ihr Energieniveau geben. Er ist potentiell schwierig, weil es oft Kommunikationsschwierigkeiten mit autistischen Personen gibt.

Jedes der mentalen Davis-Werkzeuge ist für eine Person leicht zu erlernen, sofern sie die Sprache des Beraters versteht und seinen Bemühungen gegenüber aufgeschlossen ist. Viele Autisten sind jedoch sprachlich beeinträchtigt und stehen den Bemühungen Anderer, sie zu erreichen, skeptisch und widerständig gegenüber. Davis-Fachleute werden in speziellen Techniken ausgebildet, die die Wahrscheinlichkeit erhöhen, dass ein Autist sie akzeptiert und auf sie reagiert. Auch wenn sich der Autist in vergangenen Kontaktversuchen anderer Therapeuten oder Lehrer widersetzt hat, ist die Wahrscheinlichkeit hoch, dass er den Berater akzeptieren wird. Zum Beispiel halten sich Berater bei dem Versuch zurück, direkten oder andauernden Blickkontakt aufzubauen, weil viele Autisten solche Handlungen bedrohlich finden und sich infolgedessen zurückziehen.[13]

Die verbleibenden zwei Schritte des Davis-Ansatzes sind direkter. Eine Person, die die Individuation abgeschlossen hat, ist bereit, auf der praktischen Ebene mit einem Berater zu arbeiten. Der Rest

---

[13] Das veranschaulicht den philosophischen Unterschied zwischen dem Davis-Ansatz und Ansätzen wie Applied Behavior Analysis (ABA), Discrete Trial Training (DTT) oder Relationship Development Intervention (RDI), die auf Strategien Wert legen, Augenkontakt herzustellen und zu verstärken. Ein Davis-Berater vermeidet jeden Versuch, dem Autisten ein unangenehmes Verhalten aufzuzwingen, weil das Ziel ist, Akzeptanz in einer Weise zu erlangen, die der zukünftige Klient als beruhigend und nicht bedrohlich wahrnimmt.

des Programms konzentriert sich darauf, eine Reihe begrifflicher Inhalte zu vermitteln. Die Lektionen geben dem Menschen einen Rahmen, um die Welt, die er bewohnt, und seinen Platz darin zu verstehen. Größtenteils sind das Begriffe, die von einem sich normal entwickelnden Kind auf natürliche Weise im Alltag durch Spielen und Interaktion mit Anderen verinnerlicht werden. Doch die autistische Person hatte diese Möglichkeit nicht, weil sie die Welt wahrnehmungs- und verstandesmäßig anders erlebt hat.

Die Identitätsentwicklungsphase dauert typischerweise am längsten, weil es eine lange Reihe von Begriffen zu verinnerlichen gilt und jeder einzelne gründlich verstanden werden muss. Mit einem Ansatz, der Davis-Begriffsbeherrschung heißt, wird der Autist angeleitet, eine Reihe von Begriffen zu kneten – zum Beispiel den Begriff *Veränderung* oder Begriffe wie *vorher* und *nachher*. In Verbindung mit dem Kneten eines jeden Begriffs erkundet der Autist zusammen mit dem Berater jeden einzelnen dieser Begriffe auch in der Umwelt, indem er etwa Beispiele für *Veränderung*, *vorher* und *nachher* sucht und sie mit dem Berater bespricht. Die sorgfältig angeordnete Abfolge von Begriffen beginnt mit den einfacheren und baut darauf die etwas komplexeren Begriffe auf. Identitätsentwicklung gipfelt in dem Begriff *Verantwortung*, denn das Endziel ist es, der Person die Fähigkeit zu vermitteln, innerhalb des eigenen Lebens Verantwortung zu übernehmen.

Das bedeutet natürlich nicht, dass ein 12-jähriger Autist nach der Beendigung der zweiten Programmphase in der Lage sein wird, für seinen Lebensunterhalt zu sorgen. Aber das Kind wird den Begriff so weit verstanden haben, dass es weiß, was Verantwortung übernehmen ist und wie dies funktioniert. Dieses Verständnis wird geübt und weiterentwickelt, während das Kind heranwächst und man ihm erlaubt, Verantwortung in altersgerechten Bereichen des eigenen Lebens zu übernehmen. Für ein Kind ist der erste Schritt beispielsweise oft, verantwortlich für die Ordnung in seinem eigenen Zimmer zu sein.

Oft gibt es eine Unterbrechung von einigen Wochen oder Monaten zwischen der zweiten und der dritten Phase des Programms, um der Person Zeit zu geben, ihre neu entdeckten Fertigkeiten zu üben und die Welt mit neu erworbenem Bewusstsein zu erfahren. Die letzte Phase dauert nicht lange und kann nach ein oder zwei Tagen abgeschlossen werden, wenn der Klient bereit dafür ist. Wie die vorhergehende Phase beruht auch *soziale Integration* darauf, Grundbegriffe zu kneten. In dieser Phase konzentrieren sich die Begriffe besonders auf das Selbst im Bezug zu Anderen und auf das Entwickeln ein Verständnisses für eine Reihe sozialer Begriffe, die genutzt werden können, um zukünftige Beziehungen zu steuern. Das Anliegen ist nicht, soziale Fertigkeiten zu lehren, wie das Händeschütteln oder Blickkontakt zu suchen oder nicht zu vergessen, „bitte" und „danke" zu sagen. Der Autist erforscht vielmehr die Arten der Beziehungen, die zwischen oder unter Menschen existieren können. So stehen Beziehungen, die auf *Vertrauen* basieren, im Gegensatz zu Beziehungen, die auf *Regeln* basieren. Am Ende dieser Etappe hat die Person das Verständnis und analytische Schema erlangt, das benötigt wird, um Beziehungen im Leben zu steuern und um vernünftige Entscheidungen hinsichtlich Verbindungen und Beziehungen zu treffen.

Momentan wird der Davis-Autismus-Ansatz von lizenzierten Davis-Autismus-Beratern/-Coaches angeboten, die entweder direkt mit einer autistischen Person arbeiten oder die ein Elternteil oder andere Helfer bei der Arbeit mit einem Autisten entlang der Schritte unterstützen. Beide Arten des Programms beinhalten Material, das die Eltern oder Helfer mit nach Hause nehmen können.

Funktionale Elemente des Autismus

Davis wählt einen funktionalen Blick auf Autismus und seine Ursachen. Statt zu versuchen, das Rätsel seiner biologischen, medizinischen, genetischen oder neurologischen Wurzeln zu lösen, betrachtet Davis die innere Welt und Erfahrung autistischer Menschen. Wie fühlt es sich an, im Kopf eines autistischen Menschen zu sein? Was ist anders an den Gedanken und Gefühlen eines Autisten, die ihn daran hindern, die Lebenskompetenzen zu entwickeln, die sich normal entwickelnde Kinder offenbar wie von selbst aneignen.

Jeder autistische Mensch ist anders. Diese Beobachtung stimmt umso mehr, als Erzieher und medizinische Fachleute ihren Blick darauf über die Jahre erweitert haben und noch mehr Symptommuster unter dem Oberbegriff Autismus zusammenfassen. Menschen, die vor 10 oder 20 Jahren nicht als autistisch eingestuft worden wären, werden nun allgemein anerkannt innerhalb des autistischen Spektrums eingeordnet. Mehr denn je werden Menschen mit einem breiteren Spektrum an Verhaltens- oder Lerneigenheiten nun als autistisch bezeichnet.

Aber einige Gemeinsamkeiten gibt es, die man als wesentlich bezeichnen kann, wenn man Autismus verstehen und einen sinnvollen Ansatz für eine Behandlung oder Therapie anbieten will.

Autismus ist eine Entwicklungsstörung

Die Anzeichen aus dem autistischen Spektrum tauchen in der frühen Kindheit auf, als etwas, mit dem das Kind entweder geboren ist oder das es in sehr jungen Jahren, in der Regel bis zum 3. Lebensjahr, entwickelt hat. (Ein älteres Kind oder ein Erwachsener, die Opfer eines schweren Traumas oder Krankheit wurden, können ähnliche Verhaltensweisen zeigen, würden aber normalerweise nicht mit Autismus diagnostiziert werden.)

Menschen mit Autismus fehlt eine stabile Orientierung

„Orientierung", so wie sie von Davis definiert wird, ist der Bewusstseinszustand, in dem die mentale Wahrnehmung mit den wahren Fakten und Bedingungen der Umwelt übereinstimmt. Eine orientierte Person kann ihre Aufmerksamkeit steuern, ihre Umwelt verstehen und ablenkende Gedanken, Gefühle und Wahrnehmungen herausfiltern.

Ein autistischer Mensch ist nicht fähig, einen andauernden Zustand der Orientierung im Wachzustand aufrechtzuerhalten. Er erlebt einen Großteil des Lebens entweder in einem desorientierten Zustand oder hat gar keine Möglichkeit sich zu orientieren, ein Zustand, der als un-orientiert bezeichnet wird. „Desorientierung" ist einfach das Gegenteil von Orientierung; es ist ein Zustand, in dem die mentalen Wahrnehmungen der Person nicht mit den wahren Fakten und Bedingungen der Umwelt übereinstimmen.

Menschen mit Autismus haben Lücken im begrifflichen Verständnis ihrer Welt

Fehlt eine stabile Orientierung, ist die direkte Folge davon, dass ein autistisches Kind die Welt anders erlebt als ein normal entwickeltes Kind. Seine Wahrnehmung von Bildern, Tönen, Gleichgewicht und Berührung sind entweder eingeschränkt oder übermäßig. Also macht das autistische Kind weder die gleichen Beobachtungen, noch wird es aus seinen Erfahrungen die gleichen Schlussfolgerungen ziehen. Weil jeder Mensch anders ist, werden die begrifflichen Lücken bei jedem anders ausfallen. Das Ergebnis dieser Lücken und unbeständigen Wahrnehmungen ist, dass der Autist seine Welt als unvorhersehbar, irritierend und beängstigend wahrnimmt.

Eine Lösung für die funktionalen Einschränkungen durch Autismus

Wenn man Autismus so versteht, gibt es eine direkte, zweiteilige Lösung. Es ist zuerst erforderlich, die Person mit der Fähigkeit auszustatten, eine stabile Orientierung aufrechtzuerhalten, in der die verschiedenen Wahrnehmungen der Person sowohl miteinander harmonisieren als auch mit den wahren Bedingungen der Umwelt übereinstimmen. Ist die Fähigkeit erlangt, Orientierung aufzubauen und zu erhalten, ist es notwendig, die Begriffe des Lebens zu lernen und zu erforschen, die nötig sind, um die Welt und den eigenen Platz darin zu verstehen. Mit dem begrifflichen Verständnis erlebt der Mensch die Welt nicht mehr als unvorhersehbar und chaotisch, und das Gefühl von Furcht und Angst verschwindet.

Der Davis-Autismus-Ansatz kann der Person beide Teile zur Verfügung stellen: die Orientierung und die Begriffe. Indem er das tut, füllt sich die Entwicklungslücke und die autistische Person wird letztendlich dazu befähigt, kompetent und unabhängig zurechtzukommen und mit dem Gefühl von Sinnhaftigkeit am Leben teilzunehmen.

Ob der Mensch noch immer autistisch ist, hängt davon ab, wie man „Autismus" sieht und definiert. Wenn man Autismus durch die Brille seiner am meisten beeinträchtigenden Aspekte sieht, dann beseitigt das Davis-Programm den Grund dieser Beeinträchtigungen und korrigiert den Autismus in dieser Hinsicht. Trotzdem schränkt das Davis-Programm weder vorhandene Begabungen oder Talente ein noch die einzigartige Perspektive, die die Person möglicherweise aus ihrer autistischen Erfahrung gewonnen hat. Das autistische Kind, das fasziniert ist von Zügen und Fahrplänen, soll diese Faszination weiter pflegen. Vielleicht wird es weiter gehen und ein breiteres Interesse entwickeln. Das Davis-Programm öffnet eine neue Tür zum Leben, aber es schließt nicht die Tür zur Vergangenheit oder entzieht der Person ihre Wesensart.

Kapitel 2

Wie die Davis-Werkzeuge entwickelt wurden

Auch wenn es ein neues Programm ist, so basiert der Davis-Autismus-Ansatz doch auf mehr als 25 Jahren praktischer, aktiver Erfahrung in der Arbeit sowohl mit autistischen Menschen als auch mit einer Vielzahl von Menschen mit anderen Lern- oder Verhaltensschwierigkeiten. Ron Davis' eigene persönliche Geschichte mit Autismus führte nicht zu einer besonderen Fähigkeit, Anderen zu helfen, aber er gewann dadurch Erkenntnisse, die eine mit Anderen geteilte Erfahrung mit sich bringt. Er hatte auch den Vorteil, auf seine eigene Entwicklung zurückblicken zu können, was ihm ermöglichte, einen Ansatz entlang jener Entwicklungsschritte zu gestalten, die er selbst hatte durchlaufen müssen, um ein kompetenter und unabhängiger Erwachsener werden zu können.

Ron Davis' Kindheit und Jugend

Ron Davis hat nur sehr vage Erinnerungen an die ersten zehn Jahre seines Lebens. Meistens beschreibt er seine frühe Kindheitserfahrung als, „in the void" [in der Leere] zu sein, als „both nothing and everything at the same time" [nichts und alles gleichzeitig] zu sein.

Aber Ron ist sich sicher, dass seine ersten Schritte heraus aus dieser Leere die begriffliche Abbildung seiner Welt aus Lehm entweder mit einschlossen oder benötigten. Er schreibt:

> Somewhere in the void of autism, I discovered that by mixing dirt and water together in a puddle, in the back yard, I could make a thick goo. This substance could be formed into anything I wanted. The dirt in our back

yard was a gummy red clay. If you let it dry completely, it would hold its shape for a long time. [14]

[Irgendwo in der Leere des Autismus entdeckte ich, dass man in unserem Garten eine dicke Pampe herstellen konnte, indem man Erde und Wasser in einer Pfütze vermischte. Diese Substanz konnte ich zu allem formen, was ich wollte. Die Erde in unserem Garten war klebriger roter Lehm. Wenn man ihn vollständig trocknen ließ, behielt er seine Form für eine lange Zeit.]

Zuerst benutzte er den Lehm, um Dinge zu formen, die er gern haben wollte. Seine Brüder durften Taschenmesser haben und Armbanduhren. Als er bei einer einzigen Gelegenheit ein echtes Taschenmesser in die Hände bekam, hatte er sich beinah einen Finger abgeschnitten. Da er keinen Begriff von Zeit hatte, hatte er keine Ahnung, wozu eine Armbanduhr gut war. Weil diese Dinge aber für ihn verboten waren, während seine Brüder sie besaßen und benutzten, wollte er sie auch haben. Er machte sich ein Taschenmesser aus Lehm und dann noch eins; und er machte sich Armbanduhren aus Lehm und Schnur. Er behielt jedes neue Taschenmesser in seiner Hosentasche, bis es zerkrümelte, und jede neue Uhr um das Handgelenk, bis sie kaputt ging und er eine neue formte.

Mit 12 Jahren wurde Ron als „nicht erziehbar und geistig zurückgeblieben" eingestuft und alle Versuche seitens der Schule, ihn zu unterrichten, wurden eingestellt. Aber irgendwie war seine Neugier von den Buchstaben des Alphabets, die auf einem Band an seiner Klassenzimmerwand hingen, geweckt worden und er begann für sich, Modelle der Buchstaben aus Lehm zu formen. Irgendwann hatte er alle Buchstaben des Alphabets geformt und sich eingeprägt, auch ihre Namen. Als er aufgefordert wurde, sie aufzusagen, konnte er alle 26 Buchstaben sagen, allerdings in der zufälligen Reihenfolge, in der er sie gemacht hatte. Später hat er sich darangemacht, die

---

[14] Ronald D. Davis, „*Red Dirt and Water*", The Dyslexic Reader (DDAI, 1997).

richtige Reihenfolge der Buchstaben zu lernen, in der sie alphabetisch angeordnet sind.

Mit 17 Jahren wurde Ron erneut getestet. Überraschenderweise war sein IQ auf 137 gestiegen, also deutlich im Begabtenbereich. Zu diesem Zeitpunkt begann er, mit der Sprech- und Sprachtherapeutin Dr. Meredith Evans zu arbeiten, und er bekam Einzelunterricht, um lesen und schreiben zu lernen. Die Sprechtherapie funktionierte. Der Leseunterricht funktionierte nicht, und man sagte Ron, dass er wegen eines Gehirnschadens, den er bei der Geburt erlitten hatte, wahrscheinlich nie lesen oder schreiben lernen würde.

Ron schreibt:

When I learned to speak, words became part of my universe, so when I made a model of an idea, I also began to make the name of the idea. Between the ages of 17 and 27, I created more than a thousand ideas and words in modeling clay. By the time I was 27, my IQ score had risen to 169. [15]

[Als ich sprechen lernte, wurden Wörter Teil meines Universums. Wenn ich also ein Modell von einer Idee machte, fing ich an, auch den Namen dieser Idee zu formen. Im Alter zwischen 17 und 27 formte ich mehr als tausend Ideen und Wörter aus Knete. Als ich 27 war, war mein IQ auf 169 gestiegen.]

---

[15] Davis, „Red Dirt and Water" (1997). Die steigenden IQ-Werte und Ron Davis' Intellekt, der in der Jugend und im jungen Erwachsenenalter aufkam, können die Unzulänglichkeit der damals gängigen Instrumente zum Messen des IQs widerspiegeln. Die gegenwärtige Forschung zeigt, dass Kinder und Erwachsene mit Autismus und Asperger-Syndrom deutlich höher abschneiden, wenn der IQ mit der nonverbalen Raven`s Advanced Progressive Matrices und nicht mit den Wechsler-Skalen gemessen wird. Der Unterschied – durchschnittlich 30 Prozentpunkte für die autistische Gruppe – bedeutet, dass viele Kinder, die nach den traditionellen Tests auf unterdurchschnittliche Intelligenz festgelegt wurden, nach dem Test mit den Raven-Instrumenten eine messbare Intelligenz hatten, die deutlich über dem Durchschnitt lag. Vgl. Dawson et al., "The Level and Nature of Autistic Intelligence" (2007), und Isabelle Soulières et al., "The Level and Nature of Autistic Intelligence II: What about Asperger Syndrome?", PLoS One 6, Nr. 9 (2011), S. e25372.

Obwohl Ron nicht lesen konnte, hatte er ein Talent für Mathematik, verbunden mit außergewöhnlichen visuellen und räumlichen Fähigkeiten. Als Kind zeigte Ron Eigenschaften sogenannter Inselbegabungen. Er konnte die richtigen Lösungen für komplexe trigonometrische Probleme angeben, ohne die leiseste Ahnung zu haben, wie er auf die Antwort gekommen war. Die Antwort erschien einfach als visuelle Darstellung in seinem Kopf, wenn er die Frage hörte. Seine Mutter war jedoch entsetzt bei dem Gedanken, ihr Sohn könnte als eine Art Ungeheuer abgestempelt werden, und untersagte alle Bemühungen, dieses Talent zu erkennen oder zu entwickeln.[16]

Die Inselbegabungen überlebten Rons Spracherwerb nicht, aber seine grundsätzliche Neigung zur Mathematik blieb bestehen und öffnete die Tür zu einem technisch orientierten Beruf. In den 1960ern, als sich der kalte Krieg und der Wettlauf ins All auf ihrem Höhepunkt befanden, war die Raumfahrtindustrie sehr interessiert daran, qualifizierte Techniker einzustellen und auszubilden. Ron machte seine Sache in der angebotenen praktischen Ausbildung gut. Er war unübertroffen in Präzisionsmessung, und er war an der Neunutzung optischer Geräte und beim Umwandeln elektronischer Abweichungen bei physikalischen Messungen beteiligt. Schließlich bekam er eine Stelle als geprüfter Techniker in der Lenkwaffenindustrie, mit dem Schwerpunkt zerstörungsfreie Prüfverfahren. Dadurch hatte er über viele Jahre hinweg eine einträgliche Anstellung, bis er schließlich auf eine Ebene befördert wurde, auf der die Fähigkeit, technische Berichte zu lesen und zu schreiben, wichtiger wurde. Irgendwann schaffte er es nicht mehr, mit den schriftlichen

---

[16] In Rons Kindheit war der Begriff „Inselbegabung" mit dem Begriff „Idiot" gekoppelt. Unglücklicherweise war es in der zweiten Hälfte des 20. Jahrhunderts gängige Praxis von Erziehern und Therapeuten, die ungewöhnlichen Talente junger Autisten zu unterdrücken, anstatt sie zu fördern. Es wurde angenommen, dass das Herausbilden solcher Fähigkeiten eine mentale Pathologie widerspiegelt und eine normale Entwicklung verhindert. Vgl. Dawson et al., *„Learning in Autism"* (2008).

Anforderungen seines Jobs mitzuhalten oder sich weiterhin durch die Situationen zu schummeln, in denen man lesen und schreiben musste. Ron suchte sich eine andere Beschäftigung.

Eine Lösung für Legasthenie

Im Jahr 1980, mit 38 Jahren, hatte Ron Davis plötzlich eine Erkenntnis bezüglich seiner eigenen Legasthenie. Seine Vermutung führte zu einer Entdeckung, die ihm schließlich erlaubte, tausenden von Kindern und Erwachsenen mit den verschiedensten Lernschwierigkeiten zu helfen und einen Einstieg für das Arbeiten mit autistischen Klienten zu finden.

Ron wusste, dass die Symptome seiner Legasthenie zeitlich schwankten. Einen Zusammenhang stellte er bei seiner neuen Arbeit als Bildhauer fest. Er konnte beobachten, dass seine legasthenischen Probleme am größten waren, wenn er beim Bildhauen künstlerisch in Bestform war.

Wenn Legasthenie sich verschlimmern konnte, so schlussfolgerte er als Ingenieur, musste es auch einen Weg geben, wie sie sich besserte. Offensichtlich gab es etwas, das beim Bildhauen in seinem Kopf ablief und die Legasthenie verschlimmerte. Also fing er an, seine Denkprozesse beim Modellieren selbst zu überwachen. Er stellte fest, dass seine mentale Perspektive sich gewöhnlich veränderte, um seine Arbeit in der Vorstellung aus verschiedenen Richtungen betrachten zu können. Er fragte sich, ob dieses Wandern seines „geistigen Auges" die Wurzel für seine Legasthenie war.

Wie die meisten legasthenischen Erwachsenen hatte Ron rudimentäre Lesefertigkeiten – er wusste, dass man Buchstaben zu Wörtern zusammensetzen konnte, aber es war mühsam und schwierig für ihn, die Wörter zu entziffern. Für Ron schienen die Wörter auf der Seite zu flimmern und zu hüpfen und mit jeder neuen Zeile des Textes zu verschmelzen und durcheinanderzugeraten. Wenn er seine Perspektive so verändern konnte, dass sich seine Legasthenie verschlimmerte, konnte er dann nicht auch – so fragte er sich - umgekehrt eine Veränderung hervorrufen, die seine Fähigkeit verbesserte, den Text aufmerksam wahrzunehmen und zu lesen?

Um seine Neugier zu befriedigen, mietete Ron sich ein privates Motelzimmer, damit er ungestört mit dem Verändern seines mentalen Fokus experimentieren konnte. Er stellte sich vor, dass er sein geistiges Auge nach innen, außen, oben, unten und um ihn herum, um seinen Kopf, seinen Körper und durch den Raum bewegte. Von jeder einzelnen dieser Positionen aus versuchte er seine Aufmerksamkeit zu fokussieren und etwas Gedrucktes zu lesen, in der Hoffnung, einen Ort zu finden, der weniger verwirrend war als die anderen.

Rons Experimente machten ihn schwindelig und verursachten Übelkeit. Er verursachte sich selbst Kopfschmerzen. Er machte sich selbst physisch krank. Aber nach drei Tagen mentalen Herumwanderns entdeckte er einen Ort, an dem die Buchstaben sich nicht länger bewegten, schrumpften oder ineinanderflossen. Der Schlüssel dazu war, sein geistiges Auge an einer Stelle außerhalb seines Körpers zu parken, ausgerichtet an seiner Mittellinie, über und etwas hinter seinem Kopf. Er nahm eine Informationskarte des Hotels und war erstaunt, dass die Buchstaben stillstanden. Sie waren gleich groß, hatten gleichmäßige Abstände und etwas größere Lücken zwischen den Wörtern, sowohl oben auf der Karte als auch unten. Jedes Wort stand still und die Buchstaben waren scharf konturiert. Daraufhin ging Ron in die nächste Bücherei, um sich ein echtes Buch anzusehen. Er nahm das Buch *Die Schatzinsel* zur Hand und las es in einem Rutsch von vorn bis hinten durch. Und er verstand den Sinn der Wörter.

Das war das erste Mal in seinem Leben, dass Ron ein Buch zu Ende gelesen hatte. Und das allererste Mal überhaupt, dass es ihm Spaß gemacht hatte. Aber, und das war das Wichtigste für ihn, es war ein Meilenstein für die Erfüllung seines lebenslangen Traumes – ein „wirklicher Mensch" zu werden.

Auch wenn er es zu diesem Zeitpunkt noch nicht wusste, aber Rons Entdeckung, dass die Veränderung seiner mentalen Perspektive Einfluss darauf hatte, wie er Gedrucktes wahrnahm und deutete, war auch eine Brücke in die Welt des Autismus. Zu diesem Zeitpunkt aber wusste Ron bloß, dass er einen Weg gefunden hatte, seine letzte Einschränkung zu überwinden, und zwar, indem er die Fähigkeit gewonnen hatte, Gedrucktem Sinn zu entlocken.

Ron war begeistert. Er kehrte nach Hause zurück und erzählte seiner Familie und seinen Freunden, dass er eine Heilung für seine Legasthenie gefunden hatte. Zuerst dachte er, „geheilt" bedeutete, dass er eigentlich gar nicht richtig legasthenisch gewesen war, sondern dass es bloß eine komische Eigenheit seiner Denkweise war und er einfach den richtigen Weg gefunden hatte, um dies zu korrigieren. Als Ron die Geschichte seinen Freunden erzählte, gaben viele zu, selbst Legastheniker zu sein oder zeitlebens Leseprobleme zu haben. Sie bestanden darauf, dass er seine Legasthenie-Korrektur-Strategie vorführte. Also unterzog er jeden einzelnen Freund dem gleichen Prozess, hielt ihn an, seine mentale Perspektive so lange herumwandern zu lassen, bis er die Stelle gefunden hatte, an der die Buchstaben stillstanden. Und es gelang jedes Mal.

Ron legte die Bezeichnung „Orientierungspunkt" für jenen mentalen Ort fest, an dem die Wahrnehmung am besten zum Lesen geeignet war. Er mietete Büroräume an und baute eine Praxis auf, um den Prozess der Orientierung und des Lesens zu untersuchen. Mit der Zeit wurde er immer erfolgreicher darin, anderen beim Finden ihres Orientierungspunktes zu helfen. Schließlich schrieb er das Verfahren auf, das mittlerweile als Davis-Orientierungsberatung bekannt ist.[17] Im Jahr 1982 war sich Ron sicher, genug über Legasthenie zu wissen, um Mitarbeiter einstellen und der Öffentlichkeit

---

[17] Die vollständige Anleitung für den Prozess der Davis-Orientierungsberatung findet sich in Ronald D. Davis und Eldon M. Braun, *The Gift of Dyslexia, Revised and Expanded: Why Some of the Smartest Poeple Can't Read ... and How They Can Learn* (New York: Perigee Trade, 2010). Titel der deutschen Ausgabe: *Legasthenie als Talentsignal*, Knaur.

Legasthenie-Korrektur anbieten zu können. Schon bald entdeckten er und seine Angestellten, dass die Werkzeuge der Orientierungsberatung mit ihren Auswirkungen auf die Wahrnehmung Vorteile boten, die weit über den Bereich der Legasthenie hinausgingen.

Orientierung und Wahrnehmung

Ron Davis hatte herausgefunden, dass seine eigene mentale Orientierung eng mit der Wahrnehmung zusammenhängt. Wenn er sein geistiges Auge auf seinen Orientierungspunkt gebracht hatte, waren seine Wahrnehmungen genau; wenn es nicht am Punkt war, waren die Wahrnehmungen oftmals verzerrt und falsch. Er hatte durch seine Arbeit auch herausgefunden, dass andere legasthenische Erwachsene die gleichen Erfahrungen machten.

Trotzdem wurde Rons Theorie von Pädagogen und akademischen Experten mit Skepsis und sogar Spott betrachtet. Ihre Sicht, dass Legasthenie mit einem bestimmten Gehirndefekt zusammenhängt, war fest verwurzelt. Ron wollte seine These beweisen, dass die wahrnehmungsmäßige Verwirrung, die die Legasthenie begleitet, mit Desorientierung zusammenhängt. Also entwickelte er sein eigenes Experiment.

Um ein Gefühl der Desorientierung zu erzeugen, befestigte Ron eine große Pappscheibe mit einer aufgemalten Spirale auf einem Drehteller. Mit einem Fußschalter konnte man das Drehen der Scheibe kontrollieren. Dann wurde er selbst zu seiner ersten Testperson, ausgerüstet mit einer Stoppuhr, einem Kassettenrekorder und einem Klemmbrett.[18]

Ron saß vor dem Drehteller und starrte auf die Mitte der Spirale. Er drückte den Schalter mit dem Fuß und die Scheibe begann sich zu drehen. In weniger als fünf Sekunden hatte er das Gefühl, sich zu bewegen, als würde er durch einen unendlichen Tunnel fliegen. Ron stoppte und fing wieder an. Als er das Experiment wieder-

---

[18] Vgl. Ronald D. Davis, „*My Study of Disorientation*", (Burlingame, CA 1997).

holte, bemerkte er, dass sich die drehende Scheibe kurz vor dem Gefühl der Bewegung zu verlangsamen schien. Zusätzlich zu einer verzerrten Wahrnehmung von Bewegung erlebte Ron also auch eine Veränderung seines Sehvermögens.

Ron versuchte, auf einem Bein vor der Scheibe zu stehen. Er kippte nach hinten um. Die drehende Scheibe beeinträchtigte offensichtlich seinen Gleichgewichtssinn.

Er saß mit einer Stoppuhr vor der Scheibe. Während die Scheibe stillstand, sah er auf ihre Mitte und versuchte, eine Zeitspanne von 15 Sekunden zu schätzen. Zur Kontrolle drückte er ohne hinzusehen die Stoppuhr an und aus. Er wiederholte die Übung fünf Mal und lag niemals mehr als drei Sekunden daneben. Dann setzte er die Scheibe in Schwung und versuchte es erneut, wieder mit fünf Durchgängen. Wenn sich die Scheibe drehte, kam er mit seinen Schätzungen nie näher als fünf Sekunden an die festgelegte Zeitspanne heran. Zweimal war die Abweichung sogar größer als zehn Sekunden. Die Zeitwahrnehmung war eindeutig verzerrt.

Dann stellte Ron den Kassettenrekorder an. Nachdem er das Gefühl der Bewegung hatte, gab er einem Assistenten ein Zeichen. Sein Helfer sollte etwas zu ihm sagen und er sollte das, was er gehört hatte, wiederholen. Sie benutzten bekannte Kinderreime oder Zungenbrecher, aber der Assistent sollte die Worte absichtlich verändern, sodass sie nicht aus der Erinnerung heraus aufgesagt werden konnten. Ron entdeckte, dass er die gesprochenen Worte im desorientierten Zustand nicht exakt hören konnte. Der Beweis war auf der Kassette.

Ron beschloss, 100 erwachsene Freiwillige zu suchen, die an einem Experiment in seinem provisorischen Labor teilnehmen wollten. Er wollte ihre Fähigkeit zur exakten Wahrnehmung messen, und zwar mit den Tests, die er entworfen hatte. Es war für den Zweck des Experiments egal, ob die Testpersonen legasthenisch waren oder nicht. Er wusste aus Erfahrung, dass fast jeder sich gelegentlich desorientiert fühlte. Das Ziel des Experiments war schlichtweg, die Annahme zu überprüfen, dass Desorientierung veränderte Wahrnehmungen hervorrief.

Ron fing an, dieses Experiment mit jedem zu machen, der willens war, sich vor die Drehscheibe zu setzen. Er bat seine Freiwilligen, ihm sofort Bescheid zu sagen, wenn sich das Gefühl der Bewegung einstellte, und machte dann nacheinander mit den anderen Tests weiter. Manchen Leuten wurde von der Drehscheibe so übel, dass sie nicht alle vier Phasen des Versuchs vollenden konnten, aber sie erfuhren alle Sinnesverzerrungen in den Schritten, die sie durchlaufen hatten. Von denen, die die ganze Abfolge beendet hatten, erlebte jeder Verzerrungen aller gemessenen Sinne: Sehvermögen, Gehör, Gleichgewicht, Bewegung und Zeit.

Unglücklicherweise musste Ron irgendwann feststellen, dass sein Experiment ziemlich gefährlich war. Mitunter saß eine Person bis zu fünf Minuten vor der Drehscheibe und bekam nicht das Gefühl, durch einen unendlichen Tunnel zu fliegen. Der Versuchsperson wurde zwar schlecht, aber sie erlebte kein Gefühl von Bewegung.

Rons 48. Freiwillige war eine junge Frau, die nach dreiminütigem Starren auf die Scheibe noch immer kein Gefühl von Bewegung hatte. Dann fiel sie mit einem epileptischen Krampfanfall zu Boden.

Ron war entsetzt, und das zu Recht – der Vorfall war unerwartet, die Frau hatte noch nie zuvor einen Anfall gehabt.

Ron beendete das Experiment und war zufrieden, dass sich seine These über den Zusammenhang von Desorientierung, Wahrnehmungen und Legasthenie bestätigt hatte. Er hatte auch eine Ahnung, was möglicherweise der Grund für die veränderten Wahrnehmungen war: Vielleicht war es eine Taktik des Gehirns, um in verwirrenden Situationen eine Überlastung zu vermeiden. Das war jedenfalls eine viel sicherere Reaktion als der Anfall der jungen Frau, deren Wahrnehmungen offenbar stabil geblieben waren.

Rons Beweis für die Verbindung von Orientierung, Desorientierung und die Genauigkeit von Wahrnehmungen bietet auch einen Einblick in die sensorischen Verwirrungen, die häufig zur autistischen Erfahrung gehören.

Verschiedene Wege zur Orientierung

Als Ron 1982 sein kalifornisches Zentrum für Legasthenie-Korrektur eröffnete, kannte er einen Weg zur Orientierung. Er leitete seine Klienten durch eine Visualisierungsübung, die auf dem Verschieben des geistigen Auges beruhte, wie er es selbst ausprobiert hatte. Nach einiger Zeit merkte er auch, dass alle Personen ungefähr den gleichen Punkt hatten, um sich für das Lesen zu orientieren.

Daraufhin entwickelte er eine kurze, schriftliche Vorgehensweise, mit der jeder Klient angeleitet werden konnte. Die erste Orientierungssitzung konnte man innerhalb von 20 Minuten beenden. In der zweiten Sitzung sollte die erworbene Fertigkeit nach einigen Übungstagen dann präzisiert werden.

Die meisten jener Legastheniker, die am Zentrum Hilfe suchten, fanden es leicht, ihr geistiges Auge herumwandern zu lassen. Zuerst dachte Ron, dass alle Legastheniker die gleiche Gabe des bildhaften Denkens hätten und die Fähigkeit, einfach ihre Perspektive zu verändern, wenn sie sich etwas bildhaft vorstellten. Ungefähr ein Jahr, nachdem das Zentrum eröffnet hatte, stellte Ron jedoch einen Assistenten namens Albert ein, der darauf beharrte, Legastheniker zu sein, aber dem Orientierungsverfahren nicht folgen konnte. Albert und Andere wie er brauchten ein anderes Verfahren.

Da der Schlüssel eine Art stabilisierende Kraft über und hinter dem Kopf zu sein schien, fragte sich Ron, ob es nicht einen Weg gab, ein ähnliches Ergebnis durch taktile Vorstellung statt Visualisierung zu erreichen. Ron arbeitete mit Albert zusammen, bis sie gemeinsam die Idee hatten, sich zwei stabilisierende Hände auf Alberts Schultern vorzustellen.

Diese Methode heißt jetzt Davis-Ausrichtung.[19] Der gesamte Effekt ist etwas anders als bei der Orientierung mithilfe des geistigen Auges, aber das praktische Ergebnis ist das gleiche. Wahrnehmungen werden stabilisiert, die Person fühlt sich im Gleichgewicht und zentriert und hat ein Gefühl ruhiger und entspannter Aufmerksamkeit. Statt sich einen mentalen Punkt zu vorzustellen, findet die Person ihre Ausrichtung bei Bedarf dadurch wieder, dass sie sich an das Gefühl der Hände auf ihren Schultern erinnert.

Mit der Ausrichtung konnte das Davis-Zentrum all seinen Klienten die Werkzeuge anbieten, die sie brauchten, um sich willentlich zu orientieren. Von den hochfunktionalen Erwachsenen und Kindern, die in das Zentrum gekommen waren, um Hilfe für Legasthenie oder verwandte Lernschwierigkeiten zu suchen, konnten alle ohne Schwierigkeiten entweder die eine oder die andere Technik erlernen.

Aber das Problem, wie man damit autistische Klienten erreichen konnte, blieb.

Ron war nicht angetreten, um Autismus zu korrigieren, aber er konnte seine eigene Vergangenheit auch nicht einfach vergessen. Ob er wollte oder nicht, es kamen Eltern von autistischen Kindern zu ihm, die hofften, dass er ihnen helfen konnte. Ron und seine Mitarbeiter konnten den hochfunktionalen Autisten, die Hilfe bei Leseproblemen oder anderen schulischen Problemen suchten, oft helfen. Wenn derjenige in der Lage und gewillt war, einem Berater zuzuhören und seine Anweisungen zu befolgen, konnten Orientierung oder Ausrichtung immer erreicht werden. Und das machte einen him-

---

[19] Das Davis-Ausrichtungs-Verfahren ist beschrieben und mit einer ausführlichen Anleitung versehen in: *Legasthenie als Talentsignal* von Davis und Braun (2010).

melweiten Unterschied, vor allem für Kinder, die häufig unkonzentriert oder in ihren eigenen Gedanken verloren waren.

Einige Eltern brachten jedoch auch autistische Kinder, die nonverbal waren. Vielleicht wurden sie von anekdotenhaften Berichten über Rons Erfolge mit einigen der hochfunktionalen Kinder dazu ermutigt. Doch diese Kinder sprachen nicht, und es war auch nicht klar, welche gesprochenen Worte, falls überhaupt, sie verstanden. Um sie zu erreichen, musste Ron einen Weg finden, ohne dafür mit ihnen zu sprechen oder ihnen etwas erklären zu müssen. Er brauchte eine Art Verfahren zur automatischen Selbstorientierung.

Ron fragte sich, ob der Schlüssel zum autistischen Denken das Hören war.

Im Jahr 1983 machte Ron ein Experiment mit einem neunjährigen autistischen Jungen namens Kevin. Kevin war ein winziges Kind, ungewöhnlich klein für sein Alter, und er konnte nicht sprechen. Ron konnte schon von Weitem sehen, dass der Junge ein Kind mit schwerem Autismus war. Sein Gesicht sah ungewaschen aus, seine Haare nicht geschnitten, ungewaschen und ungekämmt. Ihm lief sogar die Nase. Als seine Mutter ihn in Rons Büro schob, verschwand er schnell hinter dem Vorhang. Ron fragte, ob der Junge sprechen konnte, und seine Mutter sagte: „Nicht ein einziges Wort, er kann Geräusche, aber keine Wörter." Ron fragte, ob er ein kleines Experiment mit ihm machen könne. Er wollte dem Jungen Kopfhörer aufsetzen und sehen, ob er reagierte. Die Reaktion der Mutter war eine einfache Warnung: „Er beißt."

Ron lockte Kevin hinter dem Vorhang hervor und schaffte es mühelos, ihm den Kopfhörer aufzusetzen. Der Kopfhörer war an einen Sony-Walkman angeschlossen, der auf einen Lokalradiosender eingestellt war. Die Reaktion des Jungen war bemerkenswert – er schien von dem Klang wie erstarrt. Der Walkman war auf einen Mittelwellensender in mono eingestellt – der Klang, der durch die Stereokopfhörer kam, war also auf jedem Ohr gleich. Ron wusste, dass sich der Klang über die Kopfhörer für Kevin so anhörte, als käme er aus der Mitte seines Kopfes. Es war nicht unbedingt dort, wo der Orientierungspunkt sein sollte, aber es war ein Anfang.

Rons einfaches Experiment führte schnell zu der Übereinkunft mit der Mutter, Kevin das Tragen der Kopfhörer tagtäglich zu erlauben, und zwar so lange er wollte. Es stellte sich heraus, dass er sie etwa acht Stunden am Tag wollte.

Fast genau zwei Monate später rief Kevins Mutter sehr aufgeregt an und sagte: „Kevin hat heute seine ersten Worte gesprochen!" Neugierig fragte Ron: „Was hat er gesagt?" Die Mutter antwortete: „Oh what a feeling, Toyota!"

Offensichtlich lag noch ein ganzes Stück Weg vor Kevin, aber ein Hindernis war überwunden. Wenige Monate später rief Kevins Mutter wieder an und berichtete begeistert, dass ihr Sohn nicht mehr nur Sprechweisen wiederholte, sondern Personalpronomen wie *du/mich/ich* korrekt in Sätzen benutzte.

Rons nächster Schritt war es, ein Gerät zu bauen, das es einer Person ermöglichte, einen konstanten Ton zu hören, der vom idealen Orientierungspunkt ausging. Das bedeutete, dass der Ursprung des Tones über und hinter dem Kopf liegen musste.

Ron entwarf ein Mikrofon, das den Klang eines widerhallenden Titanklangstabs so aufnahm, dass die räumliche Position des Klanges genau wiedergegeben wurde. Der aufgenommene Ton wurde in regelmäßigen Abständen wiederholt. Wenn man beim Hören orientiert ist, hört man sehr genau, dass der Ton auf dem Orientierungspunkt liegt, mittig etwas über und hinter dem Kopf. Wenn man beim Hören nicht orientiert ist, wird man wegen der Wiederholung und dem Nachhall irgendwann in einen orientierten Zustand versetzt, weil die Aufmerksamkeit natürlicherweise wieder und wieder zum Ursprung des Klanges gezogen wird. Rons Verfahren war der erste Schritt, um autistischen Klienten ein Werkzeug zur Orientierung zu geben, aber das war erst ein Anfang. Orientierungstraining beseitigt eine Einschränkung; es löst noch nicht die Probleme, die sich im Laufe der Zeit als Ergebnis dieser Einschränkung entwickelt haben.

Das Problem lösen

Wenn angehende Klienten in das Ron-Davis-Zentrum kommen, ist der erste Schritt, das Problem zu identifizieren, bei dem sie Hilfe benötigen. Da Ron ursprünglich ein Programm für „Legasthenie-Korrektur" angeboten hatte, hatten die meisten seiner Klienten Schwierigkeiten mit dem Lesen oder Schreiben. Doch manchmal stellte sich heraus, dass Klienten mit dem Etikett „Legasthenie" auch ein anderes Problem hatten, wie etwa Schwierigkeiten in Mathe. Es gibt eine starke Wechselbeziehung zwischen Legasthenie und ADHS (Aufmerksamkeitsdefizit-Hyperaktivitätsstörung), deshalb brauchten viele Davis-Klienten auch Hilfe bei Themen wie Organisationsfertigkeit und Impulskontrolle.

Alle Klienten begannen mit den Orientierungswerkzeugen, entweder mit der Orientierung des geistigen Auges, der Ausrichtung oder der akustischen Orientierung, je nach individuellem Lernstil und Bedarf. Aber das Orientierungstraining bereitet nur die Bühne, indem sichergestellt wird, dass die Person zum Lernen bereit ist – indem die Aufmerksamkeit auf die bevorstehende Aufgabe gelenkt werden kann und die Wahrnehmungen korrekt sind. Der Hauptteil des Davis-Programms besteht darin, der Person bestimmte Hilfsmittel anzubieten, um in den Fertigkeiten kompetent zu werden, die sie vor dem Programm nicht entwickeln konnte.

Ron wurde klar, dass der Hauptgrund für die Desorientierung seiner Klienten in erster Linie eine Reaktion auf Verwirrung oder Frustration war. Tatsächlich ist Desorientierung eine sehr normale Reaktion auf starke Gefühle oder Verwirrung.[20] Aber Menschen, die

---

[20] Die Psychologen Jerome Bruner und Leo Postman erforschten in den 1940ern die Auswirkung von Stress und Frustration auf die Wahrnehmung. Die Testpersonen erlebten „Wahrnehmungsstörungen" und eine Verschlechterung der Wahrnehmungsreaktion, als sie unter irritierenden oder stressigen Bedingungen schnelle Entscheidungen treffen sollten. Vgl. Leo Postman und Jerome S. Bruner, „Perception Under Stress", *Psychological Review* 55, Nr. 6 (1948), S. 314-323, sowie Jerome S. Bruner und Postman, Leo, „On the Perception of Incongruity: A Paradigm", *Journal of Personality* 18 (1949), S. 206-223.

als lernbehindert eingestuft werden, scheinen eine sehr niedrige Schwelle für Verwirrung zu haben und sind deshalb häufiger desorientiert. Ron erkannte, dass man Desorientierung vermeiden konnte, indem man die Faktoren, die das Gefühl von Verwirrung oder Frustration auslösten, fand und beseitigte. Für Kinder und Erwachsene, die Probleme mit dem Lesen hatten, begann dieser Prozess mit dem Lernen der Buchstaben des Alphabets.

Da Ron in seiner Kindheit und dem frühen Erwachsenenleben lange Zeit Wörter geknetet hatte, um sie zu verstehen, schien es ihm natürlich, Knete als wichtigstes Lerninstrument für seine Klienten zu nutzen. Knete hat auch den Vorteil, dass sie leicht erhältlich und unter den unterschiedlichsten Umständen einsetzbar ist. Ron glaubt auch, dass der kreative Prozess für das Lernen unverzichtbar ist; in der Tat scheinen die meisten Legastheniker am besten mit praktischen Ansätzen lernen zu können.

Für das Legasthenie-Programm waren die nächsten Schritte darauf ausgerichtet, die Fähigkeit aufzubauen, Buchstaben und Wörter zu verstehen. Zuerst knetete der Klient alle Buchstaben des Alphabets, große und kleine. Dann, wenn sicher war, dass alle Buchstaben wirklich beherrscht wurden – wenn also keiner mehr Desorientierung auslöste – begann der Klient, Wörter zu kneten, indem er sowohl eine Darstellung der Wortbedeutung als auch die einzelnen Buchstaben des Wortes kreierte. Dieser Prozess heißt Davis-Symbolbeherrschung.

Der Ansatz, mit Knete zu arbeiten, basiert auf Rons Erkenntnis, dass Legastheniker überwiegend nonverbale Denker sind. Die meisten von ihnen denken hauptsächlich in Bildern und sind verwirrt, wenn sie kein unmittelbares mentales Bild für die Wörter haben, die ihnen gedruckt begegnen.[21] Die Wörter, die am meisten Proble-

---

[21] Jüngste Forschungen gehen davon aus, dass ungefähr 85 % der legasthenischen Erwachsenen visuelle Problemlösungsstrategien den verbalen vorziehen. Vgl. Alison M. Bacon und Simon J. Handley, „Dyslexia and Reasoning: The Importance of Visual Processes", *British Journal of Psychology* 101 (2010), S. 433-452.

me machen, sind die kleinen Funktionswörter der Sprache – Wörter wie *und, der, die, das, für, dann*. Weil das die Wörter sind, denen man gedruckt am häufigsten begegnet, ist die Beherrschung dieser Wörter eine große Hilfe, um den Lesefluss aufzubauen. Weil diese Wörter Auslöser für Desorientierung sind, nannte Ron sie „Auslöse"-Wörter und stellte eine Liste von 217 englischen Wörtern zusammen, die ein legasthenischer Klient beherrschen lernen sollte.

Für andere Lern- und Verhaltensprobleme entwickelte Ron zusätzliche Strategien. Knete blieb ein grundlegendes Werkzeug, weil man es für nahezu alle Arten des Lernens benutzen kann. Für Mathematik entwickelte Ron eine Reihe von Übungen, in denen mit Knete numerische Modelle dargestellt werden, wie etwa ein Raster aus Knetkugeln und Knetschlangen, um den Prozess der Multiplikation darzustellen. Ein Klient, der Hilfe in Mathe brauchte, konnte auch die Bedeutung mathematischer Begriffe kneten – Wörter wie *aus, in, und* oder *von* haben eine etwas andere Bedeutung, wenn man ihnen in einer mathematischen Aufgabe begegnet, und Begriffe wie *Division* oder *Bruchrechnung* können auch mit Knete dargestellt werden.

Wenn ein Klient kam, um Hilfe für eine Aufmerksamkeitsdefizitstörung (ADHS) zu suchen, wurde die Lösung komplexer. Typischerweise haben Kinder dann verschiedenste Verhaltensprobleme und erwachsene Klienten haben Probleme mit Organisationsfähigkeiten wie damit, Fristen einzuhalten oder Projekte zu beenden. Auch wenn Andere diese Probleme lediglich der Unaufmerksamkeit zuschrieben, erkannte Ron, dass seine Klienten ein Verständnis von Basisbegriffen bekommen mussten, die für verschiedene Lebenskompetenzen wesentlich sind. Ein Klient, der zum Beispiel unordentlich war, musste die Begriffe *Ordnung* und *Unordnung* verstehen, und um *Ordnung* richtig verstehen zu können, musste die Person auch *Zeit* und *Reihenfolge* verstehen. Diese Begriffe fehlten oft als Folge der Aufmerksamkeitsprobleme, die zu der ADHS-Diagnose geführt hatten.

Ron benutzte Knete für den Prozess, diese Begriffe zu lernen, und nannte dieses Vorgehen Davis-Begriffsbeherrschung. Statt sich darauf zu konzentrieren, Wörter so zu lernen, dass man lediglich fähig war, sie zu lesen, ist die Begriffsbeherrschung darauf ausgerichtet, die Idee, die das Wort repräsentiert, sowie auch die Zusammenhänge zwischen einfachen und komplexeren Ideen zu beherrschen. Die Werkzeuge der Begriffsbeherrschung konnte man auf den Bedarf der Klienten abgestimmt verwenden, abhängig von bestimmten Problemfeldern, oder als völlig separates und umfassenderes Davis-Aufmerksamkeitsbeherrschungs-Programm.

Im Wesentlichen ist die Begriffsbeherrschung ein Knetprogramm, das entwickelt wurde, um einer Person zu helfen, Lebens- und Beziehungskompetenzen aufzubauen. Dies sind genau die gleichen Kompetenzen, die gebraucht werden, um einer autistischen Person zu helfen. Der einzige Unterschied ist, dass eine autistische Person sehr wahrscheinlich erheblich mehr Hilfe und Anleitung braucht als die sogenannte „neurotypische" Person, der man lediglich eine ADHS zuschreibt. Der autistische Mensch braucht auch ein umfassenderes und deutlicher strukturiertes Programm, das so aufgebaut ist, dass die Möglichkeit nicht geschlossener Lücken oder fehlender Teile ausgeschlossen ist.

Die Entwicklung eines Autismus-Programms

Die Entwicklung eines Davis-Programms, das speziell Autismus thematisiert, benötigte keine neuen Techniken. Aber es benötigte eine neue Struktur und Veränderungen in der Vermittlungsmethode.

Als 1994 Ron Davis' Buch *The Gift of Dyslexia* erschien, bereitete es den Weg für ein formales Programm der Ausbildung und Lizenzierung von Davis-Anbietern. Weil das Buch in viele Sprachen übersetzt wurde, gab es Nachfragen nach qualifizierten Fachleuten in vielen Teilen der Welt. Im Jahr 1996 war ein fertiges Ausbildungsprogramm erarbeitet, und mit der Jahrhundertwende gab es hunderte lizenzierter Davis-Berater, die überall auf der Welt mit Kindern und Erwachsenen arbeiteten.

Viele Berater arbeiteten mit autistischen Klienten auf einer Adhoc-Basis. Das bedeutet, sie benutzten das Wissen, das sie in ihrer Ausbildung und ihrer Arbeit mit anderen Klienten gewonnen hatten, und versuchten, autistischen Klienten die gleichen Werkzeuge zu geben, in welchem Zeitrahmen und in welcher Anordnung auch immer es für diese Menschen am besten schien. Natürlich führte diese Arbeit zu unterschiedlichen Ergebnissen. Grundsätzlich erlebten die Klienten zwar eine Verbesserung, aber da es weder einen klaren Endpunkt noch eine einheitliche Zielsetzung für ein Autismus-Programm gab, war es schwierig für die Berater zu erkennen, wann es aufzuhören galt.

Ron begann, mit einer Kerngruppe von Beratern ein strukturierteres Programm zu erarbeiten. Eine grobe Gliederung des Programms wurde entworfen mit allen Begriffen, die enthalten sein sollten, und der Reihenfolge, in der sie präsentiert werden sollten. Eine Beraterin, Lorna Timms aus Neuseeland, hatte mit einem hochfunktionalen autistischen Jungen gearbeitet, der das Legasthenie-Programm nicht beenden konnte. Er war der ideale Kandidat für ein Autismus-Programm. Er war intelligent und einnehmend, aber er hatte eine Reihe von Verhaltensauffälligkeiten und sozialen Defiziten, sodass es für jeden sofort ersichtlich war, dass er ziemlich autistisch war. Also wurde er das erste Kind, das ein formalisiertes Davis-Autismus-Programm durchlief. Ich werde ihn Max nennen.

Im Jahr 2008 traf sich Ron mit Lorna Timms und 10 anderen Beratern in Kaikoura, Neuseeland. Alle waren sehr erfahrene Davis-Anbieter, einige waren Davis-Ausbilder oder -Trainer, und viele hatten schon umfangreiche Erfahrungen mit autistischen Klienten, auch ohne ein formales Programm.[22] Max' Eltern kamen auch hinzu,

---

[22] Davis-Ausbilder, -Trainer und -Workshop-Anbieter sind sehr erfahrene Berater, die dazu qualifiziert sind, bestimmte Rollen in der Ausbildung neuer Be-

um ihre Sichtweise in Gruppendiskussionen zu äußern. Max war ebenfalls da, konnte aber die meiste Zeit spielen und die Farm, wo die Klausur stattfand, erkunden.

Die Kaikourna-Gruppe arbeitete gemeinsam daran, die Details des endgültigen Autismus-Programms in eine Form zu bringen. Lorna berichtete von ihren Erfahrungen mit Max – er hatte jeden einzelnen Schritt beendet, den ihm Lorna mit Rons Unterstützung vorgegeben hatte. Bei diesem Treffen einigte man sich auf die bestimmten Schritte eines Autismus-Programms und vereinbarte einen bestimmten Wortschatz, der benutzt werden sollte

Das Endergebnis war ein vollständiges und sehr strukturiertes Programm. Alle Begriffe, die erlernt werden sollen, befinden sich im Programm, aber jeder einzelne Begriff wird auf einfache und direkte Weise vorgestellt oder eingeführt. Jeder neue Begriff baut auf etwas auf, das bereits bearbeitet wurde, und es gibt keine irrelevanten oder unnötigen Begriffe.

Eine Person, die ein Davis-Autismus-Programm erfolgreich beendet, wird am Ende die Fähigkeit besitzen, vollständig am Leben teilzunehmen – mit all dem Wissen, Verstehen und Können, das sie braucht, um der Welt um sie herum und ihrem Platz in dieser Welt einen Sinn zu geben. Sie wird fähig sein, Pläne zu machen und sich Ziele zu setzen, auf diese Ziele hinzuarbeiten, zu interagieren und Beziehungen zu anderen Menschen in ihrer Welt aufzubauen.

Ron schrieb ein Ausbildungshandbuch für Autismus-Berater mit dem Titel *Nurturing the Seed of Genius* [*Das Geniale zur Reife bringen*].[23] Er hat diesen Titel ausgesucht, weil er wirklich davon überzeugt ist, dass jeder einzelne autistische Mensch ein angeborenes Potential dafür hat, ein außergewöhnliches Intelligenzniveau zu entwickeln. Das Problem, das sich als Autismus manifestiert, ist kein

---

rater anzunehmen oder aktuelle Berater für spezialisierte Rollen auszubilden.

[23] Die deutsche Übersetzung des Handbuchs von Gabriela Scholter wird nur an lizenzierte Davis-Berater abgegeben (Anm. d. Hg.).

Defizit und kein fehlendes Intelligenzpotenzial. Es ist vielmehr so, dass die Person von einem größeren Intelligenzpotenzial überwältigt wird, als sie im Chaos des Un-Orientiertseins bewältigen kann. Der Davis-Ansatz löst sowohl das Chaosproblem als auch das Steuerungsproblem, sodass jeder Klient die Fähigkeit erlangt, seinen Intellekt und sein Lebenspotential vollständig zu entwickeln.

Kapitel 3

Orientierung und Individuation

Spinning my body
Brings some sort of harmony to my thoughts...
The trouble is when I stop spinning
My body scatters...

Tito Rajarshi Mukhopadhyay[24]

[Wenn ich mich drehe
Werden meine Gedanken irgendwie harmonisch...
Das Problem ist nur, wenn ich aufhöre, mich zu drehen
Zerstreut sich mein Körper...]

Die erste Phase des Davis-Autismus-Ansatzes ist *Individuation*. In dieser Phase bekommt die autistische Person geeignete Werkzeuge an die Hand, um einen Zustand der Orientierung zu erreichen. Der Klient bekommt noch weitere mentale und emotionale Selbstregulierungstechniken vermittelt, wenn er bereit dafür ist, sie zu lernen. Normalerweise beginnt diese Phase damit, dass der Berater den Autisten trifft und den Rapport herstellt, der zum Weitermachen nötig ist. In einigen Fällen, vor allem bei jüngeren Kindern oder bei Menschen mit starkem Autismus, wird die Person nicht dazu in der Lage sein. In diesen Fällen kann der Berater den Eltern eine Aufnahme der Auditiven Orientierung mit nach Hause geben, damit das Kind sie dort hört. Das bloße Hören des Tons kann nach

---

[24] Tito Rajarshi Mukhopadhyay ist ein stark autistischer junger Mann, der in Bangalore, Indien, aufgewachsen ist. Durch die intensiven Anstrengungen seiner Mutter lernte er, durch unabhängiges Schreiben zu kommunizieren, obwohl er nicht sprechen konnte. Dieses Gedicht ist aus dem Buch *The Mind Tree: A Miraculous Child Breaks the Silence of Autism* (New York: Arcade, 2003), S. 204, das Texte von Tito enthält, die er als Acht- bis Elfjähriger geschrieben hat. (Abgedruckt mit freundlicher Genehmigung von Arcade Publishing, Inc.)

einiger Zeit eine so weitgehende Veränderung erwirken, dass der Berater die Arbeit mit dem Kind beginnen kann.

Die Wichtigkeit, orientiert zu sein

Ein Kind wird mit 100 Milliarden Neuronen im Gehirn geboren. Jede Gehirnzelle hat zwischen eintausend und zehntausend Synapsen, die sich verzweigen und Billionen einzelner Verbindungen mit anderen Gehirnzellen bilden.[25] In dem Monat vor der Geburt werden fast 40.000 neue Synapsen pro Sekunde gebildet; nach der Geburt beschleunigt sich das Wachstum neuronaler Verbindungen im ersten Lebensjahr exponentiell.[26] Wenn das Kind ein Jahr alt ist, gibt es in seinem Gehirn eine Billiarde Synapsen, die jedes Neuron mit tausenden anderen verbinden. Doch noch während die synaptische Dichte weiter wächst, gehen beim sich normal entwickelnden Kind überschüssige Verbindungen verloren. Diesen Prozess nennt man Pruning [Zurückstutzen].

Bei der Geburt sind die meisten Verbindungen für die Sinnesfunktionen bereits vorhanden – das Gehirn ist einsatzbereit dafür, dass das Kind hören kann, sehen, schmecken, riechen und fühlen. Doch das neugeborene Kind lebt in einer Welt flüchtiger und ungeordneter Wahrnehmungen. Um der Welt Sinn zu geben, muss das Gehirn des Kindes anfangen, Muster in all den sinnlichen Reizen wiederzuerkennen. Das Kind muss lernen, die Sinneseindrücke zu organisieren, sodass seine Augen Farben und Formen und Beschaffenheit in Übereinstimmung bringen können, um eine hellblaue Decke, eine gelbe Rassel oder die braunen langen Haare seiner Mutter zu erkennen. Es muss lernen, sein Gehör dafür zu benutzen, die

---

[25] Die neuere Forschung geht davon aus, dass Kinder, die später Autismus entwickeln, 67 % *mehr* Hirnzellen in ihrem präfrontalen Cortex haben als Kinder, die sich normal entwickeln. Vgl. Eric Courchesne et al., „Neuron Number and Size in Prefrontal Cortex of Children with Autism", *Journal of the American Medical Association* 306, Nr. 18 (2011), S. 2001-2010.

[26] Vgl. Gregory Z. Tau und Bradley S. Peterson, „Normal Development of Brain Circuits", *Neuropsychopharmacology* 35, Nr. 1 (2010), S. 147-168.

Richtung eines Geräusches zu bestimmen. Es muss lernen, Klangfarbe und Tonhöhe zu verbinden, sodass es die Stimme seiner Mutter wiedererkennen, auf den Rhythmus und die Melodie eines bekannten Schlafliedes reagieren und die Geräusche von Vögeln, die vor dem Fenster zwitschern, vom Geräusch des summenden Ventilators in seinem Zimmer unterscheiden kann. Und es muss lernen, seine Körperbewegungen zu koordinieren, nach einem Spielzeug zu greifen, zuzupacken, den Kopf stabil zu halten, sich allein hinzusetzen ohne umzukippen und sich in den Stand hochzuziehen.

All dies wird von der neuronalen Verschaltung, dem Pruning, begleitet. Mit der Zeit werden manche Hirnverbindungen verstärkt und solche, die nicht benutzt werden, ausrangiert. Statt eines massiven Gewirrs von Verbindungen entwickelt das Gehirn ein System interner, funktionaler Verbindungen, das es dem heranwachsenden Baby ermöglicht zu lernen, wie man spielt und geht und spricht, wie man seine Aufmerksamkeit steuert, wie man unnötige und verwirrende Informationen herausfiltert und ein bewusstes Wahrnehmen seines eigenen Körpers als einzeln und getrennt von seiner Umwelt erlangt.

Bei einem autistischen Kind passiert das jedoch nicht gleichzeitig.[27] Das Gehirn entwickelt nicht das Vermögen, Input zu harmonisieren, der äußeren Welt einen Sinn zu geben oder die Fähigkeit zu erlangen, Aufmerksamkeit zu steuern und Ablenkungen herauszufiltern. Das Kind ist unter Umständen überempfindlich gegenüber Reizen und überfordert. Es ist wahrscheinlich, dass das autistische Kind mit erheblich mehr Neuronen im vorderen Teil des Gehirns geboren wurde; noch dazu wächst das Gehirn vieler autistischer

---

27 Auch wenn Davis seine eigene Terminologie benutzt, um die Gehirnzustände der Orientierung und Desorientierung zu beschreiben, stimmen viele Forscher zu, dass Autismus charakterisiert wird von Schwierigkeiten mit der neuronalen Synchronisation. Ein Forscherteam fand beispielsweise heraus, dass 70 % der autistischen Kleinkinder eine unterbrochene Synchronisation zwischen den beiden Hirnhälften haben, sogar im Schlaf. Vgl. Ilan Dinstein et al., „Disrupted Neural Synchronization in Toddlers with Autism", *Neuron* 70, Nr. 6 (2011), S.1218-1225.

Kinder bis zum zweiten Lebensjahr in beschleunigtem Maße weiter.[28] Aber die Bahnen, die die Gehirnzellen verbinden, halten nicht mit.[29] Ein Übermaß an Hirnzellen im frühen Alter, verbunden mit einer weniger effizienten Entwicklung verbindender Bahnen, könnte erklären, warum bei einem autistischen Kind zu viel auf einmal im Kopf passiert, um damit umgehen zu können. Es könnte auch erklären, warum manche Kinder sich normal zu entwickeln scheinen und sich dann im zweiten oder dritten Lebensjahr zurückentwickeln und zurückziehen. Sie könnten einfach einen Punkt erreichen, an dem die Diskrepanz zwischen Gehirnzellenentwicklung und der Entwicklung verbindender Leitungen in eine Überforderung mündet.

Was ist Orientierung?

Orientierung ist einfach der Ausdruck, mit dem Davis den mentalen Zustand beschreibt, in dem man fähig ist, seine Aufmerksamkeit zu steuern, die Welt genau zu erkennen und irritierende Reize herauszufiltern. Davis definiert Orientierung folgendermaßen:

---

[28] Der untypisch hohe Grad an Gehirnwachstum wurde nur bei Jungen dokumentiert und betrifft vielleicht nur einen Untertypus von Autismus. Autistische Mädchen scheinen einem anderen Muster zu folgen und wahrscheinlich zeigen sich die Symptome des Autismus bei ihnen auch früher. Dem Zeitraum übermäßigen Wachstums bei Jungen folgt eine Phase viel langsameren Wachstums in der späten Kindheit. Im Erwachsenenalter ist ihre Gehirngröße ungefähr so wie bei Menschen mit normaler Entwicklung. Vgl. Courchesne et al., *"Neuron Number and Size"* (2011), und Elizabeth Redcay und Eric Courchesne, „When is the Brain Enlarged in Autism? A Meta-Analysis of All Brain Size Reports", *Biological Psychiatry* 58, Nr. 1 (2005), S. 1-9.

[29] Eine neue Studie zeigt, dass Kinder, die später Autismus entwickeln, mit sechs Monaten einen erheblich erhöhten Grad an Entwicklung von Nervenfasern der weißen Substanz aufweisen. Aber die Geschwindigkeit des Wachstums ist viel geringer als bei Kindern, die keinen Autismus entwickeln, und mit 24 Monaten zeigen Hirnscans einen vergleichsweise reduzierten Nachweis von Nervenfaserentwicklungen. Vgl. Jason J. Wolff et al., „Differences in White Matter Fiber Tract Development Present from 6 to 24 Months in Infants with Autism", *The American Journal of Psychiatry* (2012).

Orientierung: Ein Bewusstseinszustand, in dem die mentalen Wahrnehmungen mit den wahren Fakten und Verhältnissen der Umwelt übereinstimmen.

Bei einem sich typisch entwickelnden Kind entwickelt sich das Vermögen, sich selbst zu orientieren, vermutlich im ersten Lebensjahr. Diese Fähigkeit wird sichtbar, wenn das Baby beginnt, zielgerichtet zu spielen oder zu agieren – nicht bloß eine Rassel zu greifen oder zu schütteln, sondern einen Gegenstand in seiner Hand zu untersuchen oder absichtlich etwas Essbares zu nehmen. Anfangs wird die Dauer der Orientierung sehr kurz sein. Während das Kind wächst, wird es immer mehr Zeit am Tag in einem orientierten Zustand verbringen, mit länger anhaltenden Phasen der Orientierung. Seine Eltern werden diese Phasen, in denen sie das Kind spielen sehen, vermutlich als Beweis für die Entwicklung einer Aufmerksamkeitsspanne sehen, und das Kind wird empfänglicher für die Kommunikation mit älteren Kindern und Erwachsenen.

Mit der Fähigkeit sich zu orientieren ist die Grundlage für die Sprachentwicklung gelegt – das Kind entwickelt die Fähigkeit, Klangmuster der gesprochenen Sprache um sich herum wahrzunehmen und ihnen einen Sinn zu geben und schließlich sogar allein Wörter zu bilden.

Niemand ist die ganze Zeit orientiert, und die Phasen der Orientierung eines Kleinkindes sind wahrscheinlich anfangs von sehr kurzer Dauer. Aber mit der Fähigkeit der Orientierung wird das Kind beginnen, Muster in der Welt zu erkennen und dem, was um es herum passiert, Sinn zu geben. Orientierung erlaubt ihm, eine Wahrnehmung für den Zeitablauf zu entwickeln, welche ihm wiederum erlauben wird, das Muster von Ursache und Wirkung zu beobachten und zu erkennen. Orientierung erlaubt ihm, eine Wahrnehmung der eigenen Lage im Raum auszubilden, mit deren Hilfe es feststellen kann, wo es sich im Verhältnis zu anderen Gegenständen um es herum befindet. Sie ermöglicht ihm, Geräusche in der Umgebung genau und auf eine beständige Weise zu hören, sodass es fähig ist, Worte wahrzunehmen, die an es gerichtet werden, und eine Stimme von einer anderen zu unterscheiden. Mit der Zeit wird die Orientierung dem Kind erlauben, ein Gefühl von Normalität zu entwickeln, Kontinuität in seiner Umwelt zu erkennen und sich sicher und souverän in vertrauter Umgebung zu fühlen.

Das Kind wird auch die Fähigkeit entwickeln, zwischen Orientierung und Desorientierung zu unterscheiden. Ein Kind, das in ein imaginäres Spiel vertieft ist, befindet sich häufig im Zustand der Desorientierung. Anstatt sich über den wirklichen Zustand der Umwelt bewusst zu sein, hat es sich dafür entschieden, eine imaginäre Welt zu betreten, in dem sein Spielzeuglaster als real wahrgenommen wird, seine Stofftiere sprechen können und es sehr wohl einen imaginären Freund haben kann, den es selbst sehen kann, aber niemand sonst. Doch das sich typisch entwickelnde Kind wendet viele der Regeln aus der realen Umwelt in seiner imaginären Welt an und benutzt die imaginäre Welt, um Situationen der realen Welt nachzuspielen. Es ist vielleicht manchmal unsicher, was real und was imaginär ist, aber sein Gehirn ist mit dem Prozess beschäftigt, das herauszufinden.

Wenn sich bei einem Kind die Fähigkeit zur Orientierung nicht entwickelt, wird es eine Welt voller Chaos und Verwirrung bewohnen. Es wird nicht fähig sein, an es gerichtete Worte zu verstehen oder seine Muttersprache zu lernen. Es wird Schwierigkeiten haben, das Normale vom Ungewöhnlichen zu unterscheiden, weil es unfähig ist, eine Vielzahl von Aktivitäts- und Ereignismustern in seiner Welt zu erkennen. Es wird nicht fähig sein, sich im imaginären Spiel *zu desorientieren*, weil es keinen Sinn für die reale Welt entwickelt hat, also keine innere Struktur, auf der eine vorgetäuschte Welt beruhen könnte.

Viele der typischen Verhaltensweisen des klassischen Autismus können im Licht dieser inneren, chaotischen Welt verstanden werden. Wenn das Kind seine Umgebung nicht versteht, wird die Welt zu einem furchtbaren und unberechenbaren Ort. Also wird sich das

autistische Kind wahrscheinlich mit wiederholenden Verhaltensweisen beschäftigen, weil sie die einzigen Konstanten in seinem
Leben sind. Die Faszination für sich drehende Gegenstände kann
den Antrieb reflektieren, irgendwie eine Art unechten Zustand der
Orientierung durch die gleichbleibende Drehbewegung des Gegenstandes zu erlangen. Alternativ könnte es ein Symptom für die Unfähigkeit sein, ein Gefühl der Orientierung getrennt vom und jenseits des sich drehenden Gegenstandes aufrechtzuerhalten.

Der Zwang, Spielzeug in einer starren und unveränderlichen
Anordnung auf dem Regal zu arrangieren, könnte die Bemühung
des Kindes sein, ein Gefühl von Beständigkeit in einer unbeständigen Welt zu erschaffen. Das Kind könnte bei der kleinsten Veränderung der Routine in Panik geraten, weil es ohne Orientierung nicht
die Fähigkeit entwickeln konnte, ähnliche Ereignisse in seinem Leben miteinander zu vergleichen, zwischen diesen abzuwägen, in
bestimmten Situationen eine Reihe von Regeln zu erahnen und zu
wissen, in welchen anderen Situationen man diese Regeln auch nutzen kann. Es zieht sich in seine eigene Welt zurück, weil es nicht die
Fähigkeit hat, mit den Menschen um sich herum zurechtzukommen
oder in Verbindung zu treten.

Unterschiedliche Formen von Entwicklungsmustern

Das Entwicklungsmuster sowie auch der Funktionsgrad können
unterschiedlich sein, aber die Grundursache ist die Unfähigkeit des
Gehirns, Wahrnehmungsreize richtig in Einklang zu bringen und zu
interpretieren. Die Störung ist nicht so umfassend, dass sie jedes
Lernen ausschließt. Viele autistische Kinder erwerben grundlegende motorische Funktionen (wie die Fähigkeit zu krabbeln, zu gehen
oder die Hände zu benutzen, um Gegenstände zu greifen oder zu
handhaben) ungefähr zur gleichen Zeit wie Kinder mit typischer
Entwicklung. Doch die motorische Rinde des Gehirns regelt eher
primitive Funktionen, wahrscheinlich angetrieben durch ein angeborenes biologisches Gebot und starke Instinkte. Die Probleme, mit

denen man sowohl beim Autismus als auch bei Lernschwierigkeiten wie Legasthenie und ADHS konfrontiert wird, entstehen aufgrund oder infolge fehlender Entwicklungen oder infolge von Abweichungen, die im Zusammenhang mit komplexeren kognitiven Funktionen stehen. Der Grad der Beeinträchtigung und die betroffenen Funktionsgebiete können unterschiedlich sein, aber das gemeinsame Charakteristikum ist, dass das Gehirn nicht die Verbindungen herstellt, die gebraucht werden, um die optimale Funktionsfähigkeit für einen Menschen in der modernen Gesellschaft zu erreichen.

Bestimmte Schwierigkeiten können an bestimmte Gehirnareale gekoppelt sein. Der vordere Cortex, zum Beispiel, spielt eine Rolle beim übergeordneten rationalen Denken, ausführenden Funktionen und der Unterdrückung von emotional gesteuertem Verhalten. Der anteriore cinguläre Cortex ist besonders wichtig für die Interpretation von Signalen, die aus verschiedenen Teilen des Gehirns kommen, zum Beispiel bei der Koordination von Signalen vom emotionalen limbischen System (welches die Amygdala und den Hippocampus umfasst) mit Signalen aus dem Frontallappen, und um widersprüchliche oder unerwartete Reize zu erkennen und abzugleichen. Die linkshemisphärischen Regionen sind wichtig für die Entwicklung von Sprache und linearen, aufeinanderfolgenden Gedankenmustern. Wenn einige Teile des autistischen Gehirns aktiv und ausgeprägt funktionsfähig sind, aber keine effektiven Verbindungen zu anderen Teilen des Gehirns haben, dann wird die Weiterentwicklung zugunsten der Teile verschoben, die gut arbeiten.

Orientierung ist einfach ein Bewusstseinszustand, der ein notwendiger Ausgangszustand für die Entwicklung von komplexeren Arten von Gehirnfunktionen ist, wie Sprachfertigkeit und abstraktes Denken. Wenn eine Person sich verwirrt *fühlt*, entsteht dieser mentale Zustand, weil ihr Gehirn zu dem Zeitpunkt, in dem das Gefühl der Verwirrung registriert wird, die sensorischen Informationen nicht verarbeiten oder in Einklang bringen kann. Solange sich die Person in einem Zustand der Verwirrung befindet, wird sie nicht aus der Erfahrung, die die Verwirrung hervorgerufen hat, lernen können, außer sich vielleicht eine emotionale Reaktion anzueignen, die dazu führt, alles zu vermeiden, was sie als unangenehm empfindet. „Lernen" ist das Verhalten, als welches der Gehirnprozess der Selbstvernetzung in Erscheinung tritt. Wenn eine Person etwas Neues lernt, hat das Gehirn irgendwo im Kopf die nötigen Verbindungen verfestigt, mit denen dieses Wissen oder diese Fähigkeit ausgedrückt wird.

Jeder Mensch fühlt sich manchmal verwirrt – und das Gefühl der Verwirrung ist immer verbunden mit Desorientierung. Das heißt, eine Definition von *Desorientierung* könnte heißen *der Zustand, verwirrt zu sein*. Aber für sich normal entwickelnde Menschen sind Momente der Verwirrung vorübergehend und von kurzer Dauer und weichen dann einem Gefühl von Verstehen und Kompetenz. Natürlich sind einige Situationen wahrscheinlich für jeden verwirrend oder überfordernd. Was eine autistische Person oder jemanden, der als lernbehindert gilt, davon unterscheidet, ist die andauernde Verwirrung in Funktionsbereichen, die Andere scheinbar leicht erlangen und bewältigen.

Zu einem gewissen Grad wird der Eindruck, eine Person sei „behindert" oder auf irgendeine Art und Weise gestört, mehr von sozialen Normen als von der angeborenen Biologie hervorgerufen. Die menschliche Gesellschaft als Ganzes erwartet von heranwachsenden Kindern, dass sie jenes Wissen und jene Verhaltensmuster schnell erwerben, die für die meisten Menschen dieser Gesellschaft leicht zu erwerben und zu lernen sind. Gleichzeitig wird von der Gesellschaft wenig Wert auf das Erwerben von Wissen und Verhaltensmustern gelegt, die für die meisten schwierig oder schwer zu erreichen sind. Deshalb wird ein Autist, der ein außergewöhnliches Talent in so unterschiedlichen Bereichen wie Musik, Kunst oder Mathematik hat, als Savant [Inselbegabter] bezeichnet, aber immer noch als schwer gestört betrachtet, weil er sich im sozialen Umgang ungeschickt verhält, etwa bedingt durch eine Unfähigkeit zum Small

Talk auf Partys. Trotzdem wird kein Kind und kein Erwachsener, dem es an musikalischen oder künstlerischen Fähigkeiten mangelt oder am Verstehen fortgeschrittener mathematischer Ideen, als behindert oder hirngeschädigt eingestuft.[30]

Es könnte durchaus sein, dass viele Autisten ohne eine Einmischung gut klarkommen würden, wenn unsere Gesellschaft toleranter wäre und ihre Eigenarten und Schwächen verstünde. Aber Autisten müssen in der Welt leben, wie sie momentan nun einmal ist. Der Wissenschaftler Laurent Mottron konzentriert sich in seiner Arbeit darauf, mentale Stärken zu erforschen, die mit Autismus einhergehen, weist aber auf folgendes hin:

> One out of ten autistics cannot speak, nine out of ten have no regular job and four out of five autistic adults are still dependent on their parents. Most face the harsh consequences of living in a world that has not been constructed around their priorities and interests. [31]

> [Einer von zehn Autisten kann nicht sprechen, neun von zehn gehen keiner regelmäßigen Arbeit nach und vier von fünf erwachsenen Autisten sind von ihren Eltern abhängig. Viele sehen sich den harten Konsequenzen von einem Leben in einer Welt ausgesetzt, die nicht nach ihren Prioritäten und Interessen gemacht ist.]

---

[30] Der Wissenschaftler Laurent Mottron und seine Kollegin Michelle Dawson haben den Begriff „Normozentrismus" geprägt, um die wissenschaftliche Tendenz zu beschreiben, alle Autismus begleitenden Charakteristika als „abnormal" oder fehlerhaft zu bezeichnen, inklusive der abweichenden Entwicklungen, die normalerweise als Stärken oder Talent betrachtet werden. Sie haben mit ihrer Forschung bewiesen, dass Autisten dazu tendieren, Menschen mit neurotypischer Steuerung in einer Vielzahl von Wahrnehmungs- und Mustererkennungsaufgaben zu übertreffen. Und doch berichten die meisten Wissenschaftler über eine andersartige Gehirnaktivierung dahingehend, dass diese mit Defiziten einherginge, und ignorieren entweder den Beleg für autistische Stärken oder bezeichnen sie als „Kompensation anderer Defizite". Vgl. Mottron, „Commentary: The Power of Autism" (2011).
[31] Mottron, „Commentary: The Power of Autism" (2011).

Das Davis-Programm bietet Befähigungs-Werkzeuge, mit deren Hilfe jeder Mensch in die Lage versetzt wird, eine Wahl im Leben zu haben, und nicht von Einschränkungen begrenzt wird, die sich im Laufe seines Lebens entwickelt haben. Die einschränkenden Aspekte von Autismus anzusprechen bedeutet nicht, die Stärken und Talente, die ebenfalls mit Autismus verbunden sind, zu leugnen oder zu schwächen. Im Gegenteil können die erhöhte Selbstständigkeit, die Fähigkeit, unabhängig zu leben, und die soziale Kompetenz, die mit Hilfe des Davis-Programms erworben werden, Mittel und Möglichkeit für die Person sein, um ihre autistischen Talente weiter auszubauen. Zum Beispiel wird so die Einsatzfähigkeit für Bildungs- und Karrieremöglichkeiten erhöht, wo bestimmte Interessen weiterentwickelt und ausgedrückt werden können.

Der Zustand der Unorientierung

Wenn Ron Davis von sich sagt, er komme aus „der Leere", beschreibt er damit einen mentalen Zustand, der *unorientiert* genannt werden könnte und wahrscheinlich bei den meisten schweren Formen von Autismus auftritt. Er ist eher eine *Un-Orientierung* als *Des-Orientierung*, weil das schwer autistische Kind nicht die Fähigkeit entwickelt hat, einen einzelnen oder beständigen Zustand wahrnehmenden Bewusstseins zu erlangen, der mit dem Gefühl von Normalität oder nicht vorhandener Verwirrung einhergeht. Wenn *Desorientierung* das Gegenteil von *Orientierung* ist, kann eine Person das eine ohne das andere nicht erleben.

Der Zustand der Orientierung kann auch mit Bewusstsein, Metakognition und rationalem Denken in Verbindung gebracht werden. Das heißt, ein Tier kann zwar die Fähigkeit haben, sich zu konzentrieren, die Aufmerksamkeit aufrechtzuerhalten und seine Umgebung aufmerksam wahrzunehmen, so wie ein Raubtier sich an seine Beute heranschleicht – aber ist es orientiert? Für die Absicht des Davis-Programms ist das nicht genug, denn Davis vermittelt die

Fähigkeit, sich wissentlich und absichtlich seines Orientierungszu-
standes bewusst zu sein und ihn zu kontrollieren.

Der Zustand der *Unorientierung* ist nicht notwendigerweise unangenehm.[32] Zeitweise kann es ein Zustand reiner sensorischer
Wahrnehmung sein, in dem man allein im Moment existiert und
alles, was passiert, vollständig fühlt, hört und sieht. Wenn die Umgebung an sich angenehm ist, wenn die Wahrnehmungen und Empfindungen angenehm sind, ist es durchaus möglich, dass sich der
unorientierte Mensch in einem Zustand des Glücks befindet. Zumindest für den Moment. Denn der unorientierte Mensch ist nicht in der
Lage, seine Umgebung zu kontrollieren oder über Vergangenheit
und Zukunft nachzudenken, sich an die angenehmen Empfindungen
zu erinnern, wenn er Schmerz fühlt, oder die eigene Existenz als
eine eigenständige und bewusste Einheit zu erkennen und zu verstehen.

Von außen betrachtet, handelt es sich hierbei um jemand, der
der Definition des klassischen, schweren Autismus entspricht. Das
Kind, das völlig unerreichbar ist, in seiner eigenen Welt verloren,
unfähig, sich auf seine Eltern oder auf andere, die mit ihm arbeiten,
einzulassen oder sinnhaft zu interagieren. Es beteiligt sich nicht,
weil es nicht weiß, *wie* man den Teil des Gehirns einschaltet, der
ihm das möglich machen würde.

Wir können also sagen, *Unorientierung* ist ein mentaler Zustand,
den Babys und Kleinkinder erleben können, der aber normaler-

---

[32] In ihrem Buch *My Stroke of Insight* beschreibt die Neuroanatomin Jill Bolte
Taylor die Auswirkungen eines Schlaganfalls der linken Gehirnhälfte. Sie ar-
tikuliert ihre Gefühle, die mit dem Verlust, ihre Gedanken regulieren zu können, einhergingen. Sie schreibt: „I watched my mind completely deteriorate
in its ability to process information (...) the essence of my being became en-
folded in a deep inner peace." [Ich sah meinen Verstand sich komplett in der
Fähigkeit zu verschlechtern, Informationen zu verarbeiten (...) das Wesen
meines Seins wurde in einen tiefen inneren Frieden gehüllt.] Siehe Jill Bolte
Taylor, *My Stroke of Insight: A Brain Scientist's Personal Journey* (New York:
Viking: 2008).

weise mit der Entwicklung eines auf Willen basierenden Bewusstseins und metakognitiven Denkens überwunden wird.

Wenn ein Berater mit einem *desorientierten* Kind arbeitet, wird er ihm ein Werkzeug geben, das es befähigt, seinen Weg nach Hause zu finden. Es ist das funktionale Äquivalent eines mentalen Kompasses und die Anleitung, wie man ihn benutzt.

Wenn ein Berater mit einem *unorientierten* Klienten arbeitet, hat diese Person keine Erfahrung mit dem Zuhause-Sein. Diese Person braucht mehr als einen mentalen Kompass, weil sie nicht die Fähigkeit hat zu erkennen, wann ihre geistige Wahrnehmung sich an dem Ort befindet, an dem die Wahrnehmungen, die sie hat, normal werden. Ihr kann zwar die Fertigkeit der Orientierung vermittelt werden, aber es dauert wahrscheinlich viel länger. Zuerst muss der Berater einen Mechanismus anbieten, der es der Person erlaubt, in den Zustand der Orientierung zu kommen, ohne bewusst darüber nachzudenken. Erst nach einer beträchtlichen Zeit im orientierten Zustand wird der Mensch die Fähigkeit entwickeln können, zu erkennen, was Orientierung ist, und willentlich vom Zustand der Desorientierung zur Orientierung zu wechseln.

Alternative oder partielle Orientierung

Eine hochfunktionale Person aus dem autistischen Spektrum hat wahrscheinlich nicht das Gefühl, eine Leere zu bewohnen. Im Gegenteil kann diese Person sehr wohl imstande sein, höchst direkte, ausdauernde, intensiv konzentrierte Aktivitäten oder Recherchen soweit zu betreiben, bis seine Mitmenschen dadurch erschöpft oder frustriert sind. Nehmen wir beispielsweise einen Jungen, der fasziniert von allem ist, was mit Bussen zu tun hat. Er hat die Busfahrpläne und alle Strecken jedes einzelnen Busses seiner Heimatstadt auswendig gelernt. Wenn er in eine fremde Stadt kommt, will er zuerst einen Streckenplan sehen und sein Tag ist erst rund, wenn sein Vater mit ihm nach der Arbeit eine bekannte Busstrecke abfährt.

Doch selbst ein sehr hochfunktionaler Autist kann ein tiefgrei-
fendes Gefühl von Unverbundenheit haben. Eric Chen, ein Schrift-
steller und Computerprogrammierer, der im Alter von 19 Jahren die
Diagnose Asperger-Syndrom bekam, konnte den Regelunterricht in
Singapur ohne akademische Schwierigkeiten oder Bedarf an beson-
derer Vermittlung absolvieren. Aber er beschreibt seine Kindheit als
Existenz ohne Bewusstsein, sogar als Teenager: „[...] I was still
mostly in a state of sleepwalking. I was unaware of my own emotions, body and situational awareness."[33] [Ich befand mich meistens
in einem Zustand des Schlafwandelns. Ich wusste nichts von meinen
eigenen Emotionen, meinem Körper und meinem Situationsbe-
wusstsein.]

Es ist auch möglich, dass die inneren Sinneseindrücke und
Denkprozesse autistischer Personen regelbar sind und für manche
eine alternative Art der „Orientierung" darstellen können. Davis
hatte das als zutreffend für seine legasthenischen Klienten herausgefunden. Als er mit einem Klienten arbeitete, der gut in Leichtath-
letik war, stellte er fest, dass der Mann oft orientiert war und trotzdem große Schwierigkeiten hatte, gedruckte Worte zu entziffern.
Ron entdeckte, dass der legasthenische Leichtathlet häufig einen
natürlichen Orientierungspunkt hatte, der oberhalb seiner Mittellinie, aber zu weit vorn lag. Für das Gehirn ist das ein sehr guter Aus-
gangsort bei aktiven Betätigungen, bei denen es typischerweise um
die Bewegung des eigenen Körpers durch den Raum oder die Kon-
zentration und Reaktion auf sich schnell bewegende Gegenstände
geht. Er führte aber potentiell zu verwirrenden Wahrnehmungen,
wenn sowohl die Person als auch der Gegenstand der Betrachtung
sich nicht bewegten. Ron fügte also einen Schritt der Feineinstel-

---

[33] Siehe URL: iautistic.com/autism-myths-the-curious-incident-of-the-dog-in-
the-night-time.php (Stand: 6.07.2011). Chen ist der Autor von *Mirror Mind*
(2005), *Autism & Self-Improvement. My Journey to Accept Planet Earth* (Singapore: Eric Chen Yixiong, 2007), *und Star Child on Earth* (2010), die seine eigenen Erfahrungen mit Autismus und seine Reise hin zur Selbstfindung
nachzeichnen.

lung des Orientierungspunktes ein, der die Möglichkeit der Orientierung des Leichtathleten vorhersieht und den Beratern die Möglichkeit gibt, sie zu korrigieren.

Natürlich will kein Sportler sein Talent wegen eines Leseprogramms aufgeben und keiner muss das. Das Davis-Programm vermittelt bloß jedem die Fähigkeit, die eigene Orientierung zu erkennen und bewusst zu kontrollieren, einschließlich der Möglichkeit, zwischen zwei oder mehreren Arten von Orientierung zu wechseln. Der legasthenische Sportler könnte also eine Verbesserung seiner sportlichen Fähigkeiten erleben, weil er angeregt wurde, die beste Orientierung für seinen gewählten Sport herauszufinden. Gleichzeitig kann er ganz einfach zur besten Orientierung für das Lesen zurückwechseln.

Es ist ebenso möglich, dass ein autistischer Musiker eine Orientierung gefunden hat, die ideal geeignet ist, um Musik zu verstehen und zu machen, um Elemente des Rhythmus, der Tonabstände, des Klanges und der Tonhöhe zu koordinieren, wenn die Töne das Gehirn erreichen, um einfach und automatisch lange Musikpassagen zu erinnern und zu reproduzieren, um nahtlos das Wissen zu integrieren, welche Tonart oder welche Streicher den erwünschten Klang oder Effekt hervorrufen. Doch wenn dieser Musiker außerhalb seiner Musik nicht klarkommt, wenn er sich stundenlang mit seinen Instrumenten beschäftigen kann, aber noch nicht einmal fünf Minuten mit seinen Eltern, dann hat er, egal welche er benutzt, nicht die vollständige Orientierung.

Ebenso hat vielleicht das hypothetisch hochfunktionale autistische Kind mit der Faszination für alles, was mit Bussen zu tun hat, herausgefunden, wie es das Gehirn justieren muss, damit es den Inhalt eines Streckennetzes oder Fahrplanes gut studieren und einordnen kann, während seine autistischen Schwierigkeiten auf einen Bereich verweisen, in dem die Orientierung nicht vollständig ist.

Es ist eine Frage der Auslegung zu entscheiden, ob der alternative Geisteszustand eine alternative Form der Orientierung oder eher eine Art der Desorientierung ist. In beiden Fällen ist es ein Beispiel dafür, dass das Gehirn seine neuronalen Verschaltungen in solchen Bereichen erfolgreich ausführt, in denen der Autist versiert ist, nicht aber die nötigen Verbindungen für die Aspekte des Sozialverhaltens aufweist, was wiederum als autistisch erachtet wird.

Für einen solchen Menschen liefert die Davis-Orientierungsberatung das fehlende Teil. Der erste Klient des Davis-Beraters Ray Davis war ein Teenager, der der Beschreibung des autistischen Musikers von oben sehr nahe kam.[34] Rays Klient (ich nenne ihn Tyler) war ein außergewöhnlich talentierter Pianist, hatte aber nicht die Fähigkeit, mit Anderen außerhalb seiner Musik in Kontakt zu treten. Tylers Mutter bezweifelte, dass Ray für mehrere Stunden am Tag mit ihrem Sohn arbeiten konnte. Trotzdem arrangierte sie für Ray die Reise zu ihr nach Michigan, wo er mit Tylor zu arbeiten begann.

Tyler hatte die Orientierung sofort verinnerlicht. Ray konnte mit ihm die reguläre Davis-Orientierungsberatung machen – den visuell orientierten Ansatz mit dem geistigen Auge – und Tyler tauchte mit der gleichen Intensität in das Davis-Autismus-Programm ein, mit der er sich zuvor seiner Musik gewidmet hatte. Ray war erschöpft; Tyler wollte mit ihm zehn Stunden am Tag ohne Unterbrechung arbeiten, und Ray musste ziemlich bestimmt und hartnäckig sein, wenn er eine Pause machen wollte, um zu essen oder das Bad zu benutzen. Dank dieser Hingabe arbeitete Tyler alle Identitätsentwicklungsbegriffe in einer Woche durch.

Weil Tyler so schnell durch die Begriffe gedrängt hatte, hielt Ray es für das Beste, ihm ein bisschen Zeit zu lassen, damit sie sich setzen konnten, bevor er mit der Phase der sozialen Integration des Programms weitermachte. Ray fuhr nach Kalifornien zurück und ließ Tyler wissen, dass er ihn anrufen konnte, wann immer er wollte. Einige Monate vergingen, bis Ray einen Anruf bekam. Es war

---

[34] Ray Davis, der Sohn von Ron Davis, ist ebenfalls ein Davis-Autismus-Berater/-Coach.

Tyler, der eine neue Entdeckung mitteilen wollte: *„Ich kann sie aus-schalten, Ray, ... und ich kann sie wieder anschalten."*

Orientiert zu sein erlaubte Tyler, Stille zu erleben. Jeder Moment seines Lebens war zuvor mit Musik erfüllt gewesen, und das Davis-Programm erlaubte es ihm, sie auszuschalten. In dieser Stille war er in der Lage, sich in der Gesellschaft anderer Leute wohlzufühlen. Aber Musik war noch immer seine Leidenschaft, und wenn er am Keyboard saß, desorientierte er sich, sodass er weiterhin kompo-nieren und in die Musik eintauchen konnte. Für ihn war das Aus-schalten des Autismus das Gleiche, als würde er die Lautstärke einer Stereoanlage, die unaufhörlich in seinem Kopf spielte, herunterdre-hen – aber sie wieder hochzudrehen bedeutete, in die Welt zurück-zukehren, die ihm so viel Spaß machte. Das ist vielleicht nicht unbe-dingt das, was Eltern erwarten, wenn sie Hilfe für ihr autistisches Kind suchen, aber Tylers Beobachtung fasst genau zusammen, um was es bei der Orientierung geht. Es ist die Fähigkeit, den mentalen Zustand zu kontrollieren. Die Person muss keinen Denkprozess oder keine Leidenschaft, die ihm Freude bereitet, aufgeben, um Teil der nicht-autistischen Welt zu sein.

Deshalb wird das Davis-Programm nicht als „Heilung" beschrie-ben. Die Person opfert nicht die Fähigkeit, ihre geistige Wahrneh-mung auf eine Weise zu benutzen, die sie selbst oder Andere mit ihrem Autismus assoziieren. Sie erlangt nur die Fähigkeit, ihre geis-tige Wahrnehmung auch auf eine andere Weise zu benutzen, wenn sie an der nicht-autistischen Welt teilnehmen muss oder möchte.

Tyler erlangte diese Fertigkeit während der Woche, in der er bei sich zuhause mit Ray gearbeitet hatte. Tylers plötzliche Erkenntnis einige Monate später, dass die Fähigkeit, den Autismus (und seine innere Musik) an- und auszuschalten auf seinem Bedürfnis beruhte, mit anderen zu interagieren, war ein Zeichen dafür, dass er für den letzten Schritt bereit war.

Kapitel 4

Davis-Werkzeuge für die Orientierung

Das wichtigste Ziel der Individuationsphase beim Davis-Autismus-Ansatz ist es, dem autistischen Klienten Werkzeuge für die Orientierung anzubieten. Die Orientierung ist eine notwendige Voraussetzung für den Rest des Programms. Wenn sich also jemand nicht orientieren kann, wird er auch keine weiteren Fortschritte machen können. In vielen Fällen wird die Orientierungstechnik schnell erlernt und der Klient kann unmittelbar mit der nächsten Phase des Programms weitermachen. In anderen Fällen kann es ein längerer Prozess sein.

Davis-Berater wissen aus ihrer Ausbildung, dass die Antwort auf die Frage „Wie lange wird das dauern?" immer ist: „Es dauert so lange, wie es dauert." Jeder Mensch ist anders, und es bringt nichts zu versuchen, durch einen Programmschritt zu hetzen, selbst wenn das möglich wäre. Einer hochfunktionalen Person kann eine Form der Orientierung in weniger als einer Stunde vermittelt werden, und nach einigen Tagen Übung kann sie ziemlich versiert darin sein, sich zu reorientieren. Der gleiche Prozess kann mit einem nieder-funktionalen Kind mehrere Wochen dauern, besonders wenn das Kind nonverbal ist.

Die Tür öffnen

Um erfolgreich mit einem Klienten arbeiten zu können, muss der Davis-Berater es schaffen, eine vertrauensvolle Beziehung her-zustellen. Die Kardinalregel eines jeden Davis-Programms ist, dass der Berater niemals mit einem unwilligen Klienten arbeiten darf. Das bedeutet nicht, dass der autistische Klient bejahend nach die-sem Programm gefragt haben muss. Von vielen Autisten wäre es unrealistisch zu erwarten, dass sie von Anfang an verstehen, was ihnen da angeboten wird, oder dass sie eine informierte Wahl darüber treffen, ob sie ein Programm wünschen oder nicht.

Aber es bedeutet, dass ein Davis-Berater nicht mit einem Klienten arbeiten wird, der unkooperativ ist oder sich den Bemühungen stark widersetzt. Anders als bei einigen Verhaltensansätzen für Autismus wird ein Davis-Berater niemals irgendeine Form von Zwang ausüben, Drohungen oder negative Verstärkungen aussprechen, um auf der Kooperation zu bestehen.

Wenn also ein Berater das erste Mal einen potentiellen Klienten trifft, ist es wichtig, eine stabile Basis für die zukünftige Arbeit zu legen. Da viele Autisten Fremden gegenüber argwöhnisch sind und per Definition keine starken sozialen Fertigkeiten haben, muss der Berater den Bedürfnissen seines zukünftigen Klienten gegenüber extrem sensibel sein. Das bedeutet, der Berater muss langsam auf den Klienten zugehen, und zwar auf eine offene und geduldige Weise.

Davis-Berater werden in bestimmten Techniken ausgebildet, die ihnen bei diesem ersten Treffen helfen. Für jemanden, der mit Autismus nicht vertraut ist, könnte das Verhalten des Beraters etwas seltsam aussehen. Eltern, die aus dem angrenzenden Zimmer zuschauen, sehen den Berater in den Raum gehen und sich neben das Kind setzen, ohne etwas zu sagen. Anscheinend macht er keinen Versuch, Kontakt zu dem Kind herzustellen oder Aufmerksamkeit auf sich selbst zu lenken. Der Berater aber weiß, dass das Kind ihn wahrscheinlich bemerkt hat, auch wenn es ihn ignoriert. Er weiß, dass er warten muss, bis ein Signal von dem Kind kommt, vielleicht ein kurzer Blick zu ihm herüber, ein Hinweis darauf, dass es bereit ist, erweiterten Kontakt zuzulassen. Das autistische Kind wird positiv auf die Stille des Beraters reagieren. In dieser Situation ist es wichtig, dass der Berater dem Klienten die Kontrolle über den zeitlichen Ablauf überlässt. Den Prozess zu beschleunigen, würde womöglich Angst und Einschüchterung hervorrufen, was wiederum dem weiteren Verlauf im Weg stünde.

Wenn der Klient die Anwesenheit des Beraters anerkennt, wird dieser kurz – sodass das Kind ihn verstehen kann – erklären, wer er ist, und sich von dem Kind das Einverständnis geben lassen, mit ihm zu arbeiten. Diese Bitte wird wieder auf sehr einfache Weise vorgebracht.

Natürlich werden die Dinge mit einem hochfunktionalen Autisten schneller voranschreiten. Ein Erwachsener mit Asperger-Syndrom würde wahrscheinlich von selbst Verbindung mit dem Berater aufnehmen. Ein hochfunktionales Kind wäre vielleicht von den Eltern auf das Treffen mit dem Berater vorbereitet worden und bräuchte nur eine kurze Einleitung. Der Schlüssel ist, dass der Berater sein Stichwort vom Klienten bekommt. Er wartet und beobachtet, damit er seinen Rhythmus auf den des Klienten abstimmen kann.

Die Tatsache, dass der Berater eine spezielle Ausbildung hat, bedeutet nicht, dass er in jedem Fall bei der Kontaktaufnahme erfolgreich ist. Die Wahrscheinlichkeit ist aber sehr groß, dass ein ausgebildeter Davis-Berater in der Lage ist, ein entsprechend enges Verhältnis als Grundlage aufzubauen, um erfolgreich mit dem Klienten arbeiten zu können. Für den Fall, dass ein Kind sich dem Berater widersetzt, kann die Familie das Coaching-Programm in Anspruch nehmen. Dann könnte der Berater einen Therapeuten oder Tutor, der dem Kind bereits bekannt und vertraut ist, einarbeiten.

Natürlich kann das manchmal nicht klappen. Dann muss man entscheiden, ob man mit dem Davis-Programm fortfährt oder zumindest so lange wartet, bis die Person bereit ist, die von einem Berater angebotene Hilfe in Anspruch zu nehmen.

Davis-Werkzeuge zur Orientierung und Selbstregulierung

Davis-Orientierungsberatung	Beruht auf Visualisierung; geeignet für ältere Kinder, Erwachsene und Bilddenker.
Davis-Ausrichtung/- Fokus	Beruht auf kinästhetischer Vorstellung; geeignet für kleinere Kinder, Menschen mit begrenzten Kommunikationsfertigkeiten und kinästhetisch Lernende.
Davis-Auditive-Orientierung	Beruht auf auditiver Erfahrung; geeignet für Lernende jeden Alters, kann aber auch benutzt werden, um Personen mit begrenzten Kommunikationsfertigkeiten Orientierung zu vermitteln.
Davis-Loslassen	Eine einfache Entspannungsübung; wird von Davis-Beratern benutzt und mit allen Schülern durchgeführt.
Davis-Energieregler	Eine Technik, um sowohl die Selbstwahrnehmung und die Fähigkeit, die eigenen Energiezustände zu regulieren, als auch ein Bewusstsein für die Energiezustände anderer Menschen zu entwickeln.
Koosh-Ball-Übungen	Einfache Übungen mit geworfenen Koosh-Bällen, um die Feineinstellung der Orientierung vorzunehmen und das Gleichgewicht und die Koordination zu verbessern.

Einer autistischen Person Orientierung beibringen

Es gibt drei grundlegende Wege, um eine Person zur Orientierung zu leiten – einer ist ausgelegt für die visuelle Vorstellungskraft, einer richtet sich an die sinnliche und fühlende Vorstellung, und der dritte basiert auf auditiven Reizen.

Die visuelle Technik – die Davis-Orientierungsberatung – folgt der Methode, die Ron Davis entdeckte und als ersten Schritt benutzte, um seine eigene Legasthenie im Alter von 38 Jahren zu korrigieren. Er hatte herausgefunden, dass er seine Wahrnehmungen stabilisieren konnte, indem er die Position seines geistigen Auges veränderte. Für die meisten Legastheniker ab 8 Jahren funktioniert das gut und kann oft auch erfolgreich für hochfunktionale Autisten mit guten Kommunikationsfertigkeiten benutzt werden.

Der taktile Ansatz benutzt die Vorstellung und Erinnerung von der physischen Empfindung zweier Hände, die auf den Schultern liegen, um sich selbst zu reorientieren. Dies wird *Davis-Ausrichtung und –Fokus* genannt.[35]

Keinesfalls wird ein Davis-Klient gleichzeitig die visuelle Orientierungsberatung über das „geistiges Auge" *und* die taktile Ausrichtung über „Hände auf der Schulter" erhalten. Auch wenn beide Ansätze fast den gleichen Effekt haben, ist das Gefühl des Orientiertseins je nach benutztem Werkzeug ein wenig anders. Dieser kleine Unterschied beeinflusst nicht die Fähigkeit der Person, Wahrnehmungen zu stabilisieren. Es könnte aber sehr verwirrend – und desorientierend – sein, beides gleichzeitig zu versuchen. Der Berater wird normalerweise mit dem Ansatz anfangen, der nach einer ersten Einschätzung am besten für den Klienten geeignet scheint. Wenn der Klient später Schwierigkeiten mit dem gewählten Ansatz

---

[35] Der Hauptunterschied zwischen Ausrichtung und Fokus besteht in der Komplexität der Sprache, die beim Unterweisen und Anleiten des Schülers benutzt wird. Fokus wurde ursprünglich für kleinere Kinder zwischen fünf und acht Jahren in einer Klassenzimmer-Situation entwickelt, wäre aber auch für eine autistische Person jeden Alters geeignet, die sprachlich begrenzt aufnahmefähig ist.

hat, kann der Berater zu der Alternativmethode wechseln, nachdem
er mit dem Klienten die erste Übung rückgängig gemacht hat.

Weil diese Techniken von der Fähigkeit des Klienten abhängen,
einer Reihe verbaler Anweisungen zu folgen, sind sie nicht geeignet
für ein autistisches Kind, das noch nicht wenigstens die sprachliche
Aufnahmefähigkeit eines normalen Vorschulkindes erworben hat.
„Sprachlich aufnahmefähig" bedeutet, einfache Anweisungen verstehen und befolgen zu können. Es spielt keine Rolle, ob das Kind
zusammenhängend sprechen kann, solange es versteht und wenigstens mit einem Nicken oder einem Kopfschütteln auf die Anweisungen des Beraters reagieren kann.

Wenn ein autistisches Kind der Anleitung für die Orientierung
oder Ausrichtung-/Fokusübung nicht folgen kann, kann der Berater
die auditive Orientierung benutzen. Die auditive Orientierung kann
auch in Verbindung mit den anderen Formen der Orientierung benutzt werden; Davis-Berater bieten sie gewöhnlich allen ihren Klienten an. In diesen Fällen beginnt der Berater wenn möglich mit
Orientierungs- oder Ausrichtungsübungen, und leitet den Klienten
dann, nachdem er genug Zeit hatte, die erste Technik zu üben, durch
die Abläufe der auditiven Orientierung.

Auditive Orientierung beinhaltet das Hören eines aufgenommenen nachklingenden Tones, der in regelmäßigen Abstanden wiederholt wird. Wenn eine Person richtig orientiert ist, wird sie den Ton
am richtigen Ort der Orientierung entstehen hören: hinter und etwas über dem Kopf, direkt auf der Mittellinie. Der Nachklang soll es
der Person ermöglichen, seine Position wahrzunehmen.

Menschen sind ziemlich gut darin, die Position eines Lautes zu
identifizieren, auch wenn dieser nur etwas zu weit rechts oder links
von ihrer Mittellinie liegt. Ein Ton von einem nicht zentrierten
Punkt aus wird ein Ohr immer etwas früher erreichen als das andere oder von dem Ohr, das dichter dran ist, etwas lauter gehört werden. Aber wenn ein Laut exakt in der Mitte zwischen den Ohren

liegt, hört er sich für beide Ohren gleich an und das Gehirn kann nicht unterscheiden, ob er von vorn oder von hinten kommt.

Im realen Leben bemerken die Menschen dieses Problem kaum. Zum einen wird ein echter Laut in einem Zimmer von den Wänden und Möbeln zurückgeworfen. Auch wenn der Laut selbst keinen Aufschluss darüber gibt, ob er von hinten oder von vorn kommt, geben die feinen Echos des Lautes, die von den Möbeln zurückgeworfen werden, die zusätzlichen Informationen, die man braucht, um den Ort des Geräusches zu identifizieren.

Zum anderen wird eine Person, die im realen Leben ein Geräusch hört, normalerweise den Kopf in die Richtung drehen, wo sie den Laut vermutet. Wenn sich das Geräusch wiederholt, wird sein Ursprung in einer etwas anderen Position zum Kopf liegen, und die Person kann sich daran ausrichten.

Auditive Orientierung ist jedoch eine künstliche Situation, in der der Klient über Kopfhörer einen sich wiederholenden Ton hört. Der Kopfhörer sorgt dafür, dass der Ton beide Ohren gleichzeitig erreicht, egal wie die Person ihren Kopf dreht. Die Glocke auf der Aufnahme ist an einer Schnur aufgehängt, die einen guten Zentimeter in jede Richtung schwingt, wenn sie angeschlagen wird. Der Nachklang erzeugt eine Reihe leiserer Töne, die sowohl von der rechten als auch der linken Seite des Klanges ausgehen. Das hilft, die Aufmerksamkeit der Person auf den Klang zu lenken, und liefert den nötigen auditiven Hinweis, um die Lage im Raum zu lokalisieren.

Eine Person mit guter Sprachkompetenz kann während der auditiven Orientierung einer Reihe konkreter Anweisungen des Beraters folgen. Diese Vorgehensweise wird oft sowohl mit autistischen wie mit nicht-autistischen Klienten angewandt. Trotzdem kann die auditive Methode auch für einen Klienten benutzt werden, der überhaupt keine Sprachkompetenz hat, wenn er gewillt ist, Kopf- oder Ohrhörer zu tragen.

Wenn der Davis-Berater einen Klienten hat, der nicht mit Hilfe einer Technik, die verbale Anweisungen erfordert, orientiert werden kann – oder der vielleicht noch nicht bereit ist, mit dem Berater zu arbeiten – können die Eltern die CD mit dem aufgenommenen Ton mit nach Hause nehmen. Die Eltern werden üblicherweise angewiesen, dem Kind das Tragen der Kopfhörer und das Hören der CD – oder eines anderen Tonträgers, etwa eines MP3-Players – so lange und so oft zu erlauben, wie das Kind es möchte. Wenn das Kind nicht bloß den einzelnen Ton hören möchte, kann er über eine Lieblingsmusik aufgenommen werden, die die Familie hat.

Der Prozess der Orientierung dauert mit diesem Ansatz etwas länger, denn ohne Anweisungen wird der Klient den Ursprung des Tones alleine lokalisieren müssen. Die CD wurde mit einem Gerät aufgenommen, das dafür entworfen wurde, die räumliche Lage des Tones genau einzufangen. Da er in regelmäßigen Abständen wiederholt wird, wird die geistige Aufmerksamkeit darauf gelenkt, und irgendwann wird die Person automatisch anfangen, den Ton an seiner richtigen Position zu hören. In diesen Momenten wird sie orientiert sein. Bei jemandem, der noch nie orientiert war oder der ständig desorientiert ist, wird die Aufmerksamkeit schnell von dieser Position wegdriften – aber die Wiederholung des Tones wird weiterhin als Köder funktionieren, um den Menschen erneut in einen Zustand der Orientierung zu bringen. Je öfter der Mensch Orientierung erlebt, desto mehr wird er sich daran gewöhnen, den Ton an seiner richtigen Position zu hören und desto leichter wird es werden, für eine längere Zeit orientiert zu bleiben.

Für den Fall, dass das Kind keine Kopfhörer tragen will, hat Ron eine experimentelle, alternative Methode entwickelt, den Ton auf eine Weise zu übermitteln, in der seine Position trotzdem beständig wahrgenommen werden kann. Es würde nicht funktionieren, den Ton einfach von außen zu spielen, etwa über Lautsprecher in dem Raum, in dem das Kind spielt, weil sich dann seine Position mit den Bewegungen des Kindes verändern würde. Um mit der auditiven Orientierung zu arbeiten, muss der Ursprung des Klanges im Verhältnis zum Kind immer gleich bleiben, egal in welche Richtung es sich bewegt.

Man kann aber Klänge deutlich und genau hören, ohne auf ein Gerät angewiesen zu sein, das auf den Ohren sitzt. Hören ist nichts anderes als die Umwandlung von Schwingungen in Nervensignale durch kleine Knöchelchen im Ohr. Die Schwingungen müssen nicht von der äußeren Oberfläche der Ohren kommen, um gehört zu werden. Also entwickelte Ron ein Gerät, das die Tonschwingungen über einen anderen Teil des Körpers weiterleitet. Um das zu erreichen, benutzt er ein kleines elektronisches Gerät, einem MP3-Player ähnlich, mit einem Paar kleiner Schallköpfe, die wie Lautsprecher funktionieren. Das Gerät kann mit einem kleinen selbstklebenden Pflaster auf der Haut am Körper der Person befestigt werden. Die Tonschwingungen werden dann durch die Haut und den Körper weitergeleitet und die Person hat das Gefühl, vom Klang umgeben zu sein. Weil die Lautstärke gering ist und der Ton periodisch kommt, ist das kein überwältigendes Erlebnis. Es ist nur ein alternativer Weg, um dem Kind das Hören eines einzelnen, sich wiederholenden Tones auf konstante Weise zu ermöglichen.

Ron nennt dieses Gerät ein NOIT – Neural Orientation Induction Telemeter –, das momentan von einer kleinen Forschungsgruppe, bestehend aus Eltern mit schwer autistischen Kindern, getestet wird. Das Gerät wiegt sehr wenig und kann leicht unter der Kleidung am Rücken des Kindes platziert werden, sodass es von den Bewegungen des Kindes nicht abgerissen werden kann. Es ist noch zu früh, um breite Schlussfolgerungen zu ziehen, wie wirksam der Einsatz des NOIT-Gerätes ist. Informationen wird es auf der Website www.noitresearch.org geben.

Davis-Werkzeuge zur Selbstregulierung

Neben den verschiedenen Ansätzen zur Orientierung enthalten alle Davis-Programme ferner drei weitere einfache Werkzeuge zur

Selbstregulierung: das Davis-Loslassen, den Energieregler und die Davis-Koosh-Ball-Übung.[36]

Das Davis-Loslassen

Das Davis-Loslassen ist ein einfaches Werkzeug zur Entspannung und zum Stressabbau. Mit Hilfe einer aufgeschriebenen Übung wird die Person angeleitet, eine Muskelpartie absichtlich anzuspannen und dann zu entspannen und sich auf das Gefühl der Entspannung zu konzentrieren. Dieses Gefühl wird „Loslassen" genannt. Die Person wird angeleitet, dieses Gefühl mit dem Akt des Seufzens zu verbinden. Später, wenn die Person sich ängstlich fühlt oder frustriert, weiß sie, dass sie einen Seufzer des *Loslassens* tun kann, um die Spannungsgefühle aus dem Körper zu lassen und sie durch das Gefühl von Ruhe und Entspannung zu ersetzen.

Auch wenn das Loslassen eine Technik ist, die eigens von Davis entwickelt wurde, ist sie jenen Stressabbau-Ansätzen, die in einigen Yogakursen zusammen mit dem Konzept eines „reinigenden Atemzugs" unterrichtet werden, sehr ähnlich. Wahrscheinlich kann man viele ähnliche Entspannungsprogramme finden, wenn man im Internet nach Übungen für „Stressabbau" sucht. Die Technik des Loslassens ist besonders nützlich, weil sie so einfach ist.

Berater benutzen diese Technik auch für sich selbst. Manche tun gemeinsam mit ihrem Klienten einen Seufzer des Loslassens oder benutzen ihn als Erinnerung für ihre Klienten – oder setzen ihn ein, weil sie selbst gelegentlich diejenigen sind, die leise Anfänge von Frustration erleben.[37] Diese Technik kann auch von anderen Famili-

---

[36] So wie Davis-Orientierung und -Ausrichtung werden auch diese Werkzeuge ausführlich in Davis' Buch *The Gift of Dyslexia* (2010) beschrieben. Deutscher Titel: *Legasthenie als Talentsignal* (Knaur Verlag).
[37] Das Seufzen ist in jedem Fall eine natürliche Reaktion auf Frustration. Basierend auf der Beobachtung von Personen, die an frustrierenden, unlösbaren Puzzles arbeiten sollten, folgerte ein Forscher, dass „sighs are often unintentional expressions of an activity, plan or desire that has to be discarded, creating a pause before it can be replaced by a novel initiative" [Seufzer sind oft unabsichtliche Ausdrücke einer Aktivität, eines Plans oder eines Wunsches,

enmitgliedern erlernt werden. Mit dem gemeinsamen Verstehen und Vokabular kann es ein einfaches Beruhigungswerkzeug für den Gebrauch zuhause und während der Sitzungen mit dem Berater sein.

Loslassen wird immer in Verbindung mit Orientierungsberatung, Ausrichtung oder Fokus vermittelt und gewöhnlich als erster Schritt zur Reorientierung benutzt. Wenn ein Berater mit einem Klienten arbeitet und der Klient irgendwelche Schwierigkeiten hat, wird der Berater normalerweise den Klienten dazu ermuntern, zuerst einen Seufzer des Loslassens zu tun, und dann seine gewählte Orientierungsmethode zu benutzen, um seine Aufmerksamkeit neu zu sammeln.

Wenn ein autistischer Klient nonverbal und auf das Hören der auditiven Klangaufnahme angewiesen ist, kann das formale Vermitteln von Loslassen verschoben werden, bis der Klient in der Lage ist, zuzuhören und Anweisungen zu befolgen. Trotzdem wird der Berater Loslassen während seiner Arbeit mit dem Klienten modellhaft an sich selber üben. Ein Davis-Berater weiß, wie er Loslassen als ein Werkzeug für sich selbst benutzen kann, noch bevor er den Raum betritt, um mit einem Klienten anzufangen zu arbeiten. Es hilft sicherzustellen, dass der Berater nicht seine eigenen äußeren Spannungen und Sorgen in den Bereich seiner Arbeit mit den Klienten hineinträgt.

Der Energieregler

Das Werkzeug Energieregler dient dazu, einem Menschen dabei zu helfen, sein eigenes Energieniveau zu regulieren und zu lernen, die Anderen um sich herum zu beobachten und angemessen auf sie zu reagieren. Dem Klienten wird beigebracht, sich einen Schaltreg-

---

die bzw. der verworfen werden muss. Seufzer schaffen eine Pause, bevor das Verworfene von einer neuen Initiative ersetzt werden kann]. Siehe K.H. Teigen, „Is a Sigh 'Just' a Sigh? Sighs as Emotional Signals and Responses to a Difficult Task", *Scandinavian Journal of Psychology* 49, Nr. 1 (2008).

ler, ähnlich einem Drehknopf zum Regeln der Lautstärke von Musik, vorzustellen, und jeder Zahl auf dem Regler ein anderes Energieniveau zuzuschreiben. Die Zahl 1 würde Schlaf bedeuten – 9 oder 10 wäre das Niveau für die höchstmögliche Aufregung und Aktivität – zum Beispiel so, wie man sich fühlen würde, wenn man von einem Tiger verfolgt würde. Der Klient wird ermutigt, sich für eine Zahl zu entscheiden, die sein normales, tagtägliches Energieniveau wiedergibt. Normalerweise wird das zwischen 4 und 6 sein.

In Hinblick auf den Regler wird der Klient zunächst dazu ermutigt, sich selbst zu beobachten. Der Berater wird Dinge fragen wie: „Wo steht dein Regler jetzt?", „Ist das eine gute Zahl für das, was wir gerade machen?", „Welche wäre deiner Meinung nach besser?", „Stelle den Regler bitte auf diese Zahl." So kann ein Kind, das während einer Arbeitssitzung mit dem Berater hochaktiv und unruhig ist, angeleitet werden, seinen Schalter von 8 (zu hoch) auf 5 zu stellen. Der Ansatz könnte auch andersherum benutzt werden, um eine schläfrige Person munter zu machen, indem der innere Schalter von 3 auf 5 hochgedreht wird.

Der Davis-Klient lernt auch, sich auf Andere zu fokussieren und ihre mögliche Reglereinstellung zu schätzen. Zum Beispiel könnte ein Kind aufgefordert werden, andere Kinder auf dem Spielplatz zu beobachten, die aktiv mit Spielen beschäftigt sind – ihre Schalter stehen vielleicht auf 7 oder 8.

Diese Übung wird regelmäßig benutzt und ist vor allem für Menschen nützlich, die Schwierigkeiten in sozialen Beziehungen erleben und deren Verhalten Andere häufig zu ärgern oder zu irritieren pflegt. Das Zusammenspiel von Selbstbeobachtung und der Beobachtung Anderer hilft, die Fähigkeit der Person aufzubauen und zu stärken, ihr Energieniveau so anzupassen, dass es der jeweiligen Umgebung entspricht und mit den Anderen harmoniert.

Die genaue Sprache und die Aktivitäten, bei denen der Energieregler zur Übung eingesetzt wird, sind unterschiedlich gemäß dem Alter, den entwicklungsbedingten Bedürfnissen und dem Vokabular des Klienten. Für einen autistischen Klienten kann das Lernen und Verstehen dieses Werkzeugs sehr schwierig sein. Es umfasst die Fähigkeit, in Symbolen zu denken und eine willkürliche Zahl einem emotionalen oder physiologischen Zustand zuzuordnen. Es erfordert auch Eigenwahrnehmung und die Fähigkeit, seine Aufmerksamkeit auf andere Menschen zu fokussieren, um aus deren inneren emotionalen Zuständen Rückschlüsse ziehen zu können.

Gleichzeitig ist dieses Werkzeug außergewöhnlich nützlich für den autistischen Klienten und könnte an sich schon neue Einsichten zur Folge haben, aber auch eine sehr einfache und direkte Möglichkeit bieten, um soziale Fähigkeiten zu verbessern. Der Energieregler wird also definitiv ein Teil des Fundus an Davis-Werkzeugen für das Autismus-Programm sein. Allerdings wird es unter Umständen, je nach dem Grad der Bereitschaft des Klienten, erst in einem späteren Stadium des Programms eingeführt, vielleicht nachdem der Klient ein Knetmodell von *Selbst* hergestellt hat oder vielleicht nach der Begriffsbeherrschung von *Zeit*, *Ordnung* und *Reihenfolge*. In einigen Fällen wird ein autistischer Klient nicht fähig sein, die Idee eines Energiereglers ohne diese zusätzlichen Begriffe zu verstehen, die im ersten Teil der Identitätsentwicklungsphase vermittelt werden.

Die Koosh-Ball-Übungen

Die Koosh-Ball-Übung wird benutzt, um bei der Orientierung einer Person eine Feineinstellung vorzunehmen und um das Gleichgewicht und die Koordination der Person zu verbessern. Normalerweise wird ein Davis-Klient das Anwenden seiner Orientierung oder seiner Ausrichtungsfähigkeiten üben, indem er ausbalanciert auf einem Bein steht und Koosh-Bälle fängt, die ihm ein Berater oder eine andere Hilfsperson zuwirft. Wenn der Klient richtig orientiert ist, sollte es leicht für ihn sein, eine kurze Zeit ausbalanciert auf einem Bein zu stehen und einen Ball zu fangen, der ihm langsam zugeworfen wird.

Wie mit den anderen Werkzeugen kann auch die Einführung dieser Übung verschoben werden, bis der Klient bereit ist. Wenn dem Klienten die Orientierung nicht mit Hilfe eines der anleitungsbezogenen Ansätze beigebracht wurde, wird er nicht in der Lage sein, die Koosh-Ball-Übung zum Zweck der Verbesserung seiner Orientierung zu benutzen. Ihm wurde noch nicht beigebracht, bewusst an seine Orientierung zu denken, also wird er diesen Teil der Übung nicht verstehen.

Aber die Koosh-Ball-Übung bewirkt im Laufe der Zeit auch, dass sich die Fähigkeit der Person verbessert, Geist und Körper zu koordinieren, besonders unter Einbeziehung von Aufgaben, bei denen die Mittellinie gekreuzt wird, wie zum Beispiel den Ball abwechselnd mit der rechten und der linken Hand zu fangen. Der Koosh-Ball wird benutzt, weil er nicht viel wiegt und einfach zu fangen ist. Wenn er langsam geworfen wird, ist es unwahrscheinlich, dass er von der Hand der Person abprallt, die ihn zu fangen versucht.

Bei der Orientierung geht es darum, die Gehirnfunktionen zu harmonisieren, eine Person zu befähigen, ihr Gehirn so zu benutzen, dass sie ihre Umgebung auf gleichbleibende Weise wahrnehmen kann, sowie die Verbindung zwischen Denken und Bewegung herzustellen, was für Autisten oftmals schwierig ist. Der Berater wird eine Reihe von Aktivitäten einführen, wie etwa: auf einem Bein stehen und den Ball mit einer Hand fangen, mit jeder Hand Bälle fangen üben, einen Ball aus einer Richtung zuerst mit der näheren Hand fangen und dann mit der gegenüberliegenden Hand, zwei Bälle auf einmal fangen. Natürlich werden die Übungen je nach Bedarf verändert, um jede physische Einschränkung eines Klienten zu berücksichtigen, und setzen auf der Ebene der physischen Möglichkeiten des Klienten an. Sollte eine Person nicht auf einem Bein stehen können, kann die Übung mit beiden Beinen auf dem Boden begonnen werden. Wenn die Person überhaupt nicht stehen kann, kann die Übung im Sitzen gemacht werden. Das Ziel ist es, das zu machen, was der Person möglich ist, wohl wissend, dass mit der Übung im

Laufe der Zeit die Fähigkeiten verbessert werden. Veränderungen können dann entsprechend der Bedürfnisse und sich entwickelnder Fähigkeiten des Klienten eingeführt werden.

Die Koosh-Ball-Übungen finden in kurzen Einheiten statt, gewöhnlich als Teil einer Pause zwischen anderen Aufgaben. Es gibt keinen festen Stundenplan: je mehr die Person im Laufe der Zeit mit den Koosh-Bällen übt, desto mehr werden ihre mentalen und physischen Koordinationsfähigkeiten sich verbessern.

Kapitel 5

Die Wichtigkeit des Selbst

Das Wort Autismus ist vom griechischen Wort *autos* abgeleitet, das „Selbst" bedeutet. Es ist ein wenig ironisch, dass ein Autist oft große Schwierigkeiten hat, Selbstwahrnehmung zu entwickeln oder ebendiesen Begriff des *Selbst* zu verstehen oder wenigstens *Selbst* auf die gleiche Weise in Begriffe zu fassen, wie nicht-autistische Personen es tun. Die inzwischen aufkommenden Befunde aus Gehirnscans zeigen, dass autistische Erwachsene andere Aktivitätsmuster des Gehirns aufweisen als nicht-autistische Kontrollpersonen, wenn es um Aufgaben geht, die das Denken über das Selbst erfordern, im Vergleich zu Aufgaben, die das Denken über Andere betreffen.[38] Autistische Kinder benutzen auch weniger oft Personalpronomen oder selbstreferentielle Gesten in der Kommunikation als ihre nicht-autistischen Altersgenossen.[39]

Davis benutzt den Ausdruck *Individuation*, um auf den Entwicklungsprozess der Selbstwahrnehmung zu verweisen. Eine Person, die *individuiert* ist, kann sich selbst als getrennt von allen anderen identifizieren. Sie funktioniert als eine einzelne Einheit. Ihre Sinne und Wahrnehmungen funktionieren harmonisch miteinander und sie hat die Kapazität, sich der sie umgebenden Mitwelt völlig bewusst zu sein.

---

[38] Vgl. Michael V. Lombardo et al., „Atypical Neural Self-Representation in Autism", *Brain* 133, Nr. 2 (2010), S. 611-624, oder Chris D. Frith und Uta Frith, "The Self and Its Reputation in Autism", *Neuron* 57, Nr. 3 (2008), S. 331-332.
[39] Vgl. R. Peter Hobson und Jessica A. Meyer, „Foundations for Self and Other: A Study in Autism", *Developmental Science* 8, Nr.6 (2005), S. 481-491, oder Sophie E. Lind und D.M. Bowler, "Delayed Self-Recognition in Children with Autism Spectrum Disorder", *Journal of Autism and Developmental Disorders* 39, Nr. 4 (2009), S. 634-650.

Die Entwicklung der Selbstwahrnehmung

Ein sich normal entwickelndes Kind beginnt mit dem Prozess der Individuation ungefähr, wenn es anfängt zu laufen, und es ist völlig individuiert, wenn es drei Jahre alt ist. Die entstehende Sprache spiegelt diesen Prozess wider; das Kleinkind drückt sich häufig in Worten und Phrasen aus wie „Meins!" oder „Ich mach das" oder „Nein!". Das Kleinkind hat ein Gefühl dafür entwickelt, getrennt von Anderen zu sein, mitsamt einer ganzen Reihe eigener Meinungen und dem Drang, diese durchzusetzen.

Das autistische Kind teilt wahrscheinlich Rons frühes Gefühl, alles und nichts gleichzeitig zu sein – zu existieren, zu fühlen, wahrzunehmen –, aber nicht als zusammenhängendes und einzelnes Individuum zu funktionieren. Ein sehr hochfunktionaler Autist kann von außen so erscheinen, als sei er sich seiner selbst bewusst, auch, als sei er mit sich selbst beschäftigt – aber Eigenarten und bestimmte Nuancen seines Verhaltens können einer unvollständigen Individuation entstammen. Er könnte zum Beispiel die Angewohnheit haben, unaufhörlich über ein ungewöhnliches und hochtechnisches Gebiet zu sprechen, das er extrem interessant findet. Sein fehlendes Bewusstsein dafür, dass die meisten anderen Menschen von dem Thema gelangweilt sind, stammt von der Unfähigkeit zu realisieren, dass er nicht nur getrennt von den Anderen ist, sondern auch anders als die Anderen, die ihn umgeben. Sie teilen seine Interessen nicht. Auf dieses Charakteristikum wird manchmal als fehlende „Theory of Mind" verwiesen – das heißt die Unfähigkeit zu verstehen, dass andere Menschen Überzeugungen, Wünsche und Absichten haben, die sich von den eigenen unterscheiden. Aber die Forschung erkennt inzwischen, dass die autistische Schwierigkeit, sich den Denkprozess anderer Menschen vorzustellen und vorherzusagen, wahrscheinlich daher rührt, dass die Person selbst ein schwaches Verständnis und Bewusstsein vom Funktionieren der eigenen Denkweise hat.[40]

Um eine Vorstellung vom Selbst zu entwickeln, muss eine Person fähig sein, ihre Umgebung auf beständige Weise wahrzunehmen und Wahrnehmungen und Empfindungen so zu integrieren und in Einklang zu bringen, wie sie erlebt werden. Wenn Wahrnehmungen auseinandergerissen werden, kann eine Person leicht in die Irre geleitet werden bezüglich darauf, wo ihr eigener Körper anfängt und wo er aufhört. Ein Beispiel dafür ist die Gummihand-Illusion. Wenn die Hand einer Person außer Sichtweite platziert wird und eine sichtbare künstliche Hand gleichzeitig mit der versteckten echten Hand eine Minute oder zwei gestreichelt wird, wird diese Person normalerweise anfangen, die falsche Hand als Teil des eigenen Körpers zu erleben.[41] Wenn die Person aufgefordert wird, ihre Augen zu schließen und auf die Lage der Hand zu deuten, wird die Person auf die falsche Hand zeigen; und mit offenen Augen wird sich die Person erschrecken, wenn der Experimentator die falsche Hand streichelt.

Es braucht nur zwei Minuten, um ein völlig entwickeltes erwachsenes Gehirn so zu täuschen, dass es die falsche Hand mit der echten verwechselt. Es ist also nicht schwierig zu erkennen, dass Wahrnehmungen wichtig sind, um ein Körpergefühl überhaupt erst entwickeln zu können. Ron Davis' eigene Experimente zeigen den direkten Effekt, den Desorientierung auf die Genauigkeit von Wahrnehmungen hat.[42] Man kann also davon ausgehen, dass ein Mensch,

---

[40] Vgl. Michael.V. Lombardo und Simon Baron-Cohen, „The Role of the Self in Mindblindness in Autism", *Consciousness and Cognition* 20, Nr. 1 (2011), S. 130-140.

[41] Um sich diese Illusion in Aktion anzusehen, siehe „Rubber Hand Illusion": www.youtube.com/watch?v=TCQbygjGORU (hochgeladen von newscientist-video, 19.09.2007, abgerufen am 10.06.2011), oder „The Rubber Hand Illusion – Horizon: Is Seeing Believing?", www.youtube.com/watch?v=sxwn1w7MJvk (hochgeladen von BBC, 15.10.2010, abgerufen am 10.06.2011).

[42] Die Auswirkung auf die Wahrnehmung wurde mit einer Reihe von Experimenten nachgewiesen, bei denen eine Körpertausch-Illusion benutzt wurde,

dessen Wahrnehmungen wegen einer fehlenden stabilen Orientierung inkonsistent sind, auch ein inkonsistentes Gefühl für die eigene
Körpergrenze hat.

Selbst bei hochfunktionalen Autisten ist oft eine schwach entwickelte Körperwahrnehmung in Form eines unbeholfenen und unge-
schickten Ganges oder schlechter physischer Koordinationsfähigkeiten zu beobachten. Der Autor Eric Chen zum Beispiel beschreibt
seine Kindheitserfahrungen folgendermaßen:

> I never looked at the world from inside my body. I was
> not 'in' me.
> I did not know that I had a body. My hands did not be-
> long to me, and I did not know that I have feet. I had
> no idea where my body parts were, unless I looked for
> them with my eyes. I was also not aware that I can
> control my body parts or precisely how to do that.[43]
>
> [Ich sah die Welt nie aus meinem Körper heraus. Ich
> war nicht ‚in‘ mir./Ich wusste nicht, dass ich einen Kör-
> per hatte. Meine Hände gehörten nicht zu mir und ich
> wusste nicht, dass ich Füße hatte. Ich hatte keine Ah-
> nung, wo meine Körperteile waren, außer wenn ich sie
> mit meinen Augen ansah. Mir war auch nicht bewusst,
> dass ich meine Körperteile kontrollieren konnte oder wie
> das genau ging.]

---

eine Variante der Gummihand-Illusion. Mit einer 3D-Bildlichkeit wurde der
Eindruck erweckt, dass die Testperson einen anderen Körper hat. Wenn die
Illusion mit einem Körper in der Größe einer Barbiepuppe hervorgerufen
wurde, berichteten die Testpersonen, dass sie gewöhnliche Gegenstände (einen Stift und die Hand des Experimentators) als riesengroß wahrgenommen
hatten. Als das Experiment mit anderen Testpersonen und einem riesigen
künstlichen Körper wiederholt wurde, schätzten die Teilnehmer normale Gegenstände viel kleiner ein. Ein ähnlicher Effekt stellte sich bei der Fähigkeit
ein, räumliche Entfernungen zu schätzen. Vgl. Björn van der Hoort, Arvid Guterstam und H. Henrik Ehrsson, „Being Barbie: The Size of One's Own Body
Determines the Perceived Size of the World", *PLoS ONE* 6, Nr. 5 (2011),
e20195.

[43] Siehe Eric Chen, „Autism Speaks for Itself: Lost on Planet Earth", URL: iautis-
tic.com/autism-speaks.php (gepostet: 31. Mai 2009, Stand: 6. Oktober 2011).

Ein Mensch muss ein Gespür für seine Körperwahrnehmung haben, um eine Wahrnehmung für die Integration von Geist und Körper entwickeln zu können, und diese Wahrnehmung der Integration ist notwendig, um sich eine Vorstellung vom individuierten Selbst machen zu können. Ohne die Fähigkeit, sich zu orientieren, ist es unwahrscheinlich, dass jemand ein vollständiges und beständiges Gefühl für das Selbst entwickelt.

Davis-Orientierung und entstehende Selbstwahrnehmung

Wenn ein autistischer Klient durch das Erlernen einer oder mehrerer Davis-Techniken die Fähigkeit erwirbt, sich zu orientieren, wird er anfangen, seine Welt auf eine neue Weise zu erleben. Er wird dann anfangen, sich zu individuieren. Das wird unabhängig davon passieren, ob er den nächsten Schritt des Davis-Programms macht oder nicht. Individuation ist das natürliche Ergebnis von beständiger und harmonisierter Wahrnehmung. Wenn ein Mensch seine Welt versteht und wenn seine Wahrnehmungen von Minute zu Minute und von Tag zu Tag beständig sind, wird er auf natürliche Weise ein Gefühl für seine eigenen physischen und mentalen Grenzen entwickeln.

Der Prozess der Individuation könnte allerdings auch ein langwieriger und chaotischer Prozess sein, wenn man einfach der Natur ihren Lauf lässt. Wenn ein sich normal entwickelndes Kleinkind sich individuiert, wird es eine Phase durchlaufen, in der es seinen Willen mit Hilfe von Wutanfällen ausdrückt, bei den meisten Eltern bekannt als die Trotzphase. Zusammen mit der Erkenntnis, dass es eine eigene Person ist und dass es eine eigene Meinung hat, kommt Wut auf, sobald seine Meinung missachtet wird, und Frustration, wenn große, starke Erwachsene Kontrolle ausüben und dabei seine Meinung missachten – indem sie sich zum Beispiel weigern, ihm im Supermarkt Süßigkeiten zu kaufen.

Die Wutanfälle, die bei Kleinkindern das wachsende Gefühl des Selbst begleiten, unterscheiden sich von heftigen autistischen emotionalen Ausbrüchen. Der Wutanfall des Kleinkindes hängt mit seiner wachsenden Fähigkeit zusammen, eine Intention zu entwickeln und kausale Beziehungen zu erkennen. Es hat normalerweise einen Wutanfall, weil es etwas will, das seine Eltern nicht erlauben, oder weil es etwas vermeiden will, worauf seine Eltern bestehen. Der Wutanfall verschwindet meistens schnell wieder, wenn die Forderungen des Kleinkindes erfüllt werden. Gute Eltern wissen natürlich, dass es ein Fehler ist, den Wutanfällen des Kleinkindes nachzugeben, aber ein Kind, welches sich auf einem guten Weg zur Individuation befindet, entwickelt weitere raffinierte Arten, seine Wünsche auszudrücken, und kann im Laufe der Zeit seine eigenen Emotionen besser regulieren. Weil es auch die Fähigkeit entwickelt hat, seine Welt genau und beständig wahrzunehmen, wird es Verbindungen zwischen einem Ereignis und einem anderen herstellen können und eine Wahrnehmung für Ursache und Wirkung entwickeln. Während es heranwächst, wird es mit alternativen Strategien experimentieren, wie etwa dem effektiven Gebrauch von Sprache und Taktiken wie Schmeicheln, Betteln oder Verhandeln. Die Wutanfälle werden nachlassen.

Wutanfälle eines Kleinkindes werden von einem entstehenden Selbstgefühl und der Fähigkeit, seine Umgebung zu kontrollieren, angetrieben. Hinzu kommen Zorn und Frust, wenn seine Bemühungen, Kontrolle auszuüben, behindert werden. Ein älterer Autist wird die gleiche Reaktion auf ein entstehendes Selbstgefühl haben, doch je größer die Person ist, desto mehr Schaden kann sie anrichten, wenn sie ihren Frust auslässt. Ron Davis hat während seiner Arbeit schon autistische Personen orientiert, lange bevor er ein Programm dafür entwickelte, wie das weitere Vorgehen nach der Orientierung aussehen sollte. Eine seiner frühen Klientinnen, ein Teenager, drückte ihr aufkommendes Selbstgefühl aus, indem sie jedes einzelne Fenster ihres Elternhauses zerschlug.

Die meisten Eltern, die Hilfe für ihr autistisches Kind suchen, wollen gleichzeitig Verbesserungen im Verhalten sehen. Es besteht ein Unterschied zwischen einem Kind, das dem von den Eltern erwarteten Verhalten nicht entsprechen kann, weil ihm die Fähigkeit dazu fehlt (das autistische Kind), und einem Kind, das dazu fähig, aber trotzig ist. Es ist für die meisten Eltern schwierig, Trotz als ein Zeichen des Fortschritts zu sehen, besonders wenn der Trotz mit einem Verhalten einhergeht, durch das Sachbeschädigung verursacht oder andere Menschen verletzt werden.

Es ist also sinnvoll, autistischen Kindern und Erwachsenen mit einer Anleitung und einem Plan dabei zu helfen, die neu gefundene Wahrnehmung des Selbst zu verarbeiten. Im Gegensatz zum Kleinkind hat ein älterer Autist den Intellekt, Begriffe zu verstehen und zu integrieren, die durch eine Kombination von eindeutigem Unterricht und geleiteter Erkundung erlernt werden können. Die gleichen Begriffe, die ein Kleinkind durch Versuch und Irrtum lernt, können einem älteren Autisten anhand einer organisierten Reihe von Begriffslektionen innerhalb von Wochen anstelle von Jahren vermittelt werden.

Davis ist kein Programm, mit dem man Verhalten lehrt oder beeinflusst. Es gibt also nichts bei Davis, das garantiert, dass sich die entwickelnde Person in Übereinstimmung mit den elterlichen Wünschen verhalten wird. Im Gegenteil ist für einen Teenager oder jungen Erwachsenen ein bestimmter Grad des Widerstandes gegenüber elterlichen Ansprüchen normal und zu erwarten.

Doch das Davis-Programm kann jeden Klienten mit dem Wissen, Können und Verstehen ausstatten – und tut dies auch –, mit dem er beginnen kann, vernünftige und altersgemäße Entscheidungen zu treffen. Ohne die Davis-Begriffe wäre es unangemessen, von einem neu orientierten und individuierten Zwölfjährigen zu erwarten, genauso fähig und eigenständig zu sein wie andere Zwölfjährige; das autistische Kind hat einfach zu viele Jahre Lebenserfahrung verpasst, die seine Altersgenossen gemacht haben. Je älter es zum

Zeitpunkt des Davis-Programms ist, desto größer ist die Kluft zwischen seinem Erfahrungswissen und dem, was von normal entwickelten Personen des gleichen Alters erwartet wird.

Das Davis-Programm strebt an, diese Lücke zu schließen. Erreicht wird das durch den Prozess der Davis-Begriffsbeherrschung, einem Programm, das Kneten und Erforschen in der Umgebung miteinander kombiniert, in einer besonders an den Bedürfnissen der autistischen Klienten orientierten Struktur und Reihenfolge.

Die Bedeutung der Meisterschaft

Der erste Schritt in der Begriffsbeherrschungsphase des Davis-Programms ist das Modellieren des Begriffs *Selbst* aus Knete. In vielen Fällen kann das sofort, nachdem der autistische Klient die Orientierungswerkzeuge bekommen hat, geschehen. Es kann aber auch sein, dass einige Menschen noch nicht sofort bereit dafür sind und Wochen oder Monate vergehen, bis der Mensch lange genug in einem orientierten Zustand gelebt hat, um sich individuieren zu können. Eine Verzögerung tritt üblicherweise bei jenen Menschen auf, die Orientierung nicht durch eine Anleitung lernen konnten, sondern stattdessen auf unterstützendes Hören des auditiven Orientierungstones angewiesen waren.

Ron Davis ist davon überzeugt, dass die sogenannte Meisterschaft die genaueste Form des Lernens ist. Eine Person, die eine Idee oder einen Begriff gemeistert hat, muss sich nicht auf ihr Gedächtnis verlassen, um diese zu erinnern oder damit zu arbeiten. Ist die Idee einmal gemeistert, wird sie stattdessen Teil der Person, etwas, das automatisch in ihr ist, ohne dass sie sich bewusst oder angestrengt daran erinnern müsste. Sie ist vollständig integriert, angenommen und selbstverständlich. Das meiste Wissen und die meisten Fertigkeiten, die täglich von Menschen benutzt werden, wurden gemeistert.

Ein gutes Beispiel ist der Weg, den eine Person jeden Tag benutzt, um zur Arbeit und zurückzugelangen. Nach einer Weile ist der Weg so tief im Gehirn der Person verwurzelt, dass sie absolut dazu fähig ist, in das Auto zu steigen und sicher und pünktlich bei der Arbeit anzukommen, während sie Radio hört und über Dinge nachdenkt, die mit dem Akt des Fahrens nichts zu tun haben. Einstmals musste der Weg erlernt werden, aber nach einiger Zeit ist es etwas, was die Person einfach erledigen kann, ohne darüber nachzudenken.

Davis glaubt auch, dass eine Person die Idee oder Tatsache, die sie *meistern* will, auf drei Weisen erfahren muss: als Beobachter, als Verursacher und als Betroffener aus der Perspektive der Wirkung. Davis hat jeder dieser Lernperspektiven einen Namen gegeben: *Verstehen* für die Information, die man als Beobachter aufnimmt; *Wissen* für die Information, die man als Empfänger erhält, also das Erleben der Wirkung; und *Können* für das, was man beim Erschaffen oder aus der Perspektive der Verursachung gelernt hat.

Das Davis-Programm zur Ausbildung von Beratern ist nach dem gleichen Konzept aufgebaut. Als Teil ihrer Ausbildung verbringt jeder Davis-Berater eine Woche in der Rolle eines Klienten, der ein Programm durchläuft (Wirkung); eine Woche mit der Beobachtung eines anderen Auszubildenden, der jemand anderem in der Rolle des Klienten ein Programm anbietet; und eine Woche in der Rolle, für die er sich ausbilden lässt, als Anbieter des Programms (Ursache).

Der aufmerksame – oder verwirrte – Leser wird bemerkt haben, dass die Reihenfolge der Präsentation jedes der drei Elemente der Meisterschaft in den letzten zwei Abschnitten unterschiedlich war. Das ist so, weil es eigentlich keine Rolle spielt, in welcher Reihenfolge der Prozess des Beobachtens, Empfangens und Tuns stattfindet. Im realen Leben ist es wahrscheinlich, dass es eine Vermischung beim Prozess der Beherrschung komplexer Ideen und Begriffe geben wird. Eine Person wird normalerweise nicht ausschließlich mit einem Typ des Lernens beschäftigt sein, sondern fast jede teilnehmende Lernerfahrung wird wahrscheinlich ein bisschen von allen dreien umfassen.

Davis glaubt außerdem, dass es kein wirkliches Lernen ohne die Beteiligung eines kreativen Prozesses geben kann. Das ist, anders ausgedrückt, die Idee, dass Wissen und Verstehen nicht ausreichen, um die Meisterschaft zu erlangen; die Person braucht auch den Können-Teil, bevor sie das Wissen wirklich integrieren kann. Um zu dem Beispiel des routinierten Pendlers zurückzukommen: der Berufstätige könnte die Karte studieren oder von jemand anderem jeden Tag zur Arbeit gefahren werden, aber der Weg ist erst dann wirklich gemeistert, wenn er ihn selbst gefahren ist, und zwar vermutlich einige Male.

Diese grundlegenden Prinzipien unterliegen der gesamten Davis-Methodik und dem Weg, der mit dem autistischen Klienten während der Begriffsbeherrschung beschritten wird. Sie sind ein Grund dafür, warum Knete benutzt wird, denn Knete gibt dem Klienten die Möglichkeit, den Begriff selbständig zu erschaffen.

Es ist wichtig zu beachten, dass eine Person auch kreativ sein kann, ohne besonders fantasievoll oder originell zu sein. Als Davis zuerst mit legasthenischen Klienten gearbeitet hat, musste diese Unterscheidung nicht gemacht werden; Legastheniker tendieren dazu, sehr kreativ und hervorragende Denker zu sein und es zu genießen, etwas auf einzigartige und neue Weise zu tun. Im Gegensatz dazu sind viele Autisten im Denken und im Ausdruck ihrer Ideen sehr konkret.

Doch Ron Davis machte seine ersten roten Lehmmodelle selbst, als er sich noch in der Leere befand. Als er die Taschenmesser und Armbanduhren seiner Brüder begehrte, wollte er nichts Neues oder Anderes modellieren – er benutzte den roten Lehm, um die Kopie eines Gegenstandes aus dem realen Leben herzustellen. Als Kind versuchte Ron wahrscheinlich, das Eigentum seiner Brüder so genau in der Darstellung zu kopieren, wie seine kleinen Hände es konnten.

Das Modellieren im Autismus-Programm wird größtenteils von dem Davis-Berater angeleitet oder gelenkt oder von den Eltern oder anderen Helfern, die den ausdrücklichen Anweisungen eines gecoachten Programms folgen. Der Klient wird aufgefordert, für viele der Modelle eigene Ideen zu entwickeln, aber am Anfang wird er viel Anregung in Form von Beispielen brauchen, um auf eine Idee zu kommen, und seine Ideen werden einfach und nüchtern sein. Während der Klient Fortschritte macht, wird er nicht einfallsreicher mit den Modellen werden, sondern lernen, die „einfachste Form" von Modellen zu bauen – das heißt Modelle, die einfache Elemente wie Bälle und Pfeile benutzen.

Für die Ziele des Davis-Autismus-Programms ist die Fähigkeit, mit Hilfe eines Knetmodells einen abstrakten Begriff darzustellen, wichtiger als Kunstfertigkeit bei der Arbeit. Stark vereinfachte Modelle sind ein Ausdruck dafür, sich mit symbolischer Denkweise zu beschäftigen. Viele Autisten tendieren dazu, in sehr konkreten Begriffen zu denken und zu kommunizieren, sodass eine Verschiebung zur symbolischen Repräsentation von abstrakten Ideen ein Ausdruck tiefgreifender Entwicklung sein kann. Natürlich haben einige Autisten außergewöhnliche künstlerische Talente und einige sind vielleicht fasziniert von der Möglichkeit, Objekte des realen Lebens zu kneten. Aber das Ziel des Programms bleibt letztlich der Fokus auf die dargestellten Begriffe, egal, wie rudimentär das Modell aussieht.

Davis benutzt Knete, weil es funktioniert. Knete ist nicht teuer, sie ist leicht zu bekommen, schnell zu ersetzen und kann sowohl von Kindern als auch von Erwachsenen benutzt werden. Die nicht hart werdende Sorte Knete, die Berater bevorzugen, ist formbar genug, um die gleiche Knete wieder und wieder benutzen zu können, um neue Modelle zu formen, aber sie ist auch fest genug, dass man einzelne Knetmodelle behalten und sie in späteren Modellen wieder benutzen kann, selbst wenn der Prozess bis zur Vervollständigung aller Modelle viele Wochen dauert.

Knete ist jedoch nur ein Werkzeug. Es ist das Werkzeug, das für die größte Zahl von Klienten am besten funktioniert. Manchmal kann ein Klient eine spezielle Abneigung haben, mit Knete zu arbeiten. Das bedeutet nicht, dass das Davis-Programm mit diesem Klienten nicht abgeschlossen werden kann; es bedeutet lediglich, dass der Berater einen Weg finden muss, um die Abneigung herumzuarbeiten. Manchmal mag der Klient die Beschaffenheit, die Farbe oder den Geruch einer bestimmten Knete nicht und eine andere Marke kann sie ersetzen. Einige Klienten mögen die Vorstellung nicht, Knete an ihren Fingern zu haben, sind aber glücklich, mit Knete zu arbeiten, wenn sie Handschuhe tragen. Manchmal muss ein neues Medium ausgekundschaftet werden – es gibt nichts in Davis-Modellen, was nicht mit Lego oder anderen Bauklötzen erreicht werden kann; meistens ist es nur einfacher, mit Knete zu arbeiten.

Ein Modell des Selbst erschaffen

Die Phase der Begriffsbeherrschung des Davis-Autismus-Programms beginnt mit dem Modell von „Selbst". Da dies das erste Modell ist, welches der Klient bauen wird, macht der Berater normalerweise ein eigenes Modell als Beispiel, so dass sein Klient deutlich sieht, was erwartet wird. Der Berater fordert seinen Klienten auf, eine kleine Knetfigur in Form einer Person zu bauen, ungefähr fünf oder sechs Zentimeter groß. Er erklärt, dass das Modell den Klienten darstellen soll, und sagt: „Die Person sollst du sein, und du wirst dieses Modell benutzen, um zu zeigen, wie du zu den Inhalten der Begriffe passt."

Normalerweise wird ein sehr einfaches Modell gemacht. Wenn das Modell zwei Beine, zwei Arme und einen Kopf hat, genügt das für den Zweck des Programms. Es ist nicht notwendig, dass das Modell die Erscheinung der Person genau abbildet.

Wenn das Modell fertig ist, bekommt es einen Namen. Normalerweise wird der Name „ich" sein, denn „ich" ist das Wort, das eine Person in einem Satz benutzen würde, wenn sie von sich selbst sprechen würde. Für das Modell davon werden Knetschlangen benutzt, um die Buchstaben des Namens zu formen: i, c, h. Das Wort wird vor das Modell gelegt.

Wenn das Modell fertiggestellt ist, führt der Berater den Klienten durch einen sehr konkreten Dialog. Der Klient zeigt auf das Modell und sagt:

> *„Du stehst für ‚ich‘. Du stehst für jede Erfahrung, die ‚ich‘ je hatte. Du stehst für alles Wissen, alles Können und alles Verstehen.“*

Zu diesem Zeitpunkt des Programms hat der autistische Klient nicht die Fähigkeit, alle benutzten Wörter dieses Satzes zu verstehen. Selbst ein extrem hochfunktionaler und sprachlich versierter Klient hat jetzt noch nicht die Teile des Programms erreicht, in denen die Begriffe Wissen, Können und Verstehen vollständig erarbeitet werden. Aber ein kleineres Kind oder ein niedrigfunktionaler autistischer Teenager oder Erwachsener könnte hier auch neuen Vokabeln gegenüberstehen. Es ist nicht wichtig, dass der Autist jedes Wort in diesem Stadium des Programms versteht – der einzige Inhalt, der am Anfang wichtig ist, ist die Vorstellung, dass ein Knetmodell benutzt werden kann, um *Selbst* darzustellen.

ich

Die Wörter, mit denen die Begriffe erklärt werden, sind in diesem Stadium deshalb wichtig, weil sie später, während des Programms, wiederholt werden. Mit dem Modell des Selbst führt der Berater ein Schema ein, das den Klienten durch das Programm begleitet und seine Fähigkeit verbessert, die Begriffe, die ihm auf dem Weg vermittelt werden, zu integrieren.

Wenngleich jedes Modell auch ein Modell des geschriebenen Wortes enthält, will das Autismus-Programm einem nicht-alphabetisierten Klienten nicht das Lesen beibringen. Wenn der Klient noch nicht selbständig lesen kann, braucht er bloß zu verstehen, dass die Buchstaben das gesprochene Wort repräsentieren; der Berater wird je nach Bedarf beim Formen und Legen der Buchstaben helfen. Für das Autismus-Programm ist Lesen nicht wichtig – aber Wörter sind es. Zusätzlich zum Inhalt, den es repräsentiert, soll auch ein Modell vom Klang eines Wortes gemacht werden. Der einfachste Weg dafür ist, die Buchstaben in Knetform darzustellen.

Normalerweise findet sich in jedem Knetmodell auch ein Pfeil, der vom Wort zu dem Teil des Modells zeigt, der das Wort darstellt. Manchmal, wenn das gesamte Modell einen einzigen einheitlichen Begriff darstellt, wird der Pfeil nicht gebraucht. Der Pfeil – den Davis den „dominanten Pfeil" nennt – wird nach Bedarf benutzt, um auf die Stelle des Modells zu zeigen, die die Bedeutung des Wortes verbildlicht. Während der Klient das Programm durchläuft, kann manchmal ein Modell benutzt werden, um mehrere Begriffe darzustellen; der dominante Pfeil ist dann wichtig, um die Begriffe unterscheiden zu helfen, die in dem Modell enthalten sind.

Nachdem das erste Modell fertig ist, leitet der Berater den Klienten an, drei separate Aspekte des Selbst darzustellen: *Körper, Denken* und *Lebenskraft*. Das wird erreicht, indem jedes Wort geknetet wird und Pfeile und Knetkreise benutzt werden, um den Teil des Modells zu zeigen, der den jeweiligen Begriff darstellt. In jedem Stadium wird dem Klienten auch eine Definition gegeben und er folgt einem Text mit diesem Muster:

[zeigt auf das Modell]
*„Du stehst für meinen **Körper**, meine physische Form."*

[zeigt auf das Wort]
*„Du heißt **Körper** und bedeutest meine physische Form."*

Diesem Textschema wird bei jedem einzelnen Begriff gefolgt, der im weiteren Programm eingeführt wird: Der Klient formt ein Modell von einem Wort und eine konkrete Beschreibung dessen, was das Wort bedeutet, und spricht dann laut zu dem Modell. Das Modell stellt den Begriff an sich dar; die Buchstaben „heißen" das

Denken

Wort, welches die Bedeutung hat, die von dem Modell dargestellt wird.

Wenn der Klient nicht sprechen kann, arbeitet der Berater mit jeder anderen Kommunikationsfähigkeit, die der Klient besitzt. Um das Davis-Programm machen zu können, muss der Klient sprachliche Aufnahmefähigkeit besitzen, damit er den Berater verstehen und auf ihn reagieren kann. Aber wenn der Klient nicht sprechen kann oder will, können Gesten gesprochene Worte ersetzen.

Die drei Aspekte des *Selbst* (oder „ich") werden folgendermaßen definiert:

Körper: physische Form
Denken: Denkprozess
Lebenskraft: der Drang, zu sein, wer oder was „ich" bin

Individuation ist ein Prozess, in dem die Vorstellung verarbeitet wird, dass „Selbst" eine Person ist, und er beginnt mit der Integration der Begriffe Körper, Denken und Lebenskraft als drei einzelne, aber kombinierte Aspekte der individuellen Person.

Die Begriffe „Körper" und „Denken" sind leicht zu definieren und zu verstehen. Mit Knete kann der Körper einfach mit den Buchstaben des Wortes „Körper" dargestellt werden und einem Knetpfeil, der auf das Modell von „Selbst" zeigt. „Denken" wird in Form einer Gedankenblase dargestellt – einer Denkblase, die an einem Ende mit dem Kopf des „Selbst" verbunden ist, mit kleinen Stückchen Knete in der Blase, die die Gedanken darstellen sollen.

Der ursprüngliche Begriff „lifeforce" für „Lebenskraft" kann in den meisten englischen Wörterbüchern nicht als einzelnes Wort gefunden werden.[44] Ein Wörterbuch definiert die Zwei-Wort-Phrase „life force" als „the vital force or impulse of life; one's source of vitality, spirit, energy, and strength"[1] [die lebensnotwendige Kraft oder der Antrieb zum Leben; die Quelle für Lebensfreude, Tatkraft, Energie und Stärke]. Philosophen, Kognitionswissenschaftler und Theologen könnten wahrscheinlich unendlich lange über den Begriff „life force" debattieren – ob er als einzelne Entität existiert; seine Beziehung zu Begriffen wie Bewusstsein, Geist oder Seele; seine Entstehung und Herkunft. Das Ziel des Davis-Programms aber ist es, Begriffe in ihrer einfachsten Erscheinungsform darzustellen, um dem Klienten all das zu geben, was er braucht, um im Leben klarzukommen, aber eben auch nicht mehr. Ein unnötiger oder überflüssiger Begriff ist etwas, das potentiell Verwirrung stiftet; außerdem würde er das Programm verlängern und Zeit beanspruchen, die besser genutzt wird, wenn man sich auf das konzentriert, was wichtig ist.

Lebenskraft

Der Begriff *Lebenskraft* ist notwendig, weil er den Begriff *Drang* umfasst. Ein *Drang* ist die Grundlage für Emotion und Motivation und die Quelle für die Energie, die jede Aktion und Entscheidung im Leben antreibt. Zu allererst ist ein Drang der instinktive Antrieb, Freude anzustreben und Schmerz zu vermeiden. Wenn eine Person sich selbst verstehen soll, erkennen soll, was sie dazu antreibt, überhaupt etwas im Leben zu tun, dann braucht sie den Begriff *Lebenskraft* für den Drang, das zu sein, was sie selbst ist. Eine vollständige Erforschung des Begriffes *Drang* findet erst später im Programm statt. In der Individuationsphase wird der Begriff einfach

---

[44]Life force. Dictionary.com. Dictionary.com's 21st Century Lexicon. Dictionary.com, LLC.

von einem Knetkreis um das stehende Modell des Selbst dargestellt und von einem Pfeil, der auf den Kreis zeigt.

Nachdem der Klient „Selbst" geknetet und das Modell benutzt hat, um *Körper, Denken* und *Lebenskraft* zu beschreiben, wird der Berater ihn zu dem einzelnen Wort „ich" zurückbringen und ihn sagen lassen:

> [zeigt auf das Wort „ich"]
>
> *„Du heißt ‚ich' und bedeutest jede Erfahrung, die ich jemals gemacht habe. All mein Wissen, all mein Können und alles, was ich verstehe. Du stehst für meinen Drang, der zu sein, wer und was ich bin."*

Das erste Modell von Selbst wird gewöhnlich stehen gelassen, damit es im weiteren Verlauf des Programms wieder benutzt werden kann. „Selbst" gehört zu jedem Modell in den Phasen der Identitätsentwicklung und zu allen Beziehungsbegriffen des Programms. Wann immer ein zusätzliches Modell des Selbst gemacht wird, wird auch der Prozess, dem Modell zu sagen, was es darstellt, wiederholt.

Wenn der Klient das Modell des Selbst und seine drei Aspekte fertiggestellt hat, hat er gezeigt, dass er völlig individuiert ist. Er ist fähig, Orientierung zu benutzen, um sicherzustellen, dass seine Wahrnehmungen einheitlich und seine Sinne integriert sind, während er die Welt erlebt. Durch das Kneten von „Selbst" hat er gezeigt, dass er ein Bewusstsein dafür entwickelt hat, was er im Verhältnis zu den nun stabilisierten sinnlichen Wahrnehmungen ist, und ein Bewusstsein dafür, dass er ein singuläres Wesen ist, einzeln und getrennt von anderen. Die Phase der *Individuation* des Davis-Programms ist abgeschlossen.

Kapitel 6

Identitätsentwicklung: Ein Überblick

Die nächste Phase des Davis-Autismus-Ansatzes ist die Identitätsentwicklung. Durch die Individuation ist der Mensch fähig, sein eigenes *Selbst* als Individuum zu erkennen, einzeln und getrennt von Anderen – aber er hat noch nicht das Verständnis dafür erlangt, was das *Selbst* sein oder werden kann. Er weiß, dass er *ist*, aber er weiß noch nicht, *wer* oder *was* er ist oder *wohin* er steuert. Im letzten Schritt des Davis-Programms wird er die Möglichkeit haben, soziale Beziehungen zu erforschen – aber bevor er das tun kann, muss er die tieferen Rätsel des *Selbst* lösen.

Um damit anzufangen, muss er zunächst einmal mit der Welt klarkommen, die das *Selbst* bewohnt. Dann muss er seine innere Welt der Gedanken und Gefühle verstehen, und schließlich muss er so weit gebracht werden, dass er innerhalb seiner Welt Verantwortung übernehmen kann. Nur wenn all das erfüllt ist, wird er bereit sein, den nächsten Schritt zu tun und als Gleichgestellter Beziehungen zu Mitmenschen aufzubauen.

Der Begriff der Identität

Identitätsentwicklung ist nicht einfach eine Form der Vermittlung für autistische Menschen, sondern vielmehr ein normaler und anhaltender Prozess, den jeder Mensch durchläuft. Er beginnt, sobald das Kind sich individuiert, aber er setzt sich fort, während die Person heranwächst und neue Erfahrungen macht, neue Ideen, neue Fertigkeiten und neues Wissen aufnimmt. Er ergänzt sich mit dem Davis-Begriff der *Beherrschung*, denn wenn etwas beherrscht wird, wird es Teil der Person und deshalb auch Teil ihrer Identität.

Der Begriff der „Identität" wohnt den Worten inne, mit denen die Darstellung des *Selbst* beschrieben wird: jede Erfahrung, die die

Person je gemacht hat, alles Wissen, alles Können, alles Verstehen und der Drang zu sein, wer und was man ist.

Unsere Identität besteht aus vielfältigen Facetten oder Schichten, die im Laufe des Lebens aufaddiert und integriert werden. Jede neue Erfahrung, jede neue Rolle oder Verantwortung wird zu dieser Identität beitragen. Eine Erfahrung, die sich ausdehnt oder die als sinnvoll erlebt wird, hat wahrscheinlich einen größeren Einfluss auf die Identität als eine flüchtige oder kurzlebige. Wenn eine Person beispielsweise ins Ausland zieht und eine neue Sprache lernt, wird dieser Wechsel eine tiefgreifende Auswirkung auf ihre Identität haben, weil Sprache, Kultur und Nationalität starke Einflüsse sind. Jede neue Facette wird sich selbst entwickeln, denn das ist die natürliche Reaktion auf neue Erfahrungen.

Der autistische Klient, der zum Davis-Programm kommt, hat bereits eine Identität – er hat eine Reihe von Erfahrungen, er hat einen gewissen Grad an angesammeltem Wissen, er hat Bedürfnisse, die ihn auf gewisse Weise motivieren. Aber es ist eine Identität, der ein wichtiges Element, welches ein Teil der Identität von Personen ist, deren Entwicklung als „normal" betrachtet wird, fehlt: der Teil, der einen Menschen in die Lage versetzt, zu verstehen und effektiv in seinem gesellschaftlichen Umfeld zu funktionieren. Dieses Element können wir Kernidentität nennen. Ohne sie ist das Individuum nicht fähig, neue Erfahrungen zu integrieren und davon zu profitieren, einfach weil es seine Welt nicht versteht oder keine Kontrolle darin ausüben kann.

Die Phase der Identitätsentwicklung des Davis-Programms zielt darauf ab, eine Kernidentität zu bilden, indem eine neue Ebene des Verstehens und der Integration von Wissen errichtet wird. Weil diese additiv ist, verändert sie die zugrunde liegende Identität nicht – sie fördert nur eine wichtige Entwicklungsphase, die wegen des autistischen Zustandes der Person nicht natürlicherweise stattgefunden hat. Gleichzeitig ist sie auch grundlegend: Sie bildet eine zentrale oder *Kern*identität aus, die die bereits bestehenden Elemente der Identität verbindet und vernetzt und die Grundlage liefert, auf der die zukünftige persönliche Entwicklung wurzeln kann.

Weil sich die Identität während des gesamten Lebens weiter entwickelt, schließt die zweite Phase des Davis-Programms den Prozess der Identitätsentwicklung nicht ab. Im Gegenteil liefert sie bloß eine starke Grundlage für die zukünftige, natürliche lebenslange Entwicklung, die unausweichlich stattfinden wird. Auf dieser Basis wird der Autist in Zukunft wahrscheinlich reichhaltigere Lebenserfahrungen sammeln. Er könnte allein reisen, die Universität besuchen, eine erfolgreiche Karriere verfolgen, heiraten, Kinder haben und all die Dinge tun, die sogenannte „normale" Teenager und Erwachsene tun, um zu wachsen und ihr Leben in größtmöglichem Ausmaß zu erfahren. Am wichtigsten ist jedoch, dass er ein Gefühl für sein eigenes inneres Bedürfnis entwickelt, sich selbst auszudrücken, und dass er fähig sein wird, Ziele zu artikulieren, zu formulieren und zu verfolgen, die sein Leben bereichern und ihm Sinn geben.

Der Davis-Begriffsbeherrschungs-Prozess

Die Phase der Identitätsentwicklung des Programms ist eine hochstrukturierte, schrittweise Ergründung bestimmter Begriffe, die erreicht wird durch den Dialog mit dem Berater, durch Kneten und durch die Erkundung des Umfeldes. Jeder Schritt beginnt damit, dass der Berater ein paar erklärende Worte sagt und den Klienten dann mit Vorschlägen, Fragen und Hinweisen leitet. Anstatt lediglich zu lehren oder zu unterrichten wird der Berater den Klienten immer veranlassen, Antworten zu geben. Zusätzlich zum Anregen des kreativen Prozesses anhand dieses fragenden Anleitens hilft diese Vorgehensweise sicherzustellen, dass der Klient die Ideen, die der Berater vermitteln will, auch wirklich versteht. Der Klient kann die Worte des Beraters nicht einfach nachahmen oder wiederholen; nur wenn der Klient die Begriffe allein ausdrücken und erklären kann, wird er für den nächsten Schritt bereit sein.

Gewöhnlich wird die Diskussion zum Erstellen eines Knetmodells führen, das den Begriff illustriert, der gerade besprochen wurde. Zu jedem Modell gehört auch das Knetmodell *Selbst*, denn ohne *Selbst* im Bild kann der Klient die Begriffe nicht verinnerlichen. Mit *Selbst* versteht er, dass die vermittelten Begriffe für *ihn* gelten und *ihn* betreffen; ohne *Selbst* könnten die Modelle so verstanden werden, dass sie bloß eine Reihe von Regeln oder Vorstellungen darstellen, die mit ihm nichts zu tun haben. Basierend auf den Vorstellungen, die im Dialog mit dem Berater entwickelt wurden, kann der Klient entscheiden, was er kneten möchte, um jeden Begriff darzustellen.

Für die meisten Modelle der ersten Konstruktionen wird es jeweils drei Versionen des zu erschaffenen Modells geben, eines mit *Selbst* an jeder Position, die wesentlich für das Lernen ist: als Beobachter, am Ort der Ursache und am Ort der Wirkung. Das sind die Elemente, die zur Beherrschung führen und es dem Klienten erlauben, ein virtualisiertes Gefühl dafür zu bekommen, dass etwas mit ihm geschieht, wenn er einen Begriff beobachtet und ihn erschafft. Das Modellieren mit Knete kann die Erfahrungen in der realen Welt nicht ersetzen. Vielmehr soll es den Klienten auf Erfahrungen in der realen Welt vorbereiten.

Nach dem ersten Modell wird der Berater mit dem Klienten Zeit damit verbringen, das Umfeld zu erkunden, um die besprochenen Begriffe auf Beobachtungen und Situationen des realen Lebens anzuwenden. Wenn der Berater ganze Tage mit dem Klienten arbeitet, kann es passieren, dass sie einen kompletten Nachmittag mit den Erkundungen verbringen. Wenn die Beratungssitzungen kürzer sind, kann der Klient auch zuhause die Zeit zwischen den Sitzungen mit dem Erkunden verbringen, zusammen mit seinen Eltern oder einem anderen Betreuer oder Helfer.

Normalerweise ist der letzte Schritt bei jedem Begriff, die „einfachste Form" des Begriffs als Abschluss zu kneten. Gewöhnlich fängt der Berater damit an, seine eigene „einfachste Form" zu kneten und fordert den Klienten auf zu kopieren, was er gemacht hat. Das wird mit sehr rudimentären Modellen gemacht, bei denen Knetbälle, Knetpfeile und sehr einfache Objektmodelle benutzt werden. Mit den Modellen der einfachsten Form ist es leichter, auf einem Modell aufzubauen, um den nächsten Begriff zu erschaffen und die Verbindung zwischen den Modellen zu erkennen. Sie helfen dem Klienten auch zu erkennen, dass ein in einer Situation verinnerlichter Begriff auch in andere Situationen passt. Sich im Laufe des Knetprozesses auf das Modellieren mit den einfachsten Formen zu verlassen, kann den Prozess beschleunigen; irgendwann wird der Klient komplett aufhören, nach der Vorstellung zu kneten, und direkt mit den einfachsten Formen beginnen. Am Ende der Identitätsentwicklungsphase werden einige Modelle ziemlich komplex sein. Die Praxis der einfachsten Form macht es dann sowohl für den Klienten als auch für den Berater viel einfacher zu überprüfen, was in jedem Modell enthalten ist, und nachzuvollziehen, was hinzugefügt und verändert wurde.

Jedes Mal, wenn ein Begriff geknetet wurde, ob in der imaginativen Form oder der einfachsten Form, wird das Modell auch die Buchstaben des Wortes enthalten, das den Begriff darstellt. Es liegt jeweils nur ein Wort auf dem Tisch, so dass jedes Modell deutlich nur den einzelnen Begriff, der behandelt wird, darstellt.

Beim Beenden eines jeden Modells bittet der Berater den Klienten, die wesentlichen Elemente des Modells aufzuzeigen und zusammenzufassen, indem er auf das Modell zeigt und es genau bestimmt, auf die gleiche Weise wie beim *Selbst*. Zuerst sagt der Klient zu dem Modell: *„Du stehst für [Begriff] und bedeutest [Begriffsdefinition]."* Dann wiederholt er den gleichen Schritt, zeigt auf die Buchstaben und sagt: *„Du heißt [Begriff] und bedeutest [Begriffsdefinition]."*

Diese Phrase wird wiederholt und führt dazu, dass der Klient sie schnell auswendig kann und sie Teil seines Denkprozesses wird. Sie gibt dem Klienten auch das Gefühl von Regelmäßigkeit und Kontrolle. Der Klient kann den nächsten Schritt vorhersehen, ohne ihn vorher zu erfahren, weil dasselbe Wortmuster bei jedem Modell gesprochen wird. Wenn der Klient geringe Sprechfertigkeiten besitzt, wird die Wiederholung wahrscheinlich helfen, sie zu stärken, zumindest im Hinblick auf den Gebrauch des Davis-Vokabulars. Wenn der Klient den Teil seines Modells bestimmt und dessen Bedeutung sagt, erlaubt dieser Prozess dem Berater, zu überprüfen und sich zu versichern, dass die Aufmerksamkeit des Klienten auf die Beherrschungsaufgabe gerichtet ist und dass er sein eigenes Modell versteht.

Die Arbeitsschritte zur Davis-Begriffsbeherrschung

Davis hat drei Abfolgen von grundlegenden Begriffen für Identitätsentwicklung entworfen, die als „Konstruktionen" bezeichnet werden. Jede Konstruktion beginnt mit einem „Wurzelbegriff", der eine einfache Idee, basierend auf einem Naturgesetz, ist – etwas, das in der Natur passiert, mit oder ohne menschliche Beteiligung. Die drei Wurzelbegriffe sind *Veränderung, bestehen bleiben* und *Energie*.

Ron Davis' eigene Identität kann in der Auswahl und Struktur dieser Begriffe erkannt werden. Ron ist das Produkt schweren frühkindlichen Autismus und wurde als Erwachsener Ingenieur, Pädagoge und Bildhauer. Also wählte er eine Reihe von Begriffen aus, die zu seinen eigenen intellektuellen Neigungen passten, und natürlich wählte er das Medium des Knetens, um diese Begriffe auszudrücken. Er fand es wichtig, eine Grundlage zu schaffen, die auf den einfachsten Vorstellungen basiert, und darauf aufzubauen. Der Ingenieur in ihm ging nach seiner Vorliebe für Stabilität, um die Begriffe und die Reihenfolge ihrer Präsentation anzuordnen. Er wählte die erste Folge von Begriffen wegen seiner lebenslangen Liebe zur Mathematik aus, weil die Abfolge der zu erkundenden Inhalte gleichzeitig die Essenz für das Verstehen von Mathematik ist.[45]

---

[45] Davis, *Nurturing the Seed of Genius* (2009), S.37.

In jeder Konstruktion wird dem autistischen Klienten nach dem Wurzelbegriff ein „Grundbegriff" vorgestellt. Der „Grund" wird von der Art und Weise abgeleitet, wie wir als Menschen den Wurzelbegriff wahrnehmen. Die Wurzel *Veränderung* führt zu den Grundbegriffen *vorher und nachher*, *Ursache und Wirkung* und *Konsequenz*. Von der Wurzel *bestehen bleiben* geht der Klient weiter zu dem Grundbegriff

Basisbegriff

Grundbegriff

Wurzel-begriff

überleben; und ausgehend von der dritten Wurzel *Energie,* wird der Klient den Grund *Kraft* entdecken.

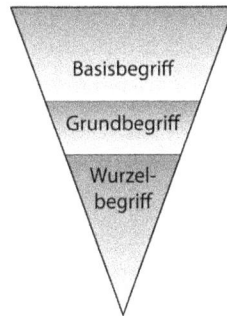

Jede Konstruktion umfasst auch eine dritte Begriffsebene, die Davis „Basisbegriffe" nennt. Ein *Basis*begriff reflektiert das Wissen, das dem *Wurzel*begriff entstammt. Da *Wissen*, so wie Davis den Ausdruck benutzt, etwas ist, das durch Erfahrung erlangt wird, repräsentiert der *Grund*begriff die Erfahrung, die zu dem Wissen führt, das in den *Basis*begriffen reflektiert wird.

Jede Konstruktion formt nach Davis eine umgedrehte Pyramide, mit dem einfachsten Wurzelbegriff unten. Die Grund- und dann Basisbegriffe nehmen jeweils einen immer größeren Platz über den Begriffen ein, von denen sie abgeleitet werden.

In der ersten Konstruktion führt *Veränderung* zu *Konsequenz*, und *Konsequenz* führt zu *Zeit, Reihenfolge* und *Ordnung vs. Unordnung*. In der zweiten Konstruktion geht der Weg von *bestehen bleiben* zu *überleben* und dann zu *Wahrnehmung, Denken* und *Erfahrung*. Und in der dritten Konstruktion führt *Energie* zu *Kraft*, was wiederum zu *Emotion, wollen, brauchen* und *Absicht* führt.

Die erste Konstruktion konzentriert sich größtenteils auf die äußere Welt und wie sie vom *Selbst* erfahren wird. Durch diese Konstruktion kann die autistische Person ihre chaotische Welt überwinden und dem sie umgebenden Universum Sinn geben.

Die zweite Konstruktion dreht sich um die innere, mentale Welt und die dritte Konstruktion konzentriert sich auf die emotionale Welt. Durch diese Erkundungen entwickelt das Individuum ein Gefühl dafür, wie seine innere Welt mit seiner äußeren Welt in Zusammenhang steht. Die drei Konstruktionen können als Spiegel der drei Aspekte des *Selbst* gesehen werden: *Körper*, *Denken* und *Lebenskraft*.

Der autistische Klient wird jede Konstruktion einzeln und in genauer Reihenfolge erarbeiten. Jeder Schritt der ersten Konstruktion wird geknetet, bevor man zur zweiten Konstruktion weitergeht, und die zweite muss von Anfang bis Ende durchlaufen werden, bevor man sich an die dritte macht. Meistens kommen sehr junge Kinder an einen Punkt, wo sie einfach aufgrund ihrer mangelnden Reife nicht weiterkommen. Davis-Berater haben mit autistischen Kindern ab einem Alter von vier Jahren gearbeitet, aber nur bis zu dem Punkt, an dem *Konsequenz* geknetet wird. Wenn ein sechsjähriges Kind – autistisch oder nicht – fähig ist, alle Modelle der ersten Konstruktion fertigzustellen, ist das eine beträchtliche Leistung. Dieses Kind ist nicht bereit, sich an die zweite Konstruktion zu machen, bevor es etwas älter ist. Diese Verzögerung ist keine Funktion des kindlichen Autismus, sondern seines Reifungsprozesses. Ein jüngeres Kind hat einfach noch nicht das Stadium erreicht, in dem es wahrscheinlich ist, dass Kinder jene Kapazität für abstraktes Denken entwickelt haben, die nötig ist, um weiterzumachen. Grundsätzlich wird ein Davis-Berater nicht erwarten, dass er ein komplettes Programm mit einem Individuum unter sieben Jahren machen kann – und natürlich wird in einigen Fällen ein Kind viel älter sein müssen, bevor es bereit ist, die fortgeschrittenen Begriffe zu erfassen und zu verstehen.

Jedenfalls ist ein sechsjähriges autistisches Kind, das orientiert und individuiert ist und sich durch die Grundbegriffe der ersten Konstruktion gearbeitet hat, auf einer Stufe mit einem sich normal entwickelnden sechsjährigen Kind. Ziel des Davis-Programms ist es,

die autistische Person auf den gleichen Stand wie sich normal entwickelnde Kinder oder Jugendliche zu bringen. Wenn das Kind jün-
ger ist, ist der wahrscheinliche Ansatz der, eine Pause von ein paar
Wochen oder Monaten einzulegen, sobald das Kind ein Plateau erreicht hat, und den nächsten Schritt erst dann zu machen, wenn das
Kind bereit dafür ist. In vielen Fällen können die Eltern mit Hilfe des
benötigten Coachings durch den Berater übernehmen.

Nachdem ein Davis-Klient die dritte Konstruktion abgeschlossen hat, wird er damit weiter machen, „gemeinsame" Begriffe zu
kneten – eine Reihe komplexer Vorstellungen, die von zwei oder
mehreren Wurzelbegriffen abgeleitet sind. Das sind *Fähigkeit, Motivation* und *Kontrolle* – all diese Begriffe bilden das Fundament für
die Fähigkeit einer Person, als unabhängiger und selbstbestimmter
Mensch zu leben.

Der letzte Schritt der Begriffsbeherrschung ist es, den fortgeschrittenen Begriff der *Verantwortung* zu kneten. Der „fortgeschrit-
tene" Begriff verbindet alle anderen Begriffe – Wurzel, Grund, Basis
und gemeinsame. Wenn der Klient den fortgeschrittenen Begriff
geknetet hat, hat er einen sehr hohen Grad an Selbstverständnis
erreicht, der womöglich erkenntnisreicher ist als bei vielen nicht-
autistischen Menschen.

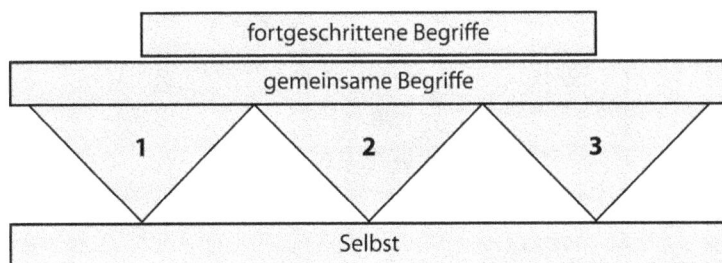

Davis sieht die gemeinsamen und fortgeschrittenen Begriffe als
Brückenbegriffe – Inhalte, die von den drei Konstruktionen, auf
denen sie ruhen, getragen werden und sie umfassen. Auf diese Weise werden die neuen Begriffe hinzugefügt und integriert, sodass

Selbst die Grundlage für eine neue und starke Ebene seiner Identität bildet. Anders als der Autist, der einst von einem Gefühl von Chaos und Verwirrung überwältigt war, ist die hervortretende Identität der Person nun von Kompetenz und Bewusstsein geprägt. Das ist nicht infolge eines Lehrprozesses passiert, sondern vielmehr als Ergebnis eines Prozesses der Beherrschung und Integration von neuem Wissen, Können und Verstehen.

Im letzten Schritt der Identitätsentwicklung bewegt man sich vom Kneten weg und setzt die neu erlangte Information in die Tat um. Meistens wird das mit der Übung „Ordnung schaffen" getan – dem Klienten wird die Aufgabe übertragen, für einen Teil seines Lebens Verantwortung zu übernehmen und in diesem Bereich Ordnung herzustellen. Bei Kindern ist das normalerweise ihr Kinderzimmer oder ein Teil des Hauses oder Zimmers, der ihnen gehört, wie ein Regal, eine Kiste oder eine Schublade. Mit diesem letzten Schritt ist die Person fähig, ihr Wissen wirklich in ihr funktionales tägliches Leben einzugliedern.

Kapitel 7

Die erste Konstruktion:
Von Veränderung zu einer geordneten Welt

Nach dem Lesen des vorhergehenden Kapitels haben Sie vielleicht den Eindruck, dass Sie nun eine Ahnung davon haben, worum
es in der Identitätsentwicklungsphase geht –, und wenn Sie sich vor
allem grundsätzlich ein Bild vom Davis-Programm machen wollen,
wäre jetzt der Moment, zum Kapitel über soziale Integration wei-
terzublättern. Dieses Buch ist kein Lehrbuch und das Lesen der
nächsten Kapitel mit der detaillierten Aufgliederung eines jeden
Begriffes wird Ihnen nicht die Art von Information geben, die Sie
bräuchten, um dieses Programm allein auszuprobieren. Im Gegenteil, wenn Sie versuchen, dieses Buch als primäres Hilfsmittel für ein
Do-it-yourself-Programm zu benutzen, würden Sie sich sehr bald in
ernsten Schwierigkeiten befinden. Sie hätten eine Liste mit Zutaten
ohne eine ausdrückliche Anweisung, was Sie damit machen sollen.

Doch die Davis-Begriffsbeherrschung ist auch eine Entde-
ckungsreise, bei der Begriffe und Inhalte und Beziehungen und uni-
verselle Wahrheiten erkundet werden. Die folgenden Kapitel sollen
den nicht-autistischen Leser zu einer größeren Einsicht verhelfen,
wie diese Begriffe miteinander zusammenhängen und wie wichtig
sie für das sich allmählich entwickelnde Bewusstsein und Weltver-
ständnis des Autisten sind. Diese Begriffe werden von einem sich
normal entwickelnden Menschen normalerweise bruchstückhaft
und zufällig entdeckt, während er sich vom Kind zum Jugendlichen
entwickelt. Von daher werden sie oft als selbstverständlich angese-
hen, ohne viel Nachdenkens und Analysierens. Wenn man sich jedoch die einzelnen Begriffe genauer anschaut, sieht man einige Inhalte in einem neuen Licht, ebenso wie man eine Vorstellung davon

bekommt, was die autistische Person, die diesen Begriffen noch keinen Sinn geben kann, vielleicht denkt und fühlt.

Wenn Sie ein autistisches Familienmitglied oder einen autistischen Schüler haben, der das Davis-Programm mit einer anderen Person in der Rolle des Beraters oder Coaches durchläuft, dann gibt Ihnen dieses Buch Auskunft darüber, was bei jedem Schritt auf diesem Weg geschieht und gelernt wird.

Ein autistischer Mensch bewohnt eine innere Welt aus Chaos. Für eine niedrigfunktionale Person ist Chaos alles, was sie bisher erlebt hat. Ein hochfunktionaler Autist hat sich seine Inseln geschaffen, auf denen seine Welt für ihn Sinn macht. Er hat aber immer noch das Gefühl, dass diese Inseln von Chaos umgeben sind. Er ist im Wesentlichen ein Gefangener der Bereiche aus Sicherheit und Überempfindlichkeit, die er in der Lage war zu konstruieren. Egal welche funktionale Stufe, das Chaos entstammt dem Gefühl, dass die Welt ein instabiler und unvorhersehbarer Ort ist. Die erste Konstruktion beseitigt das Chaos, indem sie den Autisten von *Veränderung* hin zu *Ordnung* bringt.

Der Wurzelbegriff

Veränderung – etwas wird zu etwas anderem

Ich wusste nicht, dass Dinge sich verändern. Alle Dinge in meinem Leben waren Einzelteile. Ich dachte, wenn die Blätter grün waren und dann gelb, dass die grünen runtergefallen waren und die gelben da waren. Ich wusste nicht, dass es das gleiche Blatt war! Ich dachte, dass die große Kerze mit einer kurzen geschmolzenen Kerze ausgetauscht wurde – ich wusste nicht, dass es die gleiche Kerze war. Sogar der Teppich, auf dem wir stehen, verändert sich – alles verändert sich!

Bericht von Marla, 18 Jahre während des Davis-Programms[46]

Die meisten Autisten tendieren dazu, höchst abwehrend gegenüber Veränderungen in ihrem Leben zu sein.[47] Ein gängiges Merkmal von Autismus ist das Insistieren darauf, dass Dinge in der Ordnung bleiben, die abgemacht war. Das kann das Insistieren auf einer
bestimmten Reihenfolge seiner Spielzeugfiguren im Regal sein oder
dass das Essen in einer bestimmten Reihenfolge auf den Tisch
kommt.

Der Widerstand liegt in der Angst begründet. Die Welt der autistischen Person besteht aus völliger Unvorhersehbarkeit. Er kann
nicht eine Erfahrungsabfolge auf eine andere Erfahrungsabfolge
beziehen, um dann festzustellen, dass auch ein anderer Weg gegan-
gen werden kann, um am gleichen Bestimmungsort anzukommen,
oder ein positives Ergebnis antizipieren, wenn man von der Routine
abweicht. Stattdessen kann jede Veränderung oder auch die Gefahr
einer Veränderung zu unkontrollierbaren Panikgefühlen Anlass
geben, die oftmals einen Rückzug oder einen Zusammenbruch auslösen.

---

[46] Berichtet von Stacey Borger-Smith, basierend auf einer Unterhaltung mit
einer Klientin ihres Mannes, Lawrence Smith. Beide, Stacey und Lawrence,
sind Autismus-Berater/-Coaches und -Ausbilder.

[47] Wissenschaftler haben herausgefunden, dass autistische Kinder Schwierigkeiten haben, Veränderungen im Verlauf der Zeit zu erklären und zu verstehen. Vgl. Lind und Bowler, *Delayed Self-Recognition* (2009), Jill Boucher et al.,
"Temporal Cognition in Children with Autistic Spectrum Disorders: Tests of
Diachronic Thinking", *Journal of Autism and Developmental Disorders* 37, Nr.
8 (2007), S. 1413-1429. Kanner beschreibt „an obsessive desire for the pre-
servation of sameness" [ein zwanghaftes Verlangen nach der Bewahrung des
Immergleichen] als eine Schlüsseleigenschaft des Autismus und beobachtet:
„The patients find security in sameness, a security that is very tenuous be-
cause changes do occur constantly and the children are therefore threatened
perpetually" [Die Patienten finden im Immergleichen Sicherheit, eine Sicherheit, die sehr schwach ist, denn Veränderungen passieren ständig und die
Kinder sind deshalb andauernd bedroht]. Siehe Leo Kanner, „The Conception
of Wholes and Parts in Early Infantile Autism", *American Journal of Psychiatry*
108 (1951).

Es macht also Sinn, den Prozess der Identitätsentwicklung mit dem Wurzelbegriff *Veränderung* zu beginnen – ein „Wurzelbegriff" deshalb, weil ihm ein Naturgesetz zugrunde liegt. Es ist etwas, das überall passiert, egal ob es Menschen gibt oder nicht, die es beobachten oder initiieren. Blätter verfärben sich von grün zu gelb zu braun und fallen von den Bäumen, Blumen blühen und sterben dann ab, der helle Tag wird zur Nacht.

Wie andere Wurzelbegriffe auch, ist *Veränderung* eine Abstraktion, die eigentlich von niemandem beobachtet werden kann. Ein Mensch kann das Ergebnis der Veränderung sehen – er kann sehen, was zuerst kam und was danach kam, aber es ist nicht möglich, den Moment der Veränderung zu sehen. Als die 18jährige Marla dachte, dass kurze Kerzen wie durch Zauberhand dort auftauchten, wo vorher große Kerzen standen, geschah das nicht, weil sie verpasst hatte, den Moment der Transformation zu *sehen*. Es geschah, weil sie verpasst hatte, eine mentale Verbindung zwischen der neuen und der verbrauchten Kerze, zwischen den grünen und den gelben Blättern herzustellen. Sie hatte die Existenz eines unsichtbaren Einflusses nicht begriffen, der eine Verbindung zwischen Gegenständen in unterschiedlichen Zuständen herstellte, zwischen Vergangenheit und Gegenwart.[48]

Den Begriff erklären:

Bei der Arbeit mit einem Klienten wird der Berater mit einer verbalen Erklärung des Begriffes beginnen, Beispiele für die Bedeutung von *Veränderung* geben und erklären, dass Veränderung die ganze Zeit stattfindet, ob wir darin verwickelt sind oder nicht. Der

---

[48] Die begriffliche Verbindung zwischen veränderlichen Zuständen über Vergangenheit, Gegenwart und Zukunft wird als „diachronic thinking" [diachrones Denken] beschrieben. Viele Aspekte dieses Denkprozesses werden bei sich normal entwickelnden Menschen im Alter zwischen sieben und zwölf Jahren zur Gewohnheit, werden aber von autistischen Personen nicht in der gleichen Weise verstanden. Vgl. Boucher et al., *Temporal Cognition in Children with Autistic Spectrum Disorders* (2007).

Berater wird Beispiele geben und sie vielleicht mit konkreten Handlungen im Zimmer veranschaulichen, zum Beispiel das Licht an- und ausschalten oder eine Tasse mit Wasser füllen und leeren. („Die Tasse war voll, nun ist sie leer – eine volle Tasse wird eine leere Tasse, etwas wird zu etwas anderem.") Wenn der Klient den Begriff oder den Inhalt zu verstehen scheint, wird der Berater ihn auffordern, eigene Beispiele zu finden, und ihn nach Bedarf dabei unterstützen.

Ein Modell erschaffen:

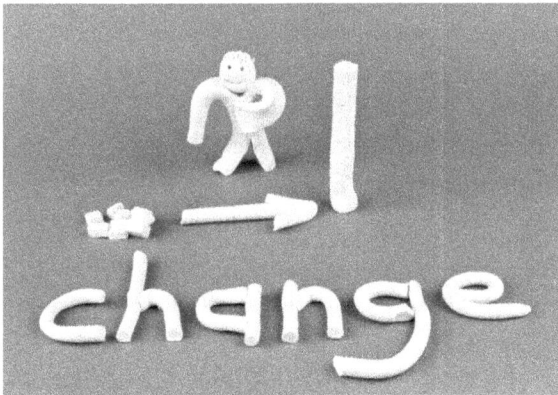

Veränderung

Nachdem der Klient ein paar Beispiele gegeben hat, wird ein Modell gebaut. Das Modell von *Veränderung* hat fünf Teile – das Modell von *Selbst*, zwei „Dinge" in verschiedenen Zuständen, ein Pfeil, der von einem zum anderen zeigt, und das Wort „Veränderung" in Buchstaben.

Das sind die wesentlichen Elemente, die jedes Begriffsbeherrschungsmodell umfasst. *Selbst* ist immer Teil des Szenarios, weil Ron Davis frühzeitig bei seiner Arbeit gemerkt hat, dass es einem Klienten zwar möglich war, ohne die Einbindung von *Selbst* einen Begriff zu verstehen, ihn dann aber nicht auf sich und sein Leben anwenden konnte. Ron hatte einmal mit einem Auszubildenden

gearbeitet, der Berater werden wollte und das Kneten von *Konse-*
quenz benutzt hatte, um einem ADHS-Kind dabei zu helfen, an dessen Verhaltensproblemen zu arbeiten. Das Kind schien den Inhalt
dann zu verstehen, wenn er auf andere Leute oder Dinge angewandt
wurde, aber sein eigenes Verhalten blieb rücksichtslos, in scheinba-
rer Missachtung der unausweichlichen Folgen. Erst als der Begriff
erneut mit *Selbst* im Bild geknetet wurde, verstand das Kind die
Botschaft, dass sein *eigenes* Verhalten Teil der Ereigniskette von
Ursache/Wirkung war.

Weil das vorrangige Ziel beim Modellieren von Begriffen während eines Autismus-Programms die Identitätsentwicklung ist, ist
Selbst der kritischste Teil eines jeden Modells. Wenn *Selbst* nicht da
ist, können die Inhalte nicht in die Identität übernommen werden.
Ohne *Selbst* würde das Kneten dem Autisten vielleicht helfen zu
verstehen, wie die äußere Welt funktioniert, aber es wäre unwahrscheinlich, dass er völlig verstehen würde, dass die Begriffe für „ich"
gelten und die Entscheidungen und Handlungen bestimmen, die
„ich" trifft und ausführt.

Der Pfeil ist ein Symbol, das in allen Davis-Modellen benutzt
wird, um einen Übergang anzuzeigen – das heißt, um zu zeigen, was
in einer Szene passiert. Er stellt eine Art Bewegung durch Zeit und
Raum dar. Er ist ein einfaches und intuitiv nachvollziehbares Symbol, aber wichtig als ein wesentliches grammatisches Element in der
Knetsprache der Begriffsbeherrschung.

Beim ersten Modell von *Veränderung* kann das „etwas" (das
„etwas anderes" wird), alles sein, was den Begriff klar abbildet. Häufig entscheiden sich sowohl Klienten als auch Berater beim Kneten
für Samen, die zu Pflanzen werden, oder für Katzenbabys, die zu
Katzen werden. Vielleicht hat Marla eine große Kerze geknetet, die
zu einer kleinen wurde. Solange das Verhältnis zwischen den beiden
Modellen deutlich macht, dass eins das andere „geworden" ist, wird
es funktionieren.

Den Begriff im Umfeld erkunden:

Heute haben wir den Begriff Veränderung untersucht. Draußen konnten wir nicht anders, als überall Veränderung zu finden, wo wir auch hingingen! Wir sahen dutzende Seidenpflanzen: Schnell fielen uns Schmetterlinge ins Auge, welkende Blüten an der Esche, Gras und Unkraut, das höher und höher wuchs. Und dann, als wir die Wiese hinaufgingen, sahen wir ein Gänsepaar, das mit seinen Küken im Gänsemarsch zum Teich ging. Etwas wurde zu etwas anderem.

Davis-Beraterin Cathy Cook

Wenn der Klient das Modell beendet hat, verbringt der Berater einige Zeit damit, die Erkundung von Beispielen aus dem realen Leben für Veränderung im Umfeld anzuleiten. Der Klient und der Berater können draußen spazieren gehen oder Veränderung in Räumen erkunden, etwa zuhause oder im Café. Wenn der Berater mit dem Klienten in kurzen Sitzungen arbeitet, kann der Klient auch nach Hause gehen und zusammen mit seinen Eltern Beispiele für Veränderung entdecken.

Die Familie eines Jungen, zum Beispiel, aß regelmäßig auswärts, aber der Junge bestand jedes Mal darauf, dass die Familie im selben Restaurant aß. Er bekam einen Wutanfall, wenn die Familie in ein anderes Restaurant wollte, also aßen sie immer am gleichen Ort. Nach seiner Sitzung mit der Davis-Beraterin Yvonne Wong stellte der Junge die Verbindung zwischen Veränderung und den Wahlmöglichkeiten der Familie bezüglich des Restaurants her. Zum ersten Mal fragte er seine Mutter, welche anderen Restaurants in Betracht kamen, und beteiligte sich an der Familienentscheidung, letztlich ein neues und anderes Lokal zu versuchen.

Das bedeutet nicht, dass das bloße Kneten von Veränderung das autistische Familienmitglied zu einem Muster an Flexibilität verwandelt. Es gehört zur menschlichen Natur, an Gewohnheiten zu hängen, die Freude machen. Auch für sich normal entwickelnde Kinder ist es total normal, ein Lieblingsessen zu haben, das sie zu jeder Mahlzeit haben wollen, oder ein Lieblingskleidungsstück, das sie jeden Tag anziehen möchten. Das autistische Kind, das sich weigert Gemüse zu essen, wird sicher kein Brokkoli-Fan werden, nur weil seine Eltern darauf hinweisen, dass das Essen von Brokkoli eine Veränderung wäre.

Aber mit dem Begriff Veränderung hat die Familie ein neues gemeinsames Vokabular. Obwohl der Autist immer noch beharrlich an vielen alten Gewohnheiten und Vorlieben festhält, wird die Angst, die der Auslöser für Panik und Wutattacken war, verschwinden. Er wird verstehen, dass Veränderung der normale Zustand vom Lauf der Dinge ist und dass alles in ihrer Welt sich verändern kann und wird, und er wird mit der Zeit fähig, immer mehr Veränderung in sein Leben zu integrieren.

Wenn der Berater das Gefühl hat, Veränderung wurde ausreichend lange im Umfeld erkundet, wird er seinen Klienten anleiten, ein zweites Modell zu kneten.

Das Modell der einfachsten Form abschließen:

Das zweite Knetmodell ist ein Modell der „einfachsten Form". Hier leitet der Berater den Klienten an, einfach zwei Knetbälle zu

Veränderung

formen, von denen einer plattgedrückt oder gequetscht wird. Das Modell bleibt gleich, aber statt der eigenen Darstellung des Klienten von „etwas", wird der Inhalt durch die Verwendung von Bällen dargestellt. Beim Abschluss des Modells folgt der Klient auch hier der

Routine, zeigt auf das Modell und sagt: „Du stehst für *Veränderung* und bedeutest, etwas wird zu etwas anderem." Dann zeigt der Klient auf das Wort und sagt: „Du *heißt* Veränderung und bedeutest, etwas wird zu etwas anderem."

Die Grundbegriffe

Der nächste Schritt ist das Kneten der Grundbegriffe, die der Wurzel *Veränderung* entstammen. Ein „Grundbegriff" ist ein Begriff, der von der Art und Weise abgeleitet wird, in der eine Person den Wurzelbegriff erlebt. Wie oben bereits erwähnt, ist der Wurzelbegriff etwas, was man nicht beobachten kann. Auch wenn eine Person denkt, dass sie *Veränderung* beobachten kann, so kann sie in Wirklichkeit nur das Ergebnis der Veränderung sehen. Die Erkundung der Grundbegriffe bedeutet die Erkundung der Aspekte von Veränderung, die von Menschen direkt beobachtet werden können und an denen sie beteiligt sein können.

Die Grundbegriffe, die von *Veränderung* abgeleitet werden, sind *Konsequenz, Ursache* und *Wirkung* und *vorher* und *nachher.*

Konsequenz – etwas geschieht als Ergebnis von etwas anderem

I lived in my own world, with very little awareness of the outside real world around me. The things I made from dirt and water became a part of the world I lived in. I could bring outside ideas into my world by creating them from the dirt and water. The pain in my world came mostly from the daily beatings of my father. I did not like being beaten, so I didn't like my father. One day I made a model of my father from the dirt and water, and when it had dried and hardened, I smashed it back into dirt. This became a daily occurrence – every time I was beaten I made a model of him and then smashed it back into dirt. My older brother also hit me, so I made models of him and smashed them back into dirt. I didn't like any of the people that hovered around the edges of my world, so I made models of all of them, and smashed them back to dirt. Without an understanding

of what was occurring, I was actually creating models of the concept "change".
Over time, the models of my father began to include the act of the beatings. My models began to have more detail, and models of myself were included. Eventually the models became scenarios which included what had occurred before, during, and after the beatings. Again, without an understanding of what was occurring, I was creating the concept of "consequence". Through the creating of the models, including myself, and adding additional details, the concepts were becoming functional. I was beginning to think with the ideas. I was bringing an understanding of the outside world into my world.
Like magic, when I was thirteen years old, the beatings stopped. The concept of "consequence" had become a part of my identity. I either stopped doing the things that would cause a beating, or I took myself out of the environment where a beating could occur.

Ron Davis[49]

[Ich lebte in meiner eigenen Welt, mit sehr wenig Bewusstsein von der äußeren Welt um mich herum. Die Dinge, die ich aus Lehm und Wasser herstellte, wurden zu einem Teil der Welt, in der ich lebte. Ich konnte Inhalte aus der äußeren Welt in meine Welt bringen, indem ich sie aus Lehm und Wasser knetete. Der Schmerz in meiner Welt kam meistens von den täglichen Schlägen meines Vaters. Ich mochte es nicht, geschlagen zu werden, also mochte ich meinen Vater nicht. Eines Tages machte ich ein Modell aus Lehm und Wasser von meinem Vater, und als es trocken und hart geworden war, zertrümmerte ich es wieder zu Staub. Das geschah nun täglich Vorgang – jedes Mal, wenn ich geschlagen worden war, machte ich ein Modell von ihm und zertrümmerte es wieder zu Staub. Mein älterer Bruder schlug mich auch, also machte ich Modelle von ihm und zertrümmerte sie wieder zu Staub. Ich mochte niemanden von den Leuten, die sich an den Rändern meiner

---

[49] Ron D. Davis, „The History of Concept Mastery and Symbol Mastery", *The Dyslexic Reader* 30, Nr. 1 (2003).

Welt herumtrieben, also machte ich von ihnen allen Modelle und zertrümmerte sie wieder zu Staub. Ohne zu verstehen, was da geschah, machte ich eigentlich Modelle vom Begriff „Veränderung".
Im Laufe der Zeit beinhalteten die Modelle von meinem Vater auch die Schläge. Die Modelle bekamen mehr Details, und Modelle von mir selbst wurden hinzugefügt. Schließlich wurden die Modelle zu Szenarien, die zeigten, was vor, während und nach den Schlägen geschah. Wiederum ohne zu verstehen, was da geschah, formte ich den Begriff „Konsequenz". Durch das Formen der Modelle, die mich beinhalteten und zusätzliche Details erhielten, wurden die Begriffe funktional. Ich fing an, mit den Inhalten zu denken. Ich brachte ein Verständnis der äußeren Welt in meine eigene Welt.
Wie durch ein Wunder hörten die Schläge auf, als ich dreizehn Jahre alt war. Der Begriff „Konsequenz" war Teil meiner Identität geworden. Entweder hörte ich mit den Dingen auf, die die Schläge hervorriefen, oder ich entfernte mich aus der Umgebung, in der die Schläge geschahen.]

Wie beim vorherigen Begriff, beginnt das Modellieren von *Konsequenz* mit einer Erklärung und einem Gespräch zwischen Berater und Klient, das die Definition und die Beispiele darlegt. Dem folgt ein Modell, das der Klient formt. Der Gegenstand des Modells kann eine Darstellung von etwas sein, das in der Besprechung mit dem Berater aufgetaucht ist. Es kann auf dem Szenario basieren, welches der Gegenstand des ursprünglichen Modells von *Veränderung* war, oder es kann auf einer Idee basieren, die der Klient sich ausgedacht hat.

Konsequenz

Das Modell von *Konsequenz* enthält auch ein Element, das Kausalität beschreibt – „etwas anderes", das aus dem veränderten „etwas" hervorgeht. Außerdem enthält dieses Modell *Selbst* nicht als Beobachter, sondern entweder als Impulsgeber für die Veränderung oder als Person, die das Ergebnis der Veränderung unmittelbar erlebt. Diese Verschiebung der Rolle ist wie gesagt wichtig, um die Einbindung des Inhalts von *Konsequenz* in die Identität zu unterstützen. Ron musste wieder und wieder Modelle formen und kaputtmachen, bevor er verstand, dass etwas von dem, was sein Modell von *Selbst* tat, das gewaltsame Verhalten seines Vaters auslöste. Der Davis-Autismus-Klient wird einen ähnlichen Weg beschreiten, auch wenn der Gegenstand des Modells nun etwas Neutrales oder Positives sein wird, wie etwa eine Pflanze, die deshalb wächst, weil das *Selbst* die Setzlinge mit Wasser gießt.

Wieder wird nach dem Modellieren das Umfeld erkundet. Wenn sie sich nun die Beispiele von *Veränderung* anschauen, können der Berater und der Klient auch darüber nachdenken oder darüber spekulieren, welche Ursache oder welchen Grund es für die Veränderung gibt, sodass jedes Beispiel eingerahmt werden kann bezüglich *etwas* (zum Beispiel geschmolzene Eiskrem), das als Ergebnis von etwas anderem passiert ist (die Eiskrem wurde in einer Schüssel in einem warmen Raum stehen gelassen).

Der Berater wird dann zu dem Modell des Klienten zurückkehren und die gleiche Szene, die für die erste Darstellung benutzt wurde, wird nachgebaut mit *Selbst* in zwei anderen Rollen, als Beobachter und am Ort der Wirkung (oder dem Ort der Ursache, wenn Wirkung das erste Modell war).

Auf diese Übung folgt das Kneten eines Modells der einfachsten Form, in dem die zwei Knetbälle benutzt werden. Das *Selbst* in dem Modell tritt auf einen der Knetbälle und wird damit selbst zur Ursache für die Veränderung des Balles von rund zu platt. Indem *Selbst* im letzten Modell für *Konsequenz* an dem Ort der Wirkung steht, wird die Grundlage dafür gelegt, ein Gefühl von Kontrolle über die

Umwelt entwickeln zu können und letztendlich ein Gefühl von Verantwortung.

Der Klient folgt wieder der Routine und spricht zu dem Modell, identifiziert den Begriff und seine Bedeutung und dann das Wort.

Die Wirkung der Begriffsbeherrschung von *Konsequenz* kann tiefgreifend sein. Ohne ein Verständnis von *Konsequenz* sind sich autistische Menschen oft einfach nicht bewusst, was sie tun und was ihnen in ihrem Leben oder um sie herum passiert. Oder sie sind unfähig, eine Verbindung zwischen beidem herzustellen. Die Entdeckung, dass ihre eigenen Handlungen die Handlungen Anderer und den Zustand ihrer Umwelt beeinflussen können und es auch tun, ist extrem befähigend. Die Beraterin Stacey Smith berichtet, dass sie ihre Klienten wiederholt dabei beobachtet, wie sie anfangen darauf zu bestehen, Dinge allein zu tun – für ihre Klienten ist der verbale Ausdruck dafür, *Konsequenz* in die Identität integriert zu haben, der oft wiederholte Satz: „Ich mache das!"

Die Reaktion ist nicht immer gleich positiv. Beraterin Gale Long erzählt die Geschichte von einem kleinen Mädchen, das ununterbrochen den Garagentoröffner drückte, um die Vorstellung von *Konsequenz* zu erkunden. Am nächsten Tag hatte sie einen Wutanfall, schmiss mit Dingen, warf Pennys herum und zerstörte alle Knetmodelle und schrie dann: „Das ist Konsequenz!" Nach einer auditiven Orientierungssitzung beruhigte sich das Mädchen und merkte an: „Das waren viele ‚schlechte' Konsequenzen – oder, Miss Gale?"

Marcia Maust hatte ein ähnliches Erlebnis mit einem neunjährigen Mädchen, dessen Mutter von Marcia gecoacht wurde. Das kleine Mädchen war eines Tages wegen schlechten Benehmens von der Schule nach Hause geschickt worden. Am nächsten Tag benahm sie sich absichtlich schlecht und wurde zum Schulleiter geschickt, wo sie forderte, nach Hause gehen zu dürfen. Stattdessen schickte der Rektor sie zurück in die Klasse. Als sie dort war, schlug sie ihren Lehrer und rief dann: „Kann ich jetzt nach Hause?" Das war das erste Mal in seinem Leben, dass das Mädchen sich selbst als Ursache für den Ärger erkannte.

Auch wenn solche negativen Verhaltensweisen für die Eltern frustrierend sind, sind sie eine normale Phase auf dem Weg, sich die Verbindung zwischen den eigenen Handlungen und den Reaktionen Anderer zu erschließen. Gale erkannte, dass ihre Klientin mehr Beratungszeit brauchte, bevor sie bereit war, mit anderen Begriffen weiterzumachen. Maria schlug der Mutter ihrer Klientin vor, kleine Belohnungen als Anreiz für gutes Benehmen in der Schule anzubieten. Das funktionierte, und das Benehmen des Mädchens in der Schule verbesserte sich. Ein Teil des Lernprozesses ist es, Grenzen auszutesten und sowohl schlechte als auch gute Konsequenzen zu erkunden.

Das veranschaulicht einen wichtigen Unterschied zwischen dem Davis-Ansatz und Verhaltensansätzen für Autismus wie ABA (Applied Behavioral Analysis [Angewandte Verhaltensanalyse]). Ron Davis glaubt, wenn der Grund für ein bestimmtes Verhalten beseitigt wird, hört auch das Verhalten auf. Trotzdem zielt das Davis-Programm auf persönliche Entwicklung ab und nicht auf bestimmte Verhaltensweisen. Ein Aspekt normaler menschlicher Sozialentwicklung ist es, Lebenslektionen durch Konflikt und Widerstand zu lernen; das ist mit Sicherheit ein wesentlicher Aspekt auf dem Weg zur Unabhängigkeit. Nach Davis ist es für Lehrer und Familienmitglieder wichtig, die unerwünschtem Verhalten zugrunde liegenden Ursachen zu berücksichtigen. Kinder oder junge Erwachsene, die absichtlich Grenzen austesten, durchlaufen dies als einen experimentellen Prozess, um die Konsequenzen ihrer bewussten Handlungen zu beobachten und zu erlernen. Wenn das Kind einmal die Fähigkeit erlangt hat, in diesen Modalitäten zu denken, ist es von Seiten der Erwachsenen nicht mehr nötig, andauernd zu beaufsichtigen oder zu versuchen, unerwünschtes Verhalten zu verhindern; stattdessen können Erwachsenen zu einem Verhalten anleiten, indem sie in ihren Reaktionen konstant sind.

Ursache – etwas, das etwas anderes bewirkt

Wirkung – etwas, das verursacht wird

Under the continuous flow of happenings
The effect of a cause becomes the cause of another effect...
But it is a world full of improbabilities
Racing toward uncertainty.

Tito Rajarshi Mukhopadhyay[50]

[Im ununterbrochenen Fluss der Ereignisse
Wird die Wirkung einer Ursache die Ursache für eine andere Wirkung...
Aber es ist eine Welt voller Unwahrscheinlichkeiten,
Die Richtung Unsicherheit rast.]

Nach dem Modell der einfachsten Form von *Konsequenz* ist der nächste Schritt, *Ursache* und *Wirkung* zu identifizieren. Diese beiden Begriffe waren in dem Begriff von *Konsequenz* enthalten und eingebunden, aber es ist für den Klienten auch wichtig, jeden Begriff einzeln zu erkunden.

Um *Ursache* zu formen, wird das bestehende Modell der einfachsten Form, das bei *Konsequenz* benutzt wurde, so gelassen, nur das begleitende Wort wird verändert. Der Berater beginnt damit, die Definition des Wortes *Ursache* zu geben und den Klienten beim Hinlegen der Buchstaben des Wortes anzuleiten. Der Klient legt den dominanten Pfeil so, dass er auf das Modell von Selbst, das auf den Knetball tritt, zeigt. Alle Schritte der Begriffsbeherrschung werden abgeschlossen. Der Klient wiederholt die Routine des Zeigens und des Sprechens zu dem Modell: „Du stehst für *Ursache* und bedeutest etwas, das etwas anderes bewirkt" – und zu dem Wort: „Du heißt *Ursache* und bedeutest...." Dann gibt der Berater die Definition des

---

[50] Mukhopadhyay, *The Mind Tree* (2003), Abgedruckt mit Erlaubnis von Arcade Publishing, Inc.

Wortes *Wirkung* („etwas, das verursacht wird"), die Buchstaben des Wortes werden hingelegt, der dominante Pfeil wird so gelegt, dass er auf den platten Ball zeigt, und der Klient spricht wieder zu dem Modell und zu dem Wort, um sein Verstehen zu festigen.

Wirkung

Mit diesen Modellen wird ein Vorteil der Modelle in der einfachsten Form deutlich. Modelle von Begebenheiten des realen Lebens wie wachsende Bäume oder kaputtes Spielzeug lassen Raum für eine kreative Anwendung der Begriffe, können aber in komplizierten Modellen enden, die schwer zu begreifen sind. Früher oder später werden einige Klienten es schaffen, Modelle zu entwerfen, die Konsequenz scheinbar klar darstellen, die aber beim bildnerischen Abschluss in Schwierigkeiten geraten, wenn sie versuchen, eine Darstellung der Ursache zu gestalten.

Mit den Modellen der einfachsten Form sind die den Hauptbegriff ergänzenden Begriffe leicht zu formen, und weil das gleiche Modell durchgehend behalten wird, ist es einfach, die Verhältnisse zwischen den Begriffen zu erkennen und zu verstehen. *Ursache* und *Wirkung* sind zwei Teile des Begriffs *Konsequenz*; *Konsequenz* ist die Summe dieser zwei Teile und enthält auch die *Veränderung* des Anfangsmodells.

Nach dem Kneten von Ursache und Wirkung verbringt der Klient wieder Zeit mit dem Berater, um sein Umfeld zu erkunden und

Beispiele für Ursache und Wirkung zu finden. Sie könnten zum Beispiel an einer Ampelkreuzung stehen und die Autos beobachten, wenn es rot wird und dann wieder grün. Die Autos halten als *Konsequenz* auf die rot werdende Ampel; das rote Licht ist die *Ursache*, die haltenden Autos sind die *Wirkung*. Wenn die Ampel grün wird, ist die *Konsequenz*, dass die Autos wieder losfahren; das grüne Licht ist die *Ursache*, die Bewegung der Autos ist die *Wirkung*.

Vorher – etwas geschieht früher als etwas anderes

Nachher – etwas geschieht später als etwas anderes

Der nächste Schritt ist die Beherrschung der Begriffe *vorher* und *nachher*. Diese zwei Begriffe sind auch bereits im Begriff *Konsequenz* enthalten, doch nun wird die Vorstellung eines Zeitraumes eingeführt. Der gleiche Prozess, der mit Ursache und Wirkung durchgeführt wurde, wird wiederholt. Diesmal zeigt der dominante Pfeil bei dem Modell auf den Ort der Ursache, um die Vorstellung von *vorher* (etwas geschieht früher als etwas anderes) darzustellen, und auf den Ort der Wirkung, um die Vorstellung von *nachher* (etwas geschieht später als etwas anderes) darzustellen.

Dem Kneten folgt wieder die Erkundung in der realen Welt, vielleicht indem man zu der gleichen Straßenkreuzung zurückgeht und *Ursache*, *Wirkung* und *vorher*, *nachher* in der gleichen Abfolge der Ereignisse erkennt. Für eine autistische Person kann ein lineares Verständnis von Zeit eine völlig neue Idee sein. Der Autist hat seine Welt vielleicht immer als eine Reihe zufälliger und unverbundener Ereignisse erlebt, ohne eine gleichbleibende Vorstellung von einem Zeitraum zu besitzen. Die Vorstellung, dass eine *Ursache* immer einer *Wirkung* in der *Zeit* vorausgeht, kann eine neue Entdeckung sein, die ein Gefühl größerer Vorhersagbarkeit in seine Welt bringt. Das Verständnis seiner eigenen Rolle im Begriff der *Konsequenz* ist wesentlich, um ein Gefühl von Kontrolle über sein Umfeld entwickeln zu können.

Die Basisbegriffe

Im nächsten Schritt werden die „Basisbegriffe" behandelt, die von der Wurzel *Veränderung* abgeleitet sind – das heißt Begriffe, die das Wissen repräsentieren, welches unserer Erfahrung von Veränderung entstammt. Wir erleben Veränderung als eine Konsequenz, und Konsequenz umfasst die Vorstellungen von Ursache und Wirkung und von vorher und nachher.

Diese Erfahrungen führen über das Verständnis der Begriffe *Zeit, Reihenfolge, Ordnung* und *Unordnung* zu der Fähigkeit, ein Gefühl von Ordnung in der Welt zu erzeugen und aufzubauen.

Zeit – das Messen von Veränderung im Vergleich zu einem Standard

Ohne das Verstehen des Begriffes Zeit ist der Autist dem Zustand ausgeliefert, nur in der Gegenwart zu leben. Er existiert, er erlebt die Welt um sich herum, er nimmt Wiederholungen in seinem Leben wahr, aber ihm fehlt das nötige Verstehen, um etwas planen, erwarten oder voraussagen zu können. Er nimmt vielleicht einen Zeitfluss wahr, aber er versteht Zeit nicht als etwas, dass er als Mittel verwalten oder benutzen kann, um Kontrolle über sein Leben zu erlangen.

Die menschliche Wahrnehmung von Zeit ist unbeständig. Wir kennen alle das Gefühl, dass Stunden schnell vergehen, wenn wir mit erfreulichen Dingen beschäftigt sind („Die Zeit vergeht im Fluge, wenn man sich amüsiert."), und die Spanne von zehn Minuten kann quälend lang sein, wenn wir auf einer Bank sitzen und auf den Bus warten. Unsere Reaktion auf dieses lange Warten auf den Bus ist oftmals, wiederholt prüfend auf die Uhr – oder heutzutage das Handy – zu schauen. Wir wissen, dass die Uhrzeit die „wirkliche" Zeit ist, egal was wir empfinden, und wir verlassen uns auf Uhren und mechanische Zeitnehmer, die uns in Situationen warnen, in denen wir denken, dass wir sonst vielleicht das Zeitgefühl verlieren, weil unsere Aufmerksamkeit wandert.

Das autistische Erleben von Zeit ist wahrscheinlich noch viel fließender, und die Wahrnehmung von Zeiträumen wird nicht nur von der Desorientierung verzerrt, sondern schlicht von der Tatsache, dass der Autist den Zeitraum nicht bemerkt, weil er nicht anwesend ist bei dem, was um ihn herum passiert.

Der Davis-Klient hat den Kern des Begriffes Zeit mit den Modellen von *vorher* und *nachher* erschaffen, als er *Konsequenz* erkundete. Das heißt, der Klient hat gesehen, dass der Begriff *Veränderung* etwas ist, das mit einen Zeitraum gekoppelt ist. Wenn *etwas* zu *etwas anderem* wird, gibt es auch einen Übergang von früher zu später, obwohl die Zeitdauer, die von dem Wechselpfeil dargestellt wird, sehr unterschiedlich sein kann, je nachdem, um was für eine Veränderung es sich handelt.

Aber einen Zeitraum zu verstehen, ist nicht das Gleiche wie *Zeit* zu verstehen, so wie sie als regulierende Kraft in der modernen Gesellschaft funktioniert. Hier sprechen wir nicht über Zeit als Eigenheit von Veränderung, die einfach entlang der Veränderung vergeht, sondern Zeit im Sinne einer Sekunde, einer Minute, einer Stunde, eines Tages, einer Woche, eines Jahres. Zeit, die benannt und gemessen werden kann und die mit einer allgemein bekannten Bedeutung versehen ist.

Davis definiert einen Basisbegriff als einen Begriff, der sich auf die Art bezieht, in der Menschen Bedeutung aus ihrer einfachen Erfahrung mit dem Grundbegriff ableiten und interpretieren. Für „Zeit" bedeutet das, den Begriff „Messen" zu der einfachen Erfahrung von *vorher* und *nachher* hinzuzufügen. *Messen* bedeutet, etwas Unbekanntes mit etwas Bekanntem zu vergleichen. Das Bekannte ist der *Standard*. Ein Kilogramm zum Beispiel ist eine standardisierte Maßeinheit für Gewicht, ebenso wie ein Pfund, aber Pfund und Kilogramm geben zwei unterschiedliche Standards an. Welcher Standard auch gewählt wird, die Masse des Objekts ist die gleiche. Aber sie kann in Kilo oder Pfund gemessen werden, weil beide bekannte Standards sind.

Die Beherrschung von *Zeit* wird genauso erreicht wie bei den anderen Begriffen: Der Davis-Berater beginnt ein Gespräch mit dem Klienten, in dem Beispiele, Fragen und Dialoge genutzt werden, um ihn auf das Formen des nächsten Modells vorzubereiten. Es wird eine Reihe von Knetmodellen hergestellt, alle mit dem neuen Wort – *Zeit* – und seiner Definition. Nach dem ersten Modell arbeitet der Berater mit dem Klienten daran, die Umwelt zu erkunden, um den Begriff in der realen Welt zu erfahren. Danach macht der Klient mehrere Modelle und achtet darauf, dass auch Modelle dabei sind, die *Selbst* in drei Situationen darstellen: als Beobachter, als Auslöser der Ursache und als jemand, der die Wirkung erlebt. Bei jedem Modell gibt es immer die Routine des Sprechens zu dem Modell und dem Wort – das *Selbst* identifizieren, dem Modell seine Bedeutung sagen, dem Wort seine Definition sagen. Und nachdem der Klient eine Reihe von Modellen gemacht hat, in denen er seine Ideen hinsichtlich der Art der abgebildeten Veränderung einarbeitet, kehrt er zurück zu dem Modell der einfachsten Form.

Die Definition von Zeit ist das Messen von Veränderung im Vergleich zu einem Standard. Das Modell *Zeit* umfasst *Selbst, Veränderung* und zwei andere Elemente: eine Darstellung des Standards und eine Darstellung des Messinstruments. Das Messinstrument wird zwei Mal dargestellt: einmal am *vorher*-Punkt des Modells und einmal am *nachher*-Punkt. Das Modell wird auch die Veränderung am Messinstrument abbilden, die mit der verstrichenen Zeit korrespondiert.

Um im Davis-Programm weiterzukommen, soll der Klient die zwei verschiedenen Standards erkunden, die unsere hauptsächliche Art bestimmen, Zeiteinheiten zu messen, aufzuzeichnen und darüber zu sprechen, und die Bedeutungen, die wir diesen Einheiten geben. Ein Standard ist die tägliche Rotation der Erde um ihre Achse, ein Standard, den uns die Natur mit der Länge eines Zyklusses von Tag und Nacht vorgibt. Kleinere Zeiteinheiten wie Stunden, Minuten und Sekunden werden abgeleitet, indem der Tag-Nacht-

Zyklus in Bruchteile zerlegt wird.[51] Ein Modell, das Zeit im Kontext des Standards der Erdrotation zeigt, braucht ein Modell der rotierenden Erde und ein Modell des Instruments, mit dem der Ablauf der Sekunden, Minuten oder Stunden gemessen wird – normalerweise eine Armbanduhr oder eine Wanduhr. Die zugrunde liegende Veränderung, die dargestellt wird, ist etwas, das innerhalb einer eher kürzeren Zeitspanne passiert, die immer kürzer ist als ein Tag.

Der andere Standard ist die Drehung der Erde um die Sonne, welcher in der Natur die Länge eines Jahres festlegt und auch die Veränderungen verursacht, die mit den vier Jahreszeiten im Laufe eines Jahres erlebt werden. Ein Modell der Veränderung, das diesen Standard darstellt, umfasst die Erde und die Sonne - und ein Messinstrument, mit dem man Monate oder Jahre verfolgen kann, also einen Kalender. Bei diesen Modellen ist die dargestellte Veränderung etwas, das allmählich über Wochen, Monate oder Jahre passiert – zum Beispiel das Modell eines Babys, das sich zu einem fest auf beiden Beinen stehenden Kind verwandelt.

Die letzten Schritte der Begriffsbeherrschung von *Zeit* sind die einfachsten Modelle. Weil die zwei einzelnen Zeitstandards verschiedene Arten der Veränderung messen, gibt es zwei einfachste Modelle. Das erste ist ein Modell, das auf dem bereits bekannten Modell *Veränderung* mit dem platten Ball basiert, das um das Modell einer rotierenden Erde und von Uhren auf der Position von *vorher* und *nachher* erweitert wird. Das zweite einfachste Modell benutzt einen Knetball, der ein Ei darstellen soll, und ein Modell eines kleinen Vogels auf der *nachher*-Position; der Standard wird mit einem

---

[51] Eine „Sekunde" kann auch von der Messung der schwankenden Zustände von Elektronen in einem Atom abgeleitet werden. Atomuhren sind nach dem Standard genormt, der auf den atomaren Eigenschaften von Cäsium basiert. Nach einer ausgedehnten Zeitperiode halten die Atomuhren nicht Schritt mit der Erdumdrehung, weil die Erddrehung sich ganz allmählich verlangsamt und die Länge eines Tages nach ein paar Jahren um etwa eine Sekunde zunimmt. Um diesen Konflikt zu lösen, werden Atomuhren, wenn nötig, mit der Beifügung einer „Schaltsekunde" umgestellt, so dass die Erdumdrehung der dominante Standard zum Sekundenzählen bleibt.

Modell der Erde, die sich um die Sonne dreht, gezeigt, und Kalenderblätter werden benutzt, um die Form der Messung abzubilden.

Zeit

Die Begriffsbeherrschung von *Zeit* kann bedeutend in Hinblick auf die Fähigkeit von Erwachsenen sein, ein unabhängiges Leben zu führen. Die Davis-Beraterin Cathy Dodge Smith hat mit einer 26-jährigen Frau mit Asperger gearbeitet, die keine feste Anstellung behalten konnte (ich nenne sie Amy). Ihre Mutter berichtete, dass die erste Veränderung, die sie während des Programms bemerkte, Amys pünktliches Eintreffen zu einer Essensverabredung war; sie war davor immer mindestens eine Stunde zu spät gekommen. Nach dem Programm fand Amy eine Vollzeitstelle in einem Arbeitsumfeld, in dem sie Andere beaufsichtigt, ist nun völlig unabhängig und versorgt sich selbst.

Reihenfolge – die Art und Weise, wie Dinge aufeinander folgen, eines nach dem anderen, in der Zeit, in Größe, Menge, willkürlicher Ordnung und/oder Wichtigkeit

> I continued modeling in the back yard, but now the models were showing a different kind of scenario. The models were still very simple but would clearly show different ideas like the passage of time or the sequence of events.

136

Prior to this, my universe was the universe of everything and nothing at the same time. There was no separation of individuals, every thing and every one was just one. When I was modeling the beatings, I separated myself from the everything. So then there were two things, me and everything else. In the modeling of "sequence" the other things began to separate into individuals and things. From the modeling of the ideas, I was making it possible for myself to "think" with the ideas.

Ron Davis[52]

[Ich knetete weiter im Garten, doch nun zeigten die Modelle eine andere Art von Szenario. Die Modelle waren noch immer sehr einfach, zeigten aber deutlich unterschiedliche Inhalte wie eine Zeitspanne oder eine Reihenfolge von Ereignissen.
Vorher war mein Universum ein Universum aus allem und nichts gleichzeitig. Es gab keine Trennung von Individuen, alles und jeder war einfach eins. Als ich die Schläge knetete, trennte ich mich von alldem. Da waren dann also zwei Dinge, ich und alles andere. Beim Kneten von „Reihenfolge" fingen die anderen Dinge an, sich in Individuen und Dinge aufzutrennen. Mit dem Kneten der Inhalte ermöglichte ich es mir, mit diesen Inhalten zu „denken".]

Der nächste Schritt der ersten Konstruktion ist das Formen des Basisbegriffs *Reihenfolge*. Der erste Teil der Definition von *Reihenfolge* ist „die Art und Weise, wie Dinge aufeinanderfolgen", also wird der Berater den neuen Inhalt „das Nachfolgende" hinzufügen. Es ist ein Inhalt, mit dem der Klient sich bereits in den Erkundungen von *vorher* und *nachher* auseinandergesetzt hat. Die Grundlage für den ersten Teil des Begriffs Reihenfolge – „die Art und Weise, wie Dinge in der Zeit aufeinanderfolgen, eines nach dem anderen" – ist also bereits vorhanden und das einfachste Modell kann als Ausgangspunkt genommen werden.

---

[52] Ronald D. Davis, „Waking Up: The Origin of Concept Mastery", *The Dyslexic Reader* 40, Nr. 3 (2005), S. 10.

Um jedoch wirklich eine „Reihenfolge" zu formen, braucht jedes Modell mindestens drei Teile. Mit lediglich zwei Teilen (*vorher* und *nachher*) stellt das Modell zwei Ereignisse dar, aber nicht notwendigerweise eine Reihenfolge. Für ein Modell von *Reihenfolge* muss es sowohl eine Mitte geben als auch einen Anfang und ein Ende. Hinsichtlich der Klarheit des Modells wird das wichtig, wenn der Klient die verbleibenden Aspekte der Definition knetet: die Art und Weise, wie Dinge aufeinander folgen, eines nach dem anderen, nach *Menge, Größe, willkürlicher Ordnung* und *Wichtigkeit*. Also wird ein dritter Knetball zu dem einfachsten Modell von *Zeit/Veränderung* hinzugefügt: Zuerst kommt der runde Ball, dann das Selbst, das auf den Ball tritt, und dann der platte Ball.

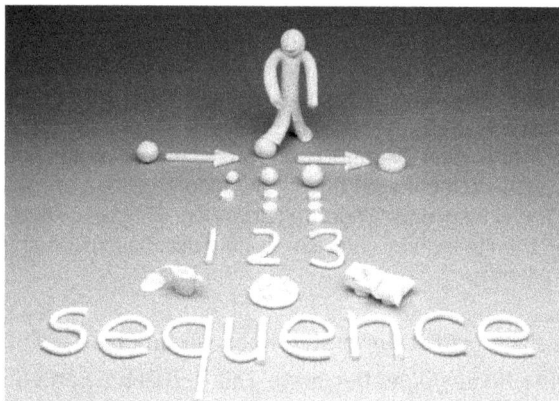

Reihenfolge

Der Berater wird jede Art von Reihenfolge nacheinander mit dem Klienten besprechen und gemeinsam erkunden und der Klient wird für jede Reihenfolge Modelle machen, die jeweils allen Schritten der Begriffsbeherrschung folgen. Jedes einzelne Modell wird zur späteren Verwendung aufbewahrt, nachdem jede Art von Reihenfolge diskutiert wurde.

Die Begriffe *Menge* und *Größe* werden für den Klienten wahrscheinlich leicht zu verstehen und zu kneten sein, weil das wahrscheinlich Inhalte sind, mit denen er bereits vertraut ist, auch wenn er den Begriff *Reihenfolge* noch nicht untersucht hat. *Menge* kann einfach von einer Anzahl Knetbälle dargestellt werden – ein Ball, zwei Bälle, drei Bälle. *Größe* kann von drei Knetblöcken dargestellt werden, einem kleinen, einem mittelgroßen und einem großen. Hier wird deutlich, warum die Reihenfolge mindestens drei Punkte haben muss: damit der Klient erkennen kann, dass es ein Muster gibt.[53] Wenn die Knetblöcke von mittelgroß zu groß zu klein angeordnet wären, gäbe es zwar drei Blöcke auf dem Tisch, aber es wäre keine *Reihenfolge*.

Willkürliche Ordnung wird als menschengemachte Ordnung erklärt, eine Reihenfolge, für die sich jemand entschieden hat und der wir uns alle einig sind zu folgen. Der Berater erklärt, dass willkürliche Ordnung als Möglichkeit benutzt wird, um einen Prozess zu bewältigen, an dem mehr als eine Person beteiligt ist, wie ein Stundenplan in der Schule, die morgendliche Routine einer Familie, die Anordnung der Buchstaben im Alphabet, die Abfolge, in der das Essen in einem Restaurant gebracht wird. Dieser Begriff ist sehr wichtig und kann für eine autistische Person eine Offenbarung sein.

Sehr häufig kommt der Autist im Leben durch, indem er einfach versucht, sich verschiedene Routinen oder Abfolgen zu merken, weil er nicht fähig ist, den Grund dafür herauszufinden, warum Dinge in einer bestimmten Ordnung ablaufen. Er hält den zufälligen Ablauf von etwas, das er das erste Mal erlebt, entweder für selbstverständlich oder er glaubt, dass es irgendeinen Grund für den Prozess gibt, der außerhalb seines Verständnisses liegt. Ein Autist klammert sich häufig an bestimmte Routinen und kommt bei jeder Abweichung durcheinander, eben weil er den Ursprung der Routine nicht verstehen kann.

Mit dem Inhalt von „willkürlicher Ordnung" lernt der Autist zum ersten Mal die Idee kennen, dass Menschen manchmal ohne beson-

---

[53] Forschungsarbeiten haben gezeigt, dass autistische Personen oftmals schneller visuelle Muster entdecken als nicht-autistische Versuchspersonen. Vgl. Soulières et al., „Enhanced Visual Processing" (2009).

deren Grund auf bestimmte Weise handeln oder Dinge tun, einfach nur, um miteinander klarzukommen, und er lernt auch die Idee von *zustimmen* als Basis für soziale Verbundenheit kennen. Diese Idee könnte für den Klienten anfangs schwierig zu verstehen sein, weil sie von den anderen Modellen abweicht. Die anderen Modelle für Reihenfolge hatten eine fließende Abfolge vom Kleinsten zum Größten (oder vom Größten zum Kleinsten), von am wenigsten zu am meisten (oder am meisten zu am wenigsten) – wo das mittlere Objekt immer etwas zwischen den anderen beiden war. Das Modell *willkürliche Ordnung* kann diese Regeln brechen und es ist vielleicht unmöglich, ein Muster zu entdecken. Der Autist muss zum ersten Mal außerhalb der Dinge, die in einer Reihenfolge sind, suchen, um das Muster zu finden, das nicht von den Dingen selbst stammt, sondern von der sozialen Notwendigkeit, übereinstimmende Standards einzurichten.

Das knüpft an den Begriff eines *Standards* an, der Teil des Modells für *Zeit* war, sodass es sein kann, dass der Klient und der Berater das Prinzip von Standards, wie es für willkürliche Ordnung zutrifft, erkunden. Zum Beispiel benutzen verschiedene Sprachen verschiedene Alphabete. In einigen sind die Buchstaben ziemlich ähnlich, aber in einer etwas anderen Ordnung organisiert. Das Alphabet ist der Standard für das Schreiben in dieser Sprache. Die Ordnung ist willkürlich und auf eine Weise organisiert, die Menschen einfach helfen soll, das Alphabet zu lernen und Wörter und Listen auf einheitliche Weise zu bilden.

Der letzte Typ von *Reihenfolge* basiert auf *Wichtigkeit*. Mit diesem Inhalt kann der Berater auch die Idee einbringen, dass Wichtigkeit relativ ist, abhängig von Veränderung, und etwas, das selbstbestimmt sein kann. *Wichtigkeit* **bedeutet**, von Bedeutung oder von Wert zu sein. Der Berater versucht zu bewirken, dass der Klient versteht, dass eine Reihenfolge von Wichtigkeit sich verändern kann, je nach unserer Gefühlslage oder den Umständen. Wie beim Modell von willkürlicher Ordnung gibt es möglicherweise kein klares Muster, um *Wichtigkeit* zu gliedern. Der Unterschied ist hier aber, dass die Festlegung individuell gemacht wird, basierend auf den jeweiligen Vorlieben oder Überzeugungen der Person.

Das Verstehen der subjektiven und veränderlichen Art von Wichtigkeit hilft dem Klienten, wenn es unerwartete Veränderungen in der Routine seines eigenen Lebens gibt. Wenn sich Umstände ändern, muss eine neue Reihenfolge von Wichtigkeit erschaffen und angenommen werden. Ohne dieses Verstehen sind viele autistische Menschen verwirrt und überwältigt von solchen Veränderungen – in ihren Augen wird der Regelsatz, auf den sie sich verlassen haben, verändert und, egal welcher neue Ablauf auch entsteht, er wirkt beliebig und unvorhersehbar. Mit *Wichtigkeit* gibt es ein neues Werkzeug für die Analyse.

Natürlich ist ein Ergebnis des Verstehens von *willkürliche Ordnung* und *Wichtigkeit,* dass die autistische Person realisiert, dass sie ihre eigenen Meinungen über Reihenfolgen in ihrem Leben hat und dass sie vielleicht anfängt, diese Meinungen zu behaupten. Langjährige häusliche Routinen können in Frage gestellt werden. Wenn der Klient anfängt, die Gepflogenheiten bei sich zuhause und in der Schule mit diesen Begriffen im Hinterkopf bewusst zu analysieren, wird er wahrscheinlich fragen, welche davon unter den Schirm von *willkürlich* fallen und welche sich von einer auf *Wichtigkeit* basierenden Rangordnung ableiten.

Alle Dinge, die existieren, und alle Dinge, die passieren, existieren und passieren in einer oder mehreren der Formen von Reihenfolge. Der Berater arbeitet mit dem Klienten so lange, bis er sicher ist, dass der Klient diese Tatsache vollständig verstanden und verinnerlicht hat. Für einen autistischen Menschen, der im Chaos gelebt hat und der aus Angst, ins Chaos zu stürzen, hartnäckig an etablierten Routinen festgehalten hat, ist das eine tiefgreifende Enthüllung. Alles in seinem Leben hat eine Reihenfolge. Statt hunderte oder tausende Regeln auswendig zu lernen, gibt es nur fünf verschiedene Typen von *Reihenfolge*: *Zeit*, Menge, Größe, willkürliche *Ordnung* und Wichtigkeit.

Wenn der Klient diese Idee wirklich versteht, werden fünf einzelne Modelle in eines zurückgeführt, sodass sich ein einziges Modell von *Reihenfolge* ergibt, das alle fünf Ideen erfasst. Eine sehr komplizierte und verwirrende Welt wurde auf ein System reduziert, das an den Fingern einer Hand dargestellt und verstanden werden kann.

Ordnung – Dinge an ihrem richtigen Platz, in der richtigen Lage und im richtigen Zustand

> With my universe newly separated into individual pieces, it was clear that everything and everyone that existed, existed in some place, and also existed in a position in that place. I was making rudimentary models of order. Everything that exists had a beginning and will have an end, when it will no longer exist. Therefore everything exists within its own time frame – its continuum. Where something is, within its time between beginning and end, is its condition. As a mentally deficient teenager I was creating my ability to think with these ideas by modeling them with red dirt and water.
>
> Order is the natural enemy of chaos, and when I gained the ability to think with order, the chaos disappeared from my universe.

Ron Davis[54]

> [Als mein Universum sich in einzelne Teile aufgetrennt hatte, wurde klar, dass alles und jeder an einem Platz existierte und auch in einer Lage an diesem Platz. Ich machte elementare Modelle von Ordnung. Alles was existiert, hatte einen Anfang und wird ein Ende haben, wenn es nicht mehr existiert. Deshalb existiert alles innerhalb seines eigenen Zeitrahmens – seines Kontinuums. Wo sich etwas befindet, innerhalb seiner Zeit zwischen Anfang und Ende, ist sein Zustand. Als ein mental

---

[54] Davis, *Waking Up* (2005), S. 10.

142

defizitärer Teenager erschuf ich mir die Fertigkeit, mit
diesen Inhalten zu denken, indem ich sie aus rotem
Lehm und Wasser modellierte.
Ordnung ist der natürliche Feind von Chaos, und als ich
die Fertigkeit erlangt hatte, mit Ordnung zu denken,
verschwand das Chaos aus meinem Universum.]

Die nächsten Basisbegriffe, die es zu meistern gilt, sind *Ordnung*
und *Unordnung*. Diese Begriffe sind ein natürlicher nächster Schritt
nach der Erkundung von *Reihenfolge*, also die Erkundung eines
Schemas, wie man Dinge in eine Ordnung bringt. Der nächste Begriff
wird eine andere und umfassendere Perspektive eröffnen. Eine
Reihenfolge ist linear und stellt im Wesentlichen einen zweidimen-
sionalen Ordnungstyp dar. Die Beherrschung der Begriffe *Ordnung*
und *Unordnung* verschafft einen Überblick, der im dreidimensiona-
len Raum gilt.

Der Begriff *Zeit* ist ebenfalls Bestandteil beim Verstehen von
Ordnung/Unordnung, weil der Definition auch ein temporales Element innewohnt. Ob etwas in einem Zustand der *Ordnung* ist oder
nicht, kann von einem Zeitfaktor abhängen oder von Veränderungen, die innerhalb eines Zeitverlaufes auftreten.

Um diesen Inhalt zu verstehen, ist es zuerst notwendig, die Bedeutung des Wortes *richtig* zu untersuchen, welches wiederum Teil
der Definition von *Ordnung* ist. *Richtig* bedeutet: „gemäß dessen,
was für eine bestimmte Situation oder ein bestimmtes Ding korrekt
oder vorgeschrieben ist."

Etwas ist in Ordnung, wenn es sich in seiner richtigen Daseinsform befindet. Unordnung bedeutet das Gegenteil – das Ding befindet sich nicht in seiner richtigen Daseinsform.

Es gibt drei Aspekte für die Daseinsform eines Dinges, die beur-
teilt werden müssen, um *Ordnung* zu bestimmen. Einer ist „Platz":
der Standort eines Dinges. Alle existierenden Dinge beanspruchen
etwas Platz. Wenn ein Ding an seinem *richtigen* Platz ist, ist ein Aspekt von Ordnung erfüllt. Wir können uns zum Beispiel eine Tasse
Kaffee vorstellen, die auf einer Tischplatte steht.

Eine weitere eng verwandte Überlegung ist die „Lage" eines Dinges. Die Lage ist die Art, in der etwas im Raum platziert oder arrangiert ist, ob also etwas flach liegt, angelehnt oder aufrecht steht. Wenn ein Ding in einem Raum existiert, muss es auch eine Lage in diesem Raum einnehmen. Die möglichen Lagen der Kaffeetasse zum Beispiel könnten aufrecht, umgedreht oder auf der Seite liegend sein.

Der dritte zu berücksichtigende Aspekt ist der „Zustand" eines Dinges. Der Zustand ist die Daseinsform von etwas, besonders im Hinblick auf seine Erscheinung, Qualität oder Funktionsfähigkeit. Ist unsere Kaffeetasse sauber und leer? Oder mit einem Getränk gefüllt? Oder ist sie schmutzig? Ist die Tasse heil, angeschlagen oder kaputt?

„Zustand" umfasst auch ein temporales Element. Alle existierenden Dinge existieren sowohl in der Zeit als auch im Raum. Jedes Ding existiert in seinem eigenen Zeitkontinuum; das heißt, jedes Ding hat einen Anfang und ein Ende, ein vorher und nachher, und jedes Ding besetzt einen Punkt im Lauf der Zeit und Veränderung. Der Zustand umfasst also die Daseinsform des Dinges in der Zeit.

Das ist wichtig, denn was in diesem Moment noch *Ordnung* ist, kann im nächsten schon *Unordnung* sein.

Die Definition von Ordnung ist: Dinge am richtigen Platz, in der richtigen Lage und im richtigen Zustand. Um Ordnung zu schaffen, müssen alle drei Faktoren erfüllt sein.

Unordnung ist der Gegensatz von *Ordnung*. *Unordnung* bedeutet: Dinge befinden sich nicht am richtigen Platz und/oder nicht in der richtigen Lage und/oder nicht im richtigen Zustand. Wenn auch nur einer der Aspekte nicht richtig ist, liegt *Unordnung* vor.

Unordnung

Weil alles in der Zeit existiert und *Zeit* das Messen von *Veränderung* ist, kann und wird sich alles, was *richtig* ist, verändern. Und es wird sich mit der Zeit verändern. Wenn wir zu der Kaffeetasse zurückkehren und sie uns auf dem Küchentisch aufrecht stehend vorstellen, halb voll mit Kaffee, dann müssen wir etwas über die zeitliche Bedingung wissen, um entscheiden zu können, ob die Tasse so da ist, wie es richtig wäre. Wenn jemand am Tisch in der Nähe der Tasse sitzt und frühstückt, dann ist die Tasse wahrscheinlich auf ihrem richtigen Platz, in der richtigen Lage und im richtigen Zustand; die Tasse ist in einer Daseinsform der *Ordnung*. Aber wenn niemand am Tisch ist und der Kaffee in der Tasse kalt, dann ist es wahrscheinlich Zeit, die Tasse vom Tisch zu nehmen und sie abzuwaschen. Wegen des Zeitverlaufs ist die Tasse in einer Daseinsform der *Unordnung*.

Der Davis-Klient wird bei *Ordnung* die Modelle gleichzeitig kneten. Weil Unordnung der Gegensatz zu Ordnung ist, kann sie nicht geknetet oder verstanden werden, ohne auch ein Beispiel von *Ordnung* in dem Modell zu haben. Genauso braucht das Modell von *Ordnung* die kontrastierenden Bilder von *Unordnung*, um Sinn zu machen. Das Knetmodell für *Ordnung* und *Unordnung* braucht ein Modell (oder Modelle) von *Selbst* und vier Darstellungen irgendei-

145

nes Objektes: eine, die sich in Ordnung befindet, und drei, bei denen jeweils Platz, Lage und Zustand nicht richtig sind. Beim Wort „Ordnung" zeigt der dominante Pfeil auf das Objekt, das in Ordnung ist. Nachdem dieses Wort mit dem üblichen Vorgehen gemeistert wurde, wird es mit dem Wort „Unordnung" ersetzt und der dominante Pfeil zeigt nun auf den Bereich des Modells, der die drei Formen von Unordnung darstellt.

Das einfachste Modell für Ordnung und Unordnung stellt nur einen Typ von Unordnung dar. Es kehrt zurück zu der Basiskonstruktion von Selbst und einem Knetball, nur dass dieses Modell zwei Modelle von Selbst aufweist. Ein Selbst hat den Ball in der Hand, während das andere den Ball verloren hat – eine Darstellung von Unordnung,

Ordnung

weil der Ball nicht an seinem richtigen Platz und im richtigen Zustand ist.

Wie bei den anderen Schritten der Begriffsbeherrschung verbringt der Klient mit dem Berater Zeit, um Beispiele von *Ordnung* und *Unordnung* in seiner Umgebung zu suchen. Der Klient wird in dieser Phase des Programms nicht aufgefordert zu versuchen, selbst Ordnung zu schaffen. Diese Übung ist für das Ende der Identitätsentwicklungsphase reserviert, wenn der Klient andere wichtige Begriffe gemeistert hat. Gleichwohl haben einige Berater berichtet, dass ihre Klienten in diesem Stadium des Programms spontan anfingen, den Begriff *Ordnung* in ihrem Leben umzusetzen.

Ein Berater arbeitete mit einem kleinen Jungen im Ferienhaus seiner Familie. Nach dem Beenden des Modells stand der Junge auf und schaffte völlig perfekte Ordnung im Wohnzimmer, ohne Vorgaben oder Hilfe von jemandem.[55] Ein anderes Kind, ein Mädchen, beendete die erste Konstruktion. Als es mitten in der zweiten Kon-

---

[55] Berichtet von Davis-Autismus-Beraterin/-Coach und Ausbilderin Gabriela Scholter aus Stuttgart/Deutschland.

struktion war, ging es nach Hause und fragte seine Mutter, ob sie ihm beim Ordnungschaffen in seinem Kinderzimmer helfen könne.[56] Aus diesen Berichten kann man ersehen, dass der Klient mit dem Modellieren des Begriffes *Ordnung* genug Wissen erworben hat, um fähig zu sein, Ordnung in seinem eigenen Leben zu schaffen, wenn ihm dies zusagen würde.

Die Umsetzung von Wissen in Handlung kann jedoch noch mehr Arbeit in Anspruch nehmen, und der Rest der Identitätsentwicklungsphase des Programms ist darauf angelegt, diese fehlenden Teile zu füllen. Zu diesem Zeitpunkt hat der Klient ein grundlegendes Verständnis von dem Begriff *Ordnung*, aber er sieht es vielleicht noch nicht als seine persönliche Aufgabe oder Verantwortung an, Ordnung zu beeinflussen oder zu schaffen. Erkundung und Beherrschung eines Begriffes allein reichen nicht aus, damit der Begriff in die Identität der Person integriert wird. Diese Begriffe liefern vielmehr Wissen, das die Fähigkeit unterstützt, Kontrolle auszuüben; der Klient braucht aber vielleicht mehr Zeit, um die Fertigkeiten zu erwerben, die zum vollständigen Benutzen des neuen Wissens nötig sind. Viele Klienten sind nicht fähig, die ersten Begriffe zu integrieren und zu benutzen, bevor sie die Begriffe, die im Folgenden noch vorgestellt werden, nicht gänzlich erkundet haben.

Das Kneten von *Ordnung* und *Unordnung* vervollständigt die erste Konstruktion. Der Klient, der seine Welt einst als chaotisch wahrnahm und jede Störung seines unsicheren Gefühls für Stabilität fürchtete, hat nun gelernt, dass *Veränderung* an sich Teil der natürlichen Ordnung von Dingen ist. Er hat gelernt, dass alle Dinge Produkte eines Stroms von Veränderungen sind, dass der Zeitverlauf die Art ist, wie wir Veränderung messen, und dass die Standards der Messung, die wir benutzen, auf den Regelmäßigkeiten einiger Veränderungszyklen basieren. Er versteht die Idee von *Reihenfolge* und hat die Fähigkeit, jede Objektmenge oder Ereigniskette daraufhin

---

[56] Berichtet von Davis-Autismus-Beraterin/-Coach Tina Guy aus Nelson, Neuseeland.

auszuwerten, um zu entscheiden, ob eine Reihenfolge – ein regelmäßiges Muster – existiert. Ebenso kann er Reihenfolgen, die willkürlich und der Veränderung unterworfen sind, verstehen und sich darauf einstellen. Und er verfügt über eine sehr einfache und direkte, dreiteilige Analyse, mit Hilfe derer er Ordnung in seiner Welt erkennen und klar definieren kann. Er weiß, dass der Begriff *Unordnung* verbunden ist mit *Ordnung*, der oft einfach einen vorübergehenden Zustand der *Veränderung* beschreibt. Also hat die erste Konstruktion ihn aus dem Chaos in eine geordnete, regelmäßige und sehr viel vorhersagbarere Welt geführt.

Die verbleibenden Begriffe sind darauf abgestimmt, ihm die Fähigkeit zu geben, effektiver in dieser Welt zu funktionieren und die Wandlung vom Beobachter zum aktiven Teilnehmer zu machen. Wenn er erst einmal alle Begriffe beherrscht, wird er bereit sein, in den Prozess einzutreten, in dem er sein Verständnis in Fertigkeiten übersetzt, die in sein tägliches Leben integriert werden können.

Kapitel 8

Die zweite Konstruktion: Eine Welt der Erfahrung

In der ersten Konstruktion macht der Klient mit einer Reihe zusammenhängender Begriffe Erfahrungen, die ihm erlauben, sich einen Reim auf die externe, physische Welt zu machen. Alles, was um ihn herum passiert, kann im Kontext von Veränderung, Konsequenz, Zeit, Reihenfolge, Ordnung und Unordnung verstanden werden.

Aber der Autist lebt auch in einer inneren, mentalen Welt. Ein Merkmal seines Autismus kann die Unfähigkeit sein, seine mentale Welt von der externen Welt zu unterscheiden, den Unterschied zwischen seinen Gedanken und subjektiven Wahrnehmungen und der Realität zu verstehen. Die äußeren Regeln gelten nicht für den mentalen Bereich. Im Geist kann die Erinnerung veränderte Dinge so wiedergeben, wie sie vorher gewesen sind, und uns in lang vergangene Zeiten zurückversetzen. Unsere Gedanken können auf einmal gleichzeitig in einem Wirrwarr aus verschiedenen Ideen und Eindrücken ankommen; Denken wird nicht von Systemen wie Reihenfolge oder Ordnung begrenzt.

Das Modell von *Selbst* besteht aus drei Teilen: Körper, Geist und Lebenskraft. Die zweite Konstruktion konzentriert sich auf *Geist* und beginnt mit dem Begriff *bestehen bleiben*, führt zu *überleben* und gipfelt in der Ergründung von *Wahrnehmung*, *Denken* und *Erfahrung*.

Der Wurzelbegriff: bestehen bleiben (gleich bleiben)

Das Modell der ersten Wurzel, *Veränderung*, bildete die Grundlage für die Existenz von etwas. Alle existierenden Dinge haben einen Anfang und existieren als Konsequenz von etwas anderem.

Die Vorstellung von *bestehen bleiben* beginnt mit etwas, das bereits existiert. Da es ein Wurzelbegriff ist, ist es etwas, das sich aus der Natur ergibt und ohne menschliche Interpretation oder Einmischung entstanden ist. Deshalb beinhaltet das Knetmodell von *bestehen bleiben* das *Selbst* nur in der Rolle des Beobachters.

bestehen bleiben

Die Definition von *bestehen bleiben* ist einfach: „gleich bleiben". Auch wenn sich der Zustand, der Platz oder die Lage eines jeden Dinges verändert, das Ding selbst wird *bestehen bleiben*. Zum Beispiel verändern die Blätter an einem Baum mit dem Wechsel der Jahreszeiten ihre Farbe und fallen ab, aber der Baum bleibt bestehen. Ein Auto wird von Ort zu Ort gefahren, manchmal fährt es schnell und manchmal wird es angehalten und es kann verbeult oder zerkratzt werden – aber es *bleibt* als Auto *bestehen*.

Wie mit den anderen Modellen auch, wird der Klient einige Zeit mit dem Berater arbeiten und den Begriff in der Umwelt erkunden. Er wird zuerst ein Modell kneten, das auf seiner eigenen Vorstellung beruht, und später ein einfachstes Modell unter der Anleitung des Beraters. Da *bestehen bleiben* bedeutet *gleich bleiben*, wird das Modell des Klienten schlicht ein Ding zeigen, das auf beiden Seiten des verbindenden Übergangspfeils gleich ist. Die einfachste Form ist auch ziemlich leicht: Es wird *Selbst* als Beobachter beinhalten, zwei identische Knetbälle und einen Knetpfeil, der den Zeitverlauf von einem zum anderen anzeigt. Anders als bei Veränderung, wo ein Ball platt war, sind hier beide Bälle gleich.

Davis-Beraterin Tina Guy erzählt die Geschichte eines zwölfjährigen Mädchens, das ich Holly nenne. Hollys Mutter hatte zusammen mit ihrer Tochter an jeder Sitzung teilgenommen und ebenfalls jedes Modell geknetet. Eines Abends vor dem Schlafengehen fragte Holly: „Warum muss ich erwachsen werden, Mama ... Dann bin ich nicht mehr dein kleines Mädchen?" Ihre Mutter reagierte mit dem Hinweis, dass wir uns alle verändern, aber dass wir auch als Selbst *bestehen bleiben* und dass ihre Tochter immer ihr kleines Mädchen *bleiben* würde. Es war ein großer Durchbruch für diese Familie, dass Holly überhaupt fähig war, ihre Gefühle in Worte zu fassen; die Mutter war dankbar dafür, dass das Davis-Programm ein Vokabular und eine Reihe von Begriffen bereitgestellt hatte, die es ihr erlaubten, ihre heranwachsende Tochter zu beruhigen und zu unterstützen.

Der Grundbegriff: Überleben (als Selbst bestehen bleiben)

Ein Grundbegriff leitet sich von der Art ab, in der wir Menschen den Wurzelbegriff erleben. Unsere Erfahrung des Begriffs *bestehen bleiben* führt direkt zu dem Begriff *überleben* – als Selbst bestehen bleiben. Die Kontinuität des *Selbst* ist für eine autistische Person jedoch nicht unbedingt intuitiv offensichtlich, und zwar deshalb, weil sie diese Begriffsbildung für *Selbst* in ihrer kindlichen Entwicklung nicht ausreichend gemacht hat.

Es gibt eigentlich nur eine Möglichkeit, den Begriff *als Selbst bestehen bleiben* mit dem bereits entwickelten Knetvokabular darzustellen, sodass der Klient in diesem Fall nur ein Modell machen wird. Für das Modell braucht man nur zwei Knetfiguren von *Selbst* und einen Übergangspfeil, um darzustellen, dass sich das identische *Selbst* in der Vorher-und-nachher-Position auf dem Kontinuum befindet. Wie in den anderen Schritten der Begriffsbeherrschung wird der Klient natürlich auch hier Zeit damit verbringen, den Begriff mit dem Berater zu diskutieren und Beispiele in seinem Umfeld zu erkunden. Beispielsweise ein Vogel im Baum *überlebt*; er baut sein Nest und bleibt bestehen. Ein Welpe *überlebt*; er wächst und verändert sich, aber er ist immer noch ein Welpe und bleibt bestehen. Die Frau im Laden

Überleben

überlebt; sie macht ihre Arbeit und bleibt als Selbst bestehen.

Bei der zweiten Konstruktion ist es normalerweise nicht nötig, *Selbst* in den verschiedenen Positionen der Ursache-, Wirkung- und Beobachter-Standpunkte zu kneten. Weil es bei *überleben* und den verbleibenden Begriffen um das *Selbst* geht, um den inneren Denkprozess und das Bewusstsein, die vom *Selbst* erlebt werden, befindet sich das Modell von *Selbst* nicht länger außerhalb der dargestellten Begriffe oder Ereignisse. Vielmehr handelt in dieser Konstruktion jedes Modell vom *Selbst* und davon, wie das *Selbst* funktioniert. In einigen Modellen kann mehr als ein *Selbst* dargestellt sein, um die verschiedenen Zustände des *Selbst* zu verkörpern, während es sich durch die Zeit bewegt. Aber es ist nicht mehr nötig, dass das *Selbst* verschiedene Rollen innerhalb eines jeden Modells einnimmt.

Mit anderen Worten, die erste Konstruktion ist darauf fokussiert, was außerhalb des *Selbst* passiert, so dass das *Selbst* in jedem Modell notwendigerweise eine Rolle spielen muss. Ohne das *Selbst* kann man nicht sicher sein, dass der Klient die Begriffe aus der äußeren Welt auf seine eigenen persönlichen Erfahrungen bezieht und sie in seine Identität integriert.

Doch im weiteren Verlauf werden die Begriffe zu Dingen, die im *Selbst* passieren. Der *Zustand* des Selbst, während es diese Begriffe erlebt, kann ein wichtiger Teil des Modells sein, aber es gibt keine separate Rolle, denn Selbst ist immer *Selbst*.

152

Und das ist natürlich die Schlüssellektion, die mit dem Modell von *überleben* gelernt werden soll: *Selbst* kann wachsen und sich verändern und anpassen; es kann unterschiedlich gekleidet sein, es kann nass sein oder trocken, gesund oder krank – aber es ist immer *Selbst*. Selbst wenn es sich jeden Tag anders fühlt, selbst wenn es Zeiten gibt, in denen es lieber allein sein und sich in die Sicherheit seiner autistischen Welt zurückziehen will, ist es immer noch *Selbst* – bloß *Selbst* in einem anderen Gemütszustand.

Basisbegriffe: Wahrnehmung, Denken und Erfahrung

Wahrnehmung – Aufmerksamkeit nach außen

Der nächste Schritt ist das Kneten der Basisbegriffe, die von der Wurzel *bestehen bleiben* und dem Grundbegriff *überleben* abgeleitet werden. Der erste Basisbegriff, der geknetet werden soll, ist *Wahrnehmung*.

Mit dem Modellieren von *überleben* hat der Klient die Existenz von *Selbst* begründet und dass *Selbst* bestehen bleibt. Der nächste Begriff ist die Vorstellung, dass andere Dinge außerhalb des Selbst existieren. Dieser Begriff ist für sich neurotypisch entwickelnde Menschen unmittelbar verständlich, aber die chaotische interne Welt des Autismus macht

Wahrnehmung

es schwierig, die Grenzen zwischen *Selbst* und äußerer Welt zu fühlen. Im autistischen Erleben kann alles gleich sein.

Damit eine Person sich dessen bewusst ist, dass etwas außerhalb des Selbst existiert, muss sie es wahrnehmen. Mit der Wahrnehmung werden Dinge, die außerhalb des Selbst existieren, ins Innere des Selbst hineingebracht. Das Knetmodell wird also Selbst enthalten, ein äußeres Ding, einen Pfeil, der die Bewegung des äußeren Dinges hin zum Selbst anzeigt, und eine Gedankenblase, die

das wahrgenommene Ding zeigt, das als Vorstellung im Kopf des Selbst existiert. Wie in den anderen Begriffsbeherrschungen auch, beginnt der Prozess mit einem Dialog zwischen Berater und Klient, in dem der zu knetende Begriff erforscht wird. Anschließend entwirft der Klient sein eigenes Modell.

Der Berater beginnt mit der Diskussion der visuellen Wahrnehmung – der Idee des *Sehvermögens* – und der Pfeil im Modell repräsentiert den Prozess des Sehens. Das physische Objekt an sich wird nicht in den Kopf des Selbst übertragen, sondern die Augen des Selbst können die Lichtwellen wahrnehmen, die von den Umrissen des Objektes abprallen. Auf diese Weise wird ein Bild des Objektes im Kopf der Person erschaffen, die es gesehen hat.

Dem Modell folgend erkunden Berater und Klient das Umfeld. Zunächst werden sie fortfahren, visuelle Wahrnehmung zu erkunden, indem vielleicht Objekte der realen Welt angeschaut werden und der Berater den Klienten dazu ermutigt zu beschreiben, was er gesehen hat. Später wird der Berater die Diskussion um die Beschäftigung mit den anderen Sinnen erweitern – hören, fühlen, schmecken und riechen. Der Berater kann Spiele oder Puzzle einbringen, die auf diesen Sinnen basieren; er kann zum Beispiel vorschlagen, dass der Klient versucht, ein Objekt mit verbundenen Augen oder ein verdecktes Objekt zu erraten. Kann er eine Orange am Geruch erkennen? Einen Stift an seiner Form und Beschaffenheit? Kann er herausfinden, was verschiedene Geräusche in seiner Umgebung verursacht? Dieser Teil des Programms kann viel Spaß machen.

Wie bei den anderen Schritten der Begriffsbeherrschung wird die Erkundung des Begriffes mit dem Erschaffen eines zweiten einfachsten Modells beendet.

Diese Phase des Programms kann eine Offenbarung sein. Im Kern ist Autismus die Manifestation einer Abweichung in der Art, wie das Gehirn Wahrnehmungsinput verarbeitet und interpretiert. Der Autist nimmt die Welt schlicht anders wahr und erlebt sie anders als sein nicht-autistisches Gegenüber. Es ist möglich, dass er eine hyperakute Empfindlichkeit gegenüber Geräuschen, Licht, Gerüchen, Geschmacksrichtungen oder taktilen Empfindungen hat. Weil er unfähig ist, verwirrende Empfindungen herauszufiltern und das Bombardement von Empfindungsinput zu integrieren oder in Einklang zu bringen, kämpft sich der Autist durch Abneigung und Vermeidung. Er kann auch Bereiche unterdurchschnittlicher Empfindlichkeit haben – Umstände und Situationen, in denen er sinnliche Unterscheidungen schlicht nicht bemerkt oder wahrnimmt, die für die meisten anderen in seiner Lage offensichtlich wären. In einigen Fällen erlebt der Autist auch ungewöhnliche oder seltene Reaktionen auf Sinnesreize, wie etwa Synästhesie.[57]

Die Davis-Orientierung stellt sowohl einen Mechanismus zur Verfügung, mit dem die Person die Sinnesreize integrieren und in Einklang bringen kann, als auch ein Werkzeug, um Konsistenz und Richtigkeit der Wahrnehmung zu fördern. Wenn der Klient bei der zweiten Konstruktion angekommen ist, hat sich seine Wahrnehmungswelt wahrscheinlich dahingehend verschoben, dass er die Orientierung für einen wesentlichen Teil seiner Wachstunden aufrechterhält. Aber die Orientierungswerkzeuge können die Geschichte nicht ungeschehen machen und es können Wahrnehmungslücken

---

[57] Synästhesie ist eine Vermengung und Vermischung von Sinneseindrücken wie das Sehen von Farben in Verbindung mit bestimmten Musiknoten. Daniel Tammet, ein hochfunktionaler autistischer Savant und Autor der Erinnerungen *Born on a Blue Day* (New York: Free Press, 2007), verbindet die Wochentage mit bestimmten Farben, und Zahlen und Wörter mit bestimmten Formen und Mustern. Seine Synästhesie hat zu seinem außerordentlichen Gedächtnis und seiner mathematischen Fähigkeit beigetragen. Er hat einen Rekord aufgestellt, weil er die Zahlen von *Pi* aus dem Kopf bis über 20.000 Stellen hinter dem Komma aufsagen kann; er hat auch eine erstaunliche Fähigkeit, neue Sprachen aufzunehmen, welche er seinem Können zurechnet, sich an die Formen neuer Wörter zu erinnern. Es wird berichtet, dass 15 % der Synästheten im ersten Grad der Familie Autismus, Legasthenie oder ADHS haben. Vgl. Richard E. Cytiwic, „Synesthesia: Phenomology and Neuropsychology", *Psyche* 2, Nr. 1, 1995.

oder Verwirrungsbereiche auftreten, die im Laufe des Knetens oder der Erkundung des Umfeldes entdeckt und angesprochen werden.

Davis-Beraterin Elizabeth Shier beispielsweise entdeckte eine erhebliche Hörungenauigkeit bei einem Klienten, Michael, obwohl sie vorher täglich mit ihm die auditive Orientierung gemacht hatte. Sie erzählt:

> *Wir machten Umwelterkundungen in der Küche. Ich hatte Zitronensaft warm gemacht, weil Michael wissen wollte, ob er warm saurer war (war er!). Ich fragte ihn, welches Geräusch die Mikrowelle macht. Ich war sehr erstaunt, als er sagte: „brummen". Tatsächlich hatte sie gepiept. Das führte uns zum Klavier, um ein einfaches Kopierspiel zu machen. Zuerst war Michael völlig unfähig, auch nur ein Zweitonmuster nachzuspielen, aber mit viel Lachen gelang es ihm. Das hat seine Hörfertigkeiten auch zuhause in hohem Maße verbessert.*

Ein anderer Klient entschied sich dafür, den gesamten Körper eines Krokodils als erste Darstellung von *Wahrnehmung* zu machen. Für seine Gedankenblase machte er ein Modell, das nur den Kopf des Krokodils darstellte, mit einem großen, geöffneten Maul und langen, scharfen Zähnen. Nach einem ausgedehnten Diskurs führte Beraterin Marcia Maust ihn zu der Entdeckung, dass der Inhalt der Gedankenblase und das Objekt der realen Welt im orientierten Zustand übereinstimmen sollten. Auf einmal lächelte er und sagte: „Ich hab's! Deshalb haben mein ganzes Leben lang immer alle gesagt, dass ich die Dinge nicht wie sie sehe!"[58]

---

[58] Ein fehlendes Verstehen der Idee, dass die Wahrnehmung mit der Realität übereinstimmen soll, kann auch die Schwierigkeiten erklären, die autistische Kinder typischerweise mit False-Belief-Tests haben. Vgl. Henry M. Wellman, David Cross und Julanne Watson, „Meta-Analysis of Theory-of-Mind Development: The Truth about False Belief", in: *Child Development* 72, Nr. 3 (2001), S. 655-684, und Simon Baron-Cohen, „Out of Sight or Out of Mind? Another Look at Deception in Autism", in: *Journal of Child Psychology and*

Elizabeth Shier hatte ein ähnliches Gespräch mit einem kleinen Mädchen, das ein Modell von zwei kleinen sitzenden Mäusen machte und in der Denkblase von zwei kleinen liegenden Mäusen. Mit Mühe sah das Kind ein, dass beide Teile übereinstimmen müssen. In der Vergangenheit hatte das Kind so viele Situationen aus der Schule inakkurat beschrieben, dass die Schule es nicht länger erlaubte, dass es sich mit nur einem Lehrer im Raum aufhielt. Nach dem Programm berichtete seine Mutter von einer Veränderung im Verhalten. Das Kind war nicht länger ungenau oder verwirrt, wenn vergangene Ereignisse besprochen wurden, weil seine Wahrnehmungen nun in der Realität verankert waren.

Beraterin Alma Holden gibt ein anderes Beispiel. Als sie draußen mit ihrem Klienten die Umwelt erkundete, stolperte sie über einen Ast auf dem Boden. Ihr 12-jähriger Klient lachte und fragte dann: „Ist deine Wahrnehmung gut?" Das öffnete die Tür zu einer Diskussion, in der die Idee von korrekter und inkorrekter Wahrnehmung geklärt wurde und diese Ideen mit Konsequenz in Verbindung gebracht wurden und den Begriff zementierten. Die Idee, dass innere Wahrnehmungen die äußere, reale Welt widerspiegeln, kann tiefgreifend für eine Person sein, die lange Zeit ihres Lebens in einem Gefühl des Chaos versunken war.

Psychiatry 33, Nr. 7 (1992), S. 1141-1155. Normalerweise werden False-Belief-Tests benutzt, um „Theory of Mind" zu beurteilen, indem die Fähigkeit des Subjekts getestet wird, den mentalen Glauben von jemandem zu erschließen, der getäuscht wird. Um den Test zu bestehen, ist nach den Forschern das Verstehen erforderlich, dass eine dritte Person Gedanken haben kann, die von der Realität abweichen und sich von dem Wissen, das die Testperson hat, unterscheiden. Es ist aber auch möglich, dass einige Personen bei dem Test die falsche Antwort geben, weil sie ihren eigenen Denkprozess im Kern missverstehen und Denken und Realität auseinanderklaffen.

Denken – mentale Aktivität

Der nächste Basisbegriff ist *Denken* und wird als „mentale Aktivität" definiert. An diesem Punkt kommt der Klient auf eine Idee zurück, die schon beim vorangegangenen Modell von *Denken* als Aspekt von *Selbst* angeregt wurde, wo die Darstellung von Gedanken in einer Knetblase erstmals eingeführt wurde. Die Definition von Denken war „Denkprozess", und sowohl diese Definition als auch das ursprüngliche Modell haben den Inhalt „Denken" als Gedanken mit Hilfe kleiner Knetstückchen innerhalb der Gedankenblase eingebaut.

Die Gedankenblase aus Knete wurde bereits im Modell für Wahrnehmung aufgegriffen – der Klient hat hier also wiederum ein Knetmodell erschaffen und verstanden, das mentale Aktivität darstellt. Das Modell *Denken* sollte also einfach sein; im Dialog leitet der Berater den Klienten an zu erkennen, dass „Denken" sich auf das Objekt innerhalb der Gedankenblase des einfachen Modells von Wahrnehmung bezieht.

Trotzdem wird an dieser Stelle ein tieferes Verständnis während der Erkundung im Umfeld erreicht. Der Berater führt die Idee von zielgerichtetem Denken ein – einem Denken, das Einfluss auf die äußere Welt hat. Diese Idee erwächst aus dem Begriff „Denken" als bloße Reflektion von Wahrnehmung, führt aber zu dem Begriff „Denken" als Lernprozess – als das Erlangen von Wissen, Können und Verstehen hinsichtlich der äußeren Welt und dem eigenen Platz darin. Während das Wort „Denken" sich auch auf imaginative oder frei fließende Gedanken – von der Sorte Tagtraum – beziehen kann, wird der Begriff nun als Vorläufer für eine Reihe von fortgeschrittenen Begriffen untersucht, die alle Formen des Lernens umfassen.

Denken

Der Berater leitet den Klienten behutsam an, „Denken" als ein Vehikel zum Infragestellen und Vermuten zu begreifen, indem sie Spiele spielen, in denen der Klient Dinge beobachtet und dann sagt, was er denkt. Der Berater kann das Spiel beginnen, indem er etwa sagt: „Ich sehe ein Kind einen Ball aufheben – ich denke, es wird ihn werfen." Der Klient wird ermutigt, seine eigenen Beobachtungen zu machen und seine eigenen Ideen anzubicten. Während das Modell für Wahrnehmung nur passive Gedanken darstellte, die aus reiner Beobachtung resultierten, lenkt der Berater den Klienten nun in Richtung mentaler Aktivität. Während „Denken" zunächst benutzt werden konnte, um die interne mentale Welt des Autismus zu bezeichnen, kann der Klient nun „Denken" – die Aktivität seines eigenen Verstandes – als ein Instrument ansehen, um Einsicht zu erlangen und die äußere Welt zu verstehen.

Die Gedankenspiele, die der Berater aussucht, untermauern auch die Begriffe der ersten Konstruktion von *Folge, vorher und nachher, Ursache und Wirkung.* Zu beobachten und darüber zu spekulieren, was als Nächstes passieren wird – oder vielleicht was vorher passiert ist –, bedeutet, die Regeln, nach der die externe Welt funktioniert, in die innere mentale Welt zu bringen. Auf diese Weise helfen das Modell *Denken* und die Übungen dabei, die zwei Bereiche der physischen und der mentalen Welt zu integrieren. Der Klient lernt, in linearer und logischer Weise zu denken.

Erfahrung – verändert leben

Der dritte Basisbegriff, der geknetet werden soll, ist *Erfahrung.* Er bündelt die zwei Begriffe, die vorher modelliert wurden (*Wahrnehmung* und *Denken*). Dieses Modell verknüpft auch die zweite mit der ersten Konstruktion, weil es die Begriffe, die von der Wurzel *Veränderung* kommen, mit denen, die von *bestehen bleiben* abstammen, verbindet.

Wenn der Klient die Begriffe *Wahrnehmung* und *Denken* beherrscht, fließt der nächste Begriff natürlich: *Erfahrung* ist das, was dem *Selbst* geschieht als Folge davon, dass *Selbst* eine Wahrnehmung hat, die als Denken registriert wird. Die *Veränderung* ist das, was auch immer bei dem Denkprozess herauskommt; auf der einfachsten Ebene hat *Selbst* nun eine Erinnerung an vergangene Ereignisse. Abhängig von der Natur des Denkens kann *Selbst* sich auch auf andere Weise verändern. Nachdem es beispielsweise eine neue Geschmacksrichtung Eiskrem probiert hat, kann *Selbst* seine Meinung darüber ändern, welche Sorte Eiskrem es am liebsten mag.

Erfahrung

Das einfachste Modell kann schlicht ein *Selbst* entlang eines Zeitkontinuums abbilden, das den Gedanken beibehält, nachdem der Wahrnehmungsreiz vorbei ist. Der Berater wird den Klienten anleiten und den Begriff festigen, indem er ihn an Aktivitäten beteiligt, die Erfahrungen schaffen, welche der Klient dann beschreiben soll.

Der Berater macht dann mit der Erkundung der drei verschiedenen Typen von Erfahrung weiter: in der Rolle des Beobachters, am Ort der Ursache und am Ort der Wirkung. Diese drei Rollen wurden am Anfang der Knetarbeit bei der ersten Konstruktion eingeführt, als Teil des Beherrschungsprozesses. Die Aufgabe zu diesem Zeitpunkt ist es, dem Klienten einen Namen für jeden dieser Erfahrungstypen anzubieten. Davis hat für die drei Begriffe folgende Bezeichnungen ausgewählt: *Verstehen* (wenn wir beobachten), *Wissen* (wenn wir eine Wirkung erfahren) und *Können* (wenn wir etwas verursachen).

Weil diese drei Begriffe verschiedene Aspekte des weiten Begriffs *Erfahrung* repräsentieren, können Berater und Klient mit dem bereits erschaffenen Modell arbeiten, indem sie einfach darüber sprechen, was genau in dem Modell passiert, kleine Änderungen

vornehmen und nach Bedarf dominante Pfeile setzen, um zu verdeutlichen, welches Wort zu welchem Aspekt des Modells gehört.

Verstehen: Erfahrung, gewonnen dadurch, etwas zu
beobachten.
(*Selbst* ist in der Mitte, beobachtet den Ball.)

Wissen: Erfahrung, gewonnen dadurch, Empfänger
einer Wirkung zu sein.
(Der Ball trifft *Selbst*.)

Können: Erfahrung, gewonnen dadurch, etwas zu
verursachen.
(*Selbst* hat die Lage des Balls beeinflusst.)

Natürlich wird das Kneten wieder von Aktivitäten und Erkundungen unterstützt, die jeden Erfahrungstyp untermauern und die
Aufmerksamkeit des Klienten darauf lenken. Jede mögliche Erfahrung passt zumindest in eine dieser Kategorien – deshalb gibt es
keine Grenzen bezüglich der Aktivitäten, die der Berater und der
Klient zusammen unternehmen können.

Wissen

Die benutzten Wörter – Erfahrung, Verstehen, Wissen, Können –
sind nicht neu. Sie waren ein wesentlicher Bestandteil des gesprochenen Satzes, mit dem das Knetmodell von Selbst identifiziert
wurde: „Du stehst für mich. Du stehst für jede Erfahrung, die ‚ich'

jemals gemacht habe, für alles Wissen, alles Können und alles Verstehen." Mit der Beherrschung dieser Begriffe ist der Klient nun fähig, die Bedeutung dieser Wörter vollständig zu erfassen, und er ist sich bewusst, dass „ich" Erfahrungen mit einschließt, die auf Wissen, Können und Verstehen aufbauen. So werden die erlernten Begriffe in die Identität des Klienten integriert.

Nun ist die zweite Konstruktion abgeschlossen.

Kapitel 9

Die dritte Konstruktion:
Die Wichtigkeit des Begriffs Emotion

Die dritte Konstruktion basiert auf dem Wurzelbegriff *Energie* und ermöglicht eine ausführliche Erkundung von *Lebenskraft*, dem dritten Aspekt von *Selbst*. Sie stellt die Inhalte zur Verfügung, mit denen die beiden Konstruktionen, die auf den Begriffen *Veränderung* und *bestehen bleiben* basieren, zusammengeführt werden, um dem Klienten das wachsende Gefühl eines sinnhaften Lebens zu geben. Sie unterscheidet sich von den anderen Konstruktionen insofern, als dass sie, statt auf leicht zu beobachtende Zustände der physischen Welt aufzubauen – Ideen wie *Veränderung* und *bestehen bleiben* –, von einem eher abstrakten Begriff abstammt und zu einer Erkundung der internen Welt der *Gefühle* fortschreitet. Diese Erkundung ist notwendig, um dem Klienten ein Gefühl von Ganzheit zu ermöglichen, auch wenn die hier zu erkundenden Begriffe vielleicht für den außenstehenden Beobachter oder Helfer nicht so intuitiv zu erfassen sind. Die Begriffe werden mit gewöhnlichen und normalen Worten bezeichnet, aber die gegebenen Definitionen sind speziell auf die Aufgaben und Ziele der Konstruktion abgestimmt.

Die Grundlagen des Begriffs Emotion

„Emotion" ist der erste von vier Basisbegriffen, der innerhalb der dritten Konstruktion erkundet wird. Das heißt, er liegt auf der dritten Stufe der Pyramide aus Wurzel-, Grund- und Basisbegriffen und beruht auf dem Wissen, das aus der Erfahrung eines Wurzelbegriffes resultiert.

Das Wort *Emotion* stammt vom lateinischen Wort für Bewegung ab; wörtlich heißt es: „herausbewegen". Davis definiert *Emotion* als „Energie, die im Selbst hergestellt wird" – das heißt der Antrieb im

Selbst, der zu Bewegung führt. Mit dieser Definition wird der Begriff Emotion zur Brücke für die anderen Basisbegriffe – *wollen, brauchen* und *Absicht* –, welche die inneren Gefühle sind, die Menschen zu Handlungen antreiben. Dies sind Begriffe, die die autistische Person unbedingt begreifen und beherrschen sollte, sowohl für ihre eigene individuelle Entwicklung als auch als Grundlage, um das Verhalten Anderer antizipieren und verstehen zu können.

Trotz der Herkunft des Wortes definieren die meisten Wörterbücher „Emotion" bezogen auf Gefühle, wie „any of the feelings of joy, sorrow, fear, hate, love, etc." [59] [jegliches Gefühl wie Freude, Leid, Angst, Hass, Liebe etc.]. Doch diese Definition ist bloß beschreibend – sie führt nicht zum Verstehen des Ursprungs von Emotion oder des Wertes, den Emotion in unserem Leben und Sein hat.

Beraterin Gabriela Scholter gibt diese Geschichte eines jungen Mannes wieder, den ich Kurt nennen werde: „Ich habe gerade einen 15-jährigen Jungen getroffen, der der Beste in seiner Klasse ist, in jedem Fach inklusive Sport, und autistisch. Er kann sprechen, wenn er will, aber seine andauernde Frage ist: ‚Und wofür soll das gut sein?' Ob wir rausgehen, einen Kuchen backen oder was auch immer – wenn es nicht schulbezogen ist, muss er wissen, wozu das gut ist. Es ist, als ob das Einzige, was in seinem Leben Sinn macht, Schule ist." Man kann annehmen, dass der junge Mann nicht zufrieden wäre, wenn die Antwort auf seine Frage lediglich wäre: „Weil es Spaß macht" oder „Es macht uns Vergnügen."

Ray Davis hat mit einem neunjährigen Jungen gearbeitet, der ein ziemlicher Experte in allem war, was mit den unterschiedlichen Marken und Modellen von Autos zu tun hatte. Nachdem er den Begriff *Veränderung* geknetet hatte, ging Ray mit dem kleinen Brandon raus, um das Umfeld zu erkunden. Plötzlich fing der Junge an zu lachen – ein tiefes, herzliches, dröhnendes Lachen. Ray fragte, was so witzig war. Kaum in der Lage, sein Lachen zu kontrollieren, zeig-

---

[59] Siehe URL: dictionary.reference.com/browse/emotion (Stand: 23. September 2011).

te Brandon auf ein Auto und stammelte: „Honda-Reifen auf einem Toyota!"

Ray lachte auch und fragte Brandon dann, was sein Lieblingsauto war. Der Junge konnte nicht antworten – er starrte Ray nur verwirrt an. Der Intellekt des Jungen hatte ihm erlaubt, augenblicklich einen Satz nicht passender Radkappen zu entdecken, und er war völlig in der Lage, ein Gefühl der Belustigung zu empfinden, welches durch sein Lachen ausgedrückt wurde. Aber er hatte die Idee nicht integriert, dass seine Emotionen zu einer Meinung führen konnten – er konnte seine eigenen Gefühle nicht nutzen, um seine Entscheidungen und Handlungen zu lenken.

Sowohl Brandon als auch Kurt waren in der Lage, ihren Intellekt zu benutzen, um etwas über Themen zu lernen, die sie interessierten. Auch wurden sie innerlich von den positiven Gefühlen angetrieben, die sie mit ihren jeweiligen Interessen und Leistungen assoziierten, aber sie konnten diese Interessen nicht als von ihren inneren Gefühlen angetrieben erkennen oder verstehen. Stattdessen sahen sie ihre Interessen wahrscheinlich von äußeren Faktoren der wichtigen realen Welt angetrieben. Brandon dachte, Autos seien objektiv wichtig; Kurt legte vergleichbaren Wert auf seine Leistungen in der Schule und beim Sport.

Um die Ziele des Autismus-Programms zu erreichen, muss der Klient lernen, dass „Emotion" eine innere antreibende Kraft ist. Menschen entscheiden sich dazu, aktiv zu handeln, um ihre Bedürfnisse zu befriedigen, und ihre Bedürfnisse werden von innerer Emotion angetrieben. Wir wollen, was uns glücklich macht oder unsere persönlichen langfristigen Ziele unterstützt. Der autistische Klient muss verstehen, dass das innere Bedürfnis von Emotion angetrieben wird.

Auch wenn es durchaus möglich ist, dass eine Person detaillierte rationale Erklärungen dafür liefern kann, warum sie auf eine bestimmte Art handelt, wird ihr tatsächliches Verhalten letztendlich von Emotionen gelenkt. Einfach nur zu wissen, dass etwas wichtig oder wertvoll ist, reicht nicht, wenn man mit dem Herz nicht bei der Sache ist.

Weil Davis „Emotion" als „Energie, die im Selbst hergestellt wird", definiert, muss der Wurzelbegriff „Energie" verstanden werden. Deshalb ist *Energie* – etwas Unsichtbares, das in der Natur existiert – der dritte Wurzelbegriff, der beherrscht werden soll.

Und weil „Emotion" eigentlich natürlich vorkommenden inneren Gefühlen entstammt, ist es wichtig, die Entstehung dieser Gefühle zu erkunden. Dies geschieht zu Beginn mit dem Kneten des Begriffes *Drang*. Die Reihenfolge für die dritte Konstruktion ist, zuerst *Drang* zu modellieren, dann *Energie* und dann *Kraft*, alles als Vorbereitung auf den Grundbegriff *Emotion*.

Drang – der instinktive Wunsch, nach Angenehmem zu streben und Schmerz zu meiden

Die dritte Konstruktion beginnt mit einem Modell des Begriffes *Drang*. *Drang* ist kein Wurzelbegriff, sondern vielmehr die Untermauerung der zu erkundenden Begriffe. Die Basisbegriffe sind Naturgesetze, Ideen, die Konstanten in der äußeren Welt repräsentieren. Weil die Begriffe Bezeichnungen für Zustände sind, die vorkommen, ohne gesehen oder wahrgenommen zu werden, versteht eine autistische Person normalerweise wenig davon, bis der Wurzelbegriff mit dem Berater erkundet wird.

Ein *Drang* ist andererseits ein inneres Gefühl, das der Klient sehr gut kennt, auch wenn er ihm vielleicht keinen Namen gegeben hat oder nicht auf die Idee kam, eine Sorte Drang mit einer anderen in Beziehung zu setzen. Der Drang ist Teil unserer genetischen Programmierung – es ist der innere Antrieb, der für das Überleben eines jeden Lebewesens notwendig ist, weil es uns dazu bringt, Nahrung und Schutz zu suchen und physischen Schaden zu vermeiden.

Drang liefert die Energie, die unser Überleben steuert und uns befähigt, Emotionen zu erfahren. Der *Drang* ist der Ausgangspunkt für die *Lebenskraft*.

Weil *Drang* keine neue Entdeckung für den autistischen Klienten darstellt, sondern vielmehr ein Name ist, der einen bekannten Teil seiner Erfahrung definiert, geht der Knetprozess relativ schnell. Der Berater bespricht die Idee mit dem Klienten und führt durch das Erstellen eines Modells.

Drang

Mit diesem Modell werden zwei Ergänzungen der Knetsprache vorgenommen: die Gefühlsblase und das Miniaturmodell von Selbst. Die Gefühlsblase wird dazu benutzt, etwas darzustellen, was innerhalb des *Selbst* stattfindet: das *Gefühl*, welches das geknetete Bild begleitet. Das Ende der Knetschlange wird auf der Brust des Modells von *Selbst* befestigt, nicht an seinem Kopf, um deutlich zu machen, dass es ein Gefühl repräsentiert oder Emotion, und nicht Denken.

Während der Klient die dritte Konstruktion durchläuft, werden seine Modelle zusehends eine wachsende Zahl kleiner Modelle von *Selbst* enthalten. Diese repräsentieren das Selbst innerhalb von Gedanken und Gefühlen. Die geringere Größe hilft, die Teile des Modells, die die „physikalisch reale" Form haben, von den Teilen zu unterscheiden, die gedacht oder gefühlt werden. Weil die Modelle immer komplexer werden, ist es auch aus praktischen Gründen leichter, sie zu handhaben, wenn die zusätzlichen Teile des Modells so klein wie möglich gehalten werden.

Wie andere Modelle der einfachsten Form basiert das Modell *Drang* auf einfachen Knetbällen, die eine größere Idee repräsentieren. Im Modell *Drang* kann ein Knetball am Fuß eines kleinen Selbst

„Schmerz" repräsentieren (den Ball wollen, aber nicht haben); und ein Knetball in den Händen eines zweiten kleinen Selbst kann „Freude" repräsentieren (den ersehnten Ball in den Händen halten). Ein Pfeil vom „Schmerz" hin zum „Freude"-Szenario zeigt, dass *Drang* das Verlangen ist, die freudige Erfahrung anzustreben.

Der Wurzelbegriff: Energie (Möglichkeit, etwas zu beeinflussen)

Der dritte Wurzelbegriff ist *Energie*, den Davis als „Möglichkeit, etwas zu beeinflussen" beschreibt. Das ist eine anspruchsvolle Definition des Begriffs, die vielleicht dem Ingenieurhintergrund von

Energie

Davis zu verdanken ist. Die meisten Wörterbücher oder Schultexte definieren „Energie" bezogen auf das Ergebnis ihres Einflusses – zum Beispiel als etwas, das Hitze erzeugt (thermisch) oder physische Aktivität antreibt (mechanisch). Aber diese Definitionen werden aus der Wirkung von Energie abgeleitet, nicht aus Energie an sich, und die Definitionen variieren abhängig vom Kontext. Ein *Wurzel*begriff ist einfach, aus der Natur entnommen – seine Definition muss genauso einfach und auf Energie in allen ihren Formen anwendbar sein.

Der Ingenieur David Watson erklärt Energie als „the ability to make something happen"[60] [die Fähigkeit, etwas geschehen zu lassen], was sehr dicht an der Davis-Definition ist. Da Energie existiert,

---

[60] David Watson ist der Gründer der Bildungswebsite „FT Exploring Science and Technology". Die obige Definition findet sich in: www.ftexploring.com/energy/definition.html (Stand 20. September 2011). Eine alternative Aussage, „Energy is that ‚certain something' inside stuff [...] that makes everything happen" [Energie ist das ‚gewisse Etwas' in Dingen [...], das alles passieren lässt], wird getroffen in: www.ftexploring.com/energy/energy-1.html (Stand: 20. September 2011).

egal ob sie aktiviert oder verwirklicht wird, definiert Davis sie als „potentiell".[61] In jeder Form hat Energie das Potential, Veränderung zu bewirken – das ist mit dem Wort „beeinflussen" gemeint. Wegen dieses Potentials schafft Energie eine Verbindung zwischen den anderen Wurzelbegriffen „Veränderung" und „bestehen bleiben". Anders gesagt, damit es „Veränderung" geben kann, muss auch Energie vorhanden sein.

Eine Person kann Energie an sich nicht sehen, fühlen oder beobachten; die Person kann nur die Veränderung beobachten, die aus der Freisetzung oder Umwandlung von Energie entsteht. Der Davis-Berater kann einem Klienten den Begriff mit einer einfachen Demonstration kinetischer Energie erklären, indem er einen Knetball über den Tisch hält und ihn dann fallen lässt. Natürlich wird der Knetball mit einem Schlag auf dem Tisch landen und der runde Ball wird ein bisschen platt gedrückt, wenn er landet. *Energie* ist, was in dem Ball ist, bevor er landet – während er im Flug ist und sich bewegt. Wenn der Ball den Tisch trifft, wird die Energie umgewandelt in *Kraft* – aber bis zu dem Moment, in dem der fliegende Ball mit einem starren Objekt (dem Tisch) in Kontakt kommt, bleibt die *Energie* unsichtbar. In diesem Kontext ist *Energie* nicht die Bewegung des Balles (etwas, das man sehen kann), sondern die in dem fallenden Ball enthaltene Fähigkeit, ein Geräusch zu verursachen und seine Form zu ändern, wenn er mit dem Tisch in Kontakt kommt. Diese Fähigkeit wurde im Ball selbst hergestellt, als Konsequenz der Bewegung – aber ihre Wirkung war bis zum Moment des Aufpralls auf den Tisch reine Potentialität innerhalb des Balles.

---

[61] Davis' Gebrauch des Wortes „potentiell" hat nichts mit dem wissenschaftlichen Begriff „Energiepotential" zu tun, mit dem die Energie in einem unbeweglichen Objekt von „kinetischer Energie" unterschieden wird. Vielmehr benutzt Davis das Wort „potentiell" in seiner normalen Bedeutung, um die Möglichkeit zu reflektieren, dass etwas vielleicht nicht geschieht. Davis benutzt das Wort „Fähigkeit" nicht in der Energiedefinition, weil das Wort „Fähigkeit" seine eigene spezielle Bedeutung als Begriff der vierten Ebene hat.

Nach dem Kneten des Modells kann die Idee von Energie im Umfeld erkundet werden, indem Objekte in Bewegung gebracht werden, etwa eine Murmel rollen, einen Wasserhahn aufdrehen. Dies ist jeweils nur eine Art von Energie – kinetische Energie, die als Konsequenz von Bewegung erzeugt wird –, aber sie reicht für die Zwecke der Begriffsbeherrschung aus.[62] Dieser Teil des Davis-Programms wäre ein guter Einstieg in ein Physikstudium, aber das ist nicht das Ziel der Identitätsentwicklung. In diesem Kontext muss *Energie* nur in dem Maße verstanden werden, in dem sie menschliches Verhalten betrifft.

Der Grundbegriff: Kraft (angewandte Energie)

Der Grundbegriff für Energie ist Kraft, die Davis einfach als „angewandte Energie" definiert. Ein Grundbegriff ist ein Begriff, der die

Kraft

Art und Weise ausdrückt, in der wir den unsichtbaren Wurzelbegriff als Menschen erleben. Im Fall von Energie liegt die Basis so dicht an der Wurzel, dass es schwierig ist, die beiden mental zu trennen. Deshalb muss die Demonstration von Energie mit dem fallenden Ball auch eine Demonstration von Kraft beinhalten, mit der Wirkung, dass der Ball den Tisch trifft.

Mit anderen Worten, es ist nötig, den Inhalt von Kraft mit einzubeziehen, um zu erklären, was Energie bewirkt. *Kraft* ist das Ergeb-

---

[62] In der Physik wird Energie kategorisiert als entweder existent in einem Objekt, das sich bewegt (kinetisch), oder in einem Objekt, das still steht (potentiell). Energie kann auch hinsichtlich der Art, in der sie zum Ausdruck gebracht wird, kategorisiert werden (chemisch, mechanisch, elektrisch, thermisch etc.). Diese Unterschiede sind nicht relevant für das Verstehen des Wurzelbegriffs. Davis' Benutzen kinetischer Energie in dem Modell und beim Erkunden des Umfelds ist einfach ein Beispiel von Energie, das am einfachsten zu zeigen und dazustellen ist.

nis von umgewandelter Energie. Im Falle unseres Modells kinetischer Energie geschieht die Umwandlung beim Aufprall auf ein anderes Objekt. Das Knetmodell von *Kraft* muss den Aufprall und die daraus resultierende Veränderung zeigen. Weil das Ziel Identitätsentwicklung ist, wird dies mit dem *Selbst* am Punkt der Auswirkung modelliert, mit dem Modell eines rollenden Balls, der das Selbst trifft. Ohne das *Selbst*-beinhaltende Modell liefe man Gefahr, dass der autistische Klient zwar die Idee von Kraft verstehen würde, sie aber nicht in seine Identität integrieren könnte. In unserem Fall wird Selbst an den Punkt der Wirkung gesetzt, um die Grundlage für die nächsten Begriffe zu schaffen, die geknetet werden und die sich darauf beziehen, wie *Selbst* auf intern hergestellte Energie reagiert.

Das Kneten von *Kraft* verknüpft die Energiekonstruktion auch mit der ursprünglichen Idee von *Lebenskraft*. Während dieses Konzept womöglich zunächst so verstanden wurde, dass es etwas Rätselhaftem oder Magischem entstammt, wird *Lebenskraft* nun, mit den Modellen von Energie/Kraft, zu einem Begriff, der seinen eigenen natürlichen Regeln folgt. Das heißt, Lebenskraft ist die Art, in der Lebensenergie ausgedrückt wird. Da das Wort *Lebenskraft* definiert ist als gebunden an einen *Drang*, verbindet es also auch den Begriff *Drang* mit Energie und Emotion.

Die Erkundungen von *Kraft* im Umfeld machen Spaß, weil der Berater den Klienten anleiten kann, *Kraft* in verschiedenen Kontexten zu benutzen und anzuwenden, etwa einen Turm aus Bauklötzen umzustürzen, die Kettenreaktion von fallenden Dominosteinen auszulösen oder einen Ball gegen eine Wand zu werfen. Das Ziel dieser Übung ist es, fähig zu sein, den Punkt der Auswirkung zu identifizieren, an dem Energie in Kraft umgewandelt wird.

Die Basisbegriffe: Emotion, wollen, brauchen, Absicht

Die dritte Konstruktion wird mit dem Kneten von vier Begriffen vollendet, die zusammengenommen die Bedeutung für den letzten Satz im Skript liefern, der zu dem Modell von *Selbst* gehört: „Du bist ... mein Drang, der und das zu sein, was ich bin." Basisbegriffe sind Ideen, die Wissen widerspiegeln, welches aus der Erfahrung des Wurzelbegriffs erlangt wurde. Der dritte Wurzelbegriff ist *Energie*, aber das Kneten beginnt mit dem Begriff *Drang*, weil sich die Konstruktion darauf konzentriert, wie menschliche Energie kombiniert mit Drang in Handlung und Verhalten umgewandelt wird.

Die vier Basisbegriffe, die von *Energie* abgeleitet werden, sind eng miteinander verknüpft und können im gleichen Modell dargestellt werden, welches nach Bedarf durch das Hinzufügen neuer Elemente erweitert werden kann.

Emotion – Energie, die im Selbst hergestellt wird

Ziel der Davis-Begriffsbeherrschung ist es, eine Reihe von *Begriffen* oder abstrakten Inhalten einzuführen und zu erkunden, und nicht eine Reihe von Wörterbuchdefinitionen zu lernen. In vielen Fällen gleicht die Davis-Definition sehr der Wörterbuchdefinition, aber für einige Begriffe muss ein Wort ausgewählt werden, um zu einem Inhalt zu passen, der nicht einfach mit einem einzigen Wort dargestellt werden kann. Davis hat sich entschieden, normale Wörter mit neuen Inhalten zu korrelieren, statt zu versuchen, neue Wörter zu erfinden, die passen. *Emotion* ist eines dieser Wörter.

Für die Zwecke des Autismus-Programms definiert Davis Emotion als s e l b s t   h e r g e s t e l l t e   E n e r g i e. Das bedeutet nicht, dass Davis den normalen Sinn des Wortes, nämlich das Repräsentieren eines Gefühls wie Freude oder Trauer, ignoriert oder ablehnt.[63]

---

[63] Dictionary.com bietet folgende Definition von Emotion an: „an affective state of consciousness in which joy, sorrow, fear, hate, or the like, is experienced, as distinguished from cognitive and volitional states of consciousness" [ein Affektzustand des Bewusstseins, in dem Freude, Trauer, Hass oder Ähnliches

Vielmehr bindet er diesen Sinn mit ein und geht gleichzeitig über diese Definition hinaus, um die psychologische und physiologische Funktion zu verdeutlichen, der Emotionen dienen. Davis beantwortet die Frage, die der 15-jährige Kurt bei jeder neuen Handlung stellt: *Wozu soll das gut sein?*

Eine durchgängige Charakteristik von Autismus ist die andersartige Art und Weise, wie Emotionen verarbeitet und verstanden werden. Autisten erleben die volle Bandbreite an Emotionen, aber die Auslöser und Intensitätslevel bestimmter Gefühle unterscheiden sich von den üblichen Reaktionen neurotypischer Menschen. Diese Abweichungen sind die Gründe für das Gefühl von Isolation und für die Schwierigkeiten mit sozialen Beziehungen, die Teil der autistischen Erfahrung sind.

Unglücklicherweise ist sich der Autist eher der negativen Gefühle bewusst, wie dem überwältigenden Gefühl der Wut oder Angst, welches einen Zusammenbruch auslöst. Der Autor Eric Chen listet folgende Emotionen auf, die Teil seiner Erfahrung beim Heranwachsen waren: *Verwirrung, Schock, Verzweiflung, Frustration, Feindseligkeit, Einsamkeit, Depression.*[64] Wenn ein Autist positive Gefühle erlebt, wie Zufriedenheit oder Erfüllung, sind sie mit Handlungen, Gewohnheiten oder Neigungen verbunden, die von der Gesellschaft im Großen und Ganzen mit Missbilligung betrachtet werden, wie etwa Flatterhände oder andere autistische Angewohnheiten. Lornas Klient Max trug immer eine Plastikgabel und ein Holzstäbchen mit sich herum – es gab ihm das Gefühl von Aufgehobensein, mit diesen Objekten in den Händen herumzuwedeln. Doch seine selbstberuhigende Gewohnheit verursachte bei neurotypischen Beobachtern wahrscheinlich den gegenteiligen Effekt, die

---

erfahren wird, im Unterschied zu kognitiven oder willensmäßigen Zuständen des Bewußtseins].
In: www.dictionary.reference.com/browse/emotion (Stand: 23.September 2011).
[64] Vgl E. Y. Chen, *Autism and Self Improvement* (2007), S. 125-127.

beim Anblick eines kleinen Kindes, das mit spitzen Gegenständen herumfuchtelt, vermutlich beunruhigt waren.

Angesichts dieses Ungleichgewichts zwischen inneren Gefühlen und der Aufgabe, sich der Welt in der Gesamtheit anzupassen, wäre es für den Autisten natürlich zu versuchen, seine Emotionen zu unterdrücken oder zu ignorieren, selbst wenn er nicht auch noch zusätzlich von der unbeständigen Orientierung und unvollständigen Individuation geplagt würde, die überhaupt erst zum Entstehen des Autismus geführt haben. Es ist aber wahrscheinlicher, dass der Autist wenig bewusste Wahrnehmung seiner Emotionen und ihrer Auswirkungen auf ihn hat. Er fühlt, aber er hat sein Gefühl noch nie getrennt und jenseits der Handlung wahrgenommen, mit der dieses Gefühl verbunden ist, oder zwischen Gefühl und Ereignis einen kausalen Zusammenhang gesehen. Vor diesem Hintergrund und im Kontext eines Davis-Programms würde die Idee, Emotion mit traditionellen Definitionen zu erkunden, keinen nützlichen Zweck erfüllen. Der Autist muss vielleicht erst noch eine Welt entdecken, in der Gefühle wie Freude oder Trauer hilfreich für ihn sind.

Aber Emotionen erfüllen einen sehr realen und äußerst notwendigen Zweck, der eng verwandt ist mit Überleben. Die verinnerlichte Empfindung, die Menschen mit bestimmten Gefühlen assoziieren, wird von chemischen Substanzen hervorgerufen, die der Körper natürlicherweise produziert, um eben Verhalten regulieren zu können. Ein offensichtliches Beispiel sind die Prozesse der Amygdala, des Zentrums für schnelle Reaktion im Gehirn. Wenn sie einem angsterzeugenden Reiz ausgesetzt wird – einer giftigen Schlange, zum Beispiel – tritt die Amygdala in Aktion, noch bevor die Person das gefährliche Objekt bewusst wahrnimmt, und löst die Ausschüttung von Adrenalin und anderen erregenden Hormonen in die Blutbahn aus. Diese Hormone wiederum bereiten den Körper aufs Handeln vor – der Herzschlag steigt an, Gehör und Sehkraft werden geschärft, der Person bricht der Schweiß aus.

Im anderen Extrem bereitet das Hormon Oxytocin den Körper für Liebe und Zärtlichkeit vor. Es wird leicht vom Anblick eines neugeborenen Kindes ausgelöst. Ein mit Oxytocin gesättigtes Gehirn ist sowohl zutraulicher und liebevoller als auch weniger wachsam.[65] Überleben erfordert, dass Individuen sich vor Gefahr schützen, aber auch, dass Eltern ihre Kinder ernähren statt sie anzugreifen oder vor ihnen zu fliehen, sodass verschiedene chemisch regulierte Reaktionen erforderlich sind.

Auf biologischer Ebene repräsentieren Emotionen das Empfinden, das bei Menschen mit unterschiedlichen chemischen Verhältnissen im Gehirn und in der Blutbahn verbunden oder verknüpft ist. Serotonin wird manchmal das „Glückshormon" genannt; das Hormon Anandamid hat seinen Namen aus dem Sanskrit und bedeutet „Glückseligkeit"; Testosteron wird oft mit Zorn und Streitlust assoziiert; mit Dopamin verbindet man ein Gefühl von Vergnügen, Aufregung und Belohnung. Stimmungsverändernde Drogen und Medikamente, die gewöhnlich verschrieben werden, um Angst oder Depressionen zu behandeln, funktionieren, indem sie die Arbeit der Gehirnrezeptoren beeinflussen, die bereits spezialisiert sind auf bestimmte natürlich vorkommende chemische Substanzen. Die Drogen fungieren entweder als Ersatzsubstanz und binden sich an diese Rezeptoren oder beeinflussen den Grad, in dem die natürlichen chemischen Substanzen produziert oder vom Gehirn resor-

---

[65] Autismus kann mit angeborenen Unterschieden in der Art assoziiert werden, wie das Gehirn auf Oxytocin reagiert. Vielfache Studien zeigen eine Verbindung zwischen Autismus und Variationen im Oxytocin-Rezeptor-Gen (OXTR). Vgl. E. Lerer et al. „Association between the Oxytocin Receptor (OXTR) Gene and Autism: Relationship to Vineland Adaptive Behavior Scales and Cognition", *Molecular Psychiatry* 13 (2008), S,. 980-988, oder Suma Jacob et al „Association of the Oxytocin Receptor Gene (OXTR) in Caucasian Children and Adolescents with Autism", *Neuroscience Letters* 417, Nr.1 (2007), S. 6-9. Autistische Erwachsene, die in einem Experiment Oxytocin erhielten, zeigten Verbesserungen in ihrer Fähigkeit, die emotionale Bedeutung von Intonation beim Sprechen zu erkennen. Vgl. Eric Hollander et al. „Oxytocin Increases Retention of Social Cognition in Autism", *Biological Psychiatry* 61, Nr. 4 (2007), S. 498-503.

biert werden. Dr. Candace Pert, die Pharmakologin, die den Opiatre-
zeptor im Gehirn entdeckte, erklärt: „Emotions are neuropeptides
attaching to receptors and stimulating an electrical charge on neu-
rons"[66][Emotionen sind Neuropeptide, die sich an Rezeptoren setzen und eine elektrische Ladung an Neuronen stimulieren].

Davis' funktionale und psychologische Definition von Emotion
spiegelt den biologischen Prozess – eine Form von Energie mit dem
Potential, eine Veränderung des Zustandes der Neuronen zu stimu-
lieren. Auf der biologischen Ebene geht die Energie der Empfindung
voraus – das heißt, die Energie ist in der chemischen Substanz enthalten, die der Körper als Reaktion auf einen Reiz produziert. So
sieht auch Davis den Prozess und definiert „Emotion" als die Energie selbst, im Gegensatz zur Definition von Emotion in Bezug auf die
produzierten Gefühle.

Das Kernprinzip ist, dass Emotionen menschliche Reaktionen
und Handlungen lenken. Auf der Ebene von Drang sind die Interaktionen chemischer Substanzen im Gehirn für das Überleben der
Spezies notwendig. Sie treiben Neugeborene an zu saugen und nach
Nahrung zu streben, sie veranlassen ältere Kinder und Erwachsene
zu handeln, um sich vor physischem Schaden zu schützen und sie
liefern die Blut-Hirn-Chemie, welche die Reproduktion und das Auf-
ziehen von Kindern fördert.

Aber Emotionen sind mehr als Drang; sie sind das Ergebnis von
Drang und Lebenserfahrung. Mit der Zeit lernt ein Individuum, die
chemisch hervorgerufenen Gefühle einer großen Bandbreite von
Lebensereignissen zuzuordnen. Die Gehirn-Körper-Verbindung
bedeutet, dass Menschen imstande sind, die Produktion verschie-

---

[66] Ein „Peptid" ist ein chemischer Bestandteil, der aus einer Kette von zwei oder
mehr Aminosäuren besteht. Vgl.: *The American Heritage Science Dictionary*
in: www dictionary.reference.com/browse/peptide (Stand: 21. September
2011). Ein „Neuropeptid" ist ein Molekül, das neurale Aktivität oder Funktion
beeinflusst. Vgl.: *Merriam-Webster's Medical Dictionary* in:
www.dictionary.reference.com/browse/neuropeptide (Stand: 21. September
2011). Candace Pert ist Autorin des Buches *Molecules of Emotion: The Science
Behind Mind-Body Medicine* (New York: Simon & Schuster, 1999).

dener chemischer Substanzen im Gehirn durch ihr Denken und ihre Erinnerungen auszulösen. Wenn eine Person an einen Moment denkt, in dem sie gute Nachrichten bekam und glücklich war, wird die glückliche Erinnerung den Körper dazu bringen, diejenigen chemischen Substanzen zu produzieren, die das Gefühl der glücklichen Emotionen zurückbringen. Wenn die Person über Ereignisse grübelt, die sie traurig oder wütend gemacht haben, wird sie gleichermaßen ein Wiederaufleben der negativen Emotionen erleben, die mit dem Ereignis verbunden waren. Menschen gewöhnen sich oft daran, bestimmte Handlungen und Ereignisse mit bestimmten Emotionen zu assoziieren – und das wiederum lenkt ihr Verhalten. Angenommen ein Erwachsener quält sich aus dem Bett, um zum Training in die Sporthalle zu gehen; nachdem er trainiert hat, fühlt er sich entspannt und glücklich. Am nächsten Tag wiederholt er das gleiche Programm. Bald, nach ein paar Tagen der Zufriedenheit in der Sporthalle, wacht er glücklich auf und geht bereitwillig – er muss nicht auf das Ende seines Trainingsplans warten, um sich gut zu fühlen. Stattdessen stellen sich die glücklichen Gedanken und Gefühle bei dem bloßen Gedanken, in die Sporthalle zu gehen, ein und werden umgekehrt zum motivierenden Faktor, der ihn tagtäglich weitermachen lässt.[67]

Davis definiert *Emotion* als „selbst hergestellte Energie", genau wegen dieser inneren Macht, die jede Person hat, ihre eigenen Emotionen zu regulieren und zu lenken, egal ob die Person sich der Ver-

---

[67] Diese Art der Gewöhnung ist die Grundlage für Verhaltenstraining, das auf positiver oder negativer Verstärkung beruht. Wenn einer Person (oder einem Tier) eine Belohnung gegeben wird, geht diese Erfahrung von Freude einher mit einem Aufwallen der Dopamin-Produktion im Gehirn. Die Wiederholung führt bei der Person dazu, das von der Belohnung ausgelöste Verhalten mit Freude zu assoziieren, und das Gehirn beginnt in der Erwartung des Verhaltens Dopamin zu produzieren, genauso wie bei den Pawlow'schen Hunden, bei denen das Hören der Glocke, die sie mit Futter assoziierten, den Speichelfluss anregte. Verhaltenstraining baut auf diesen hormonellen, Emotion produzierenden Rausch, um zukünftiges Verhalten zu prägen. Unglücklicherweise ist das auch der gleiche Mechanismus, der viele Suchtkrankheiten antreibt, so wie etwa die Spielsucht.

bindung bewusst ist oder nicht. Auf der Ebene von *Drang* wird das Gefühl einfach von *Wahrnehmung* (externes Bewusstsein) ausgelöst. Das Gefühl ist intensiv und in diesem Moment.

Ein *Drang* an sich ist einfach und primitiv, eine Art Empfindung, die Menschen mit Tieren teilen, und weitestgehend gebunden an Überleben. Aber die Perfektion menschlichen Denkens und Bewusstseins ist an eine viel kompliziertere Abfolge von Emotionen gebunden.[68] Eine Erinnerung ist die Rekonstruktion einer Wahrnehmung im Gehirn. Im Kern ist sie ein mentales Bild, das von einer vergangenen Erfahrung bewahrt wurde – oder es kann die Rückbesinnung auf ein Geräusch sein, auf eine Tastempfindung, einen Geschmack oder einen Geruch. Die Davis-Begriffsbeherrschung konzentriert sich auf mentale Bilder, weil sie Szenarien fördern, die leicht zu kneten sind, und weil es wahrscheinlich ist, dass die meisten unserer Erinnerungen mit emotionaler Resonanz an irgendein mentales Bild gebunden sind. Das heißt, wenn eine Person die Grundzüge eines Lieblingsliedes hört, ist es wahrscheinlich, dass die Klänge auch ein mentales Bild hervorbringen, das mit der Musik assoziiert wird. Wenn eine Person sich an den Geschmack von Schokolade erinnert, werden ihre Gedanken vielleicht auch ein Bild von einem Schokoladenkuchen aufrufen.

Jede Erinnerung hat auch ein assoziiertes Gefühl, und zwar das Gefühl, welches zu dem Zeitpunkt empfunden wurde, an dem die Erinnerung gemacht wurde. Das ist von Natur aus in der Gehirnstruktur und der Art, wie Erinnerungen gespeichert werden, angelegt. Emotionen werden vom limbischen System des Gehirns gesteuert, welches jene Gehirnstrukturen umfasst, die hauptsächlich daran beteiligt sind, die verschiedenen Hormone zu regulieren und zu produzieren. Erinnerung ist stark beeinflusst vom Hippocampus

---

[68] Auf der biologischen Ebene haben Wissenschaftler mittlerweile ungefähr 60 verschiedene chemische Neurotransmitter identifiziert. Da sie in Kombination und in unterschiedlichen Intensitäten produziert werden können, ergeben sich unendlich viele Möglichkeiten für emotionale Reaktionen.

und der Amygdala. Langzeiterinnerungen von Ereignissen oder Erlebnissen werden durch die Tätigkeit des Hippocampus bewahrt. Bei der Beschädigung oder Zerstörung des Hippocampus wird die Fähigkeit, neue Langzeiterinnerungen zu bilden, beeinträchtigt. Die Intensität der Erinnerung wird von Stresshormonen beeinflusst, die in der Amygdala produziert werden; je größer der Zustand emotionaler Erregung in dem Moment ist, in dem die Erinnerung sich bildet, desto intensiver und anhaltender ist die Erinnerung.

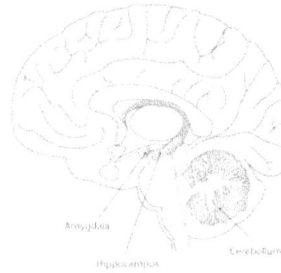

Das emotionale, hormonanzeigende Zentrum des Gehirns ist also notwendig für das Bilden von Erinnerungen. Ohne Emotion hätten wir wahrscheinlich nur wenig oder gar kein Langzeitgedächtnis von vergangenen Ereignissen.[69]

Aus psychologischer Sicht kann man annehmen, dass Erinnerungen vergangener Ereignisse eine Möglichkeit darstellen, die Gefühle, die mit dem vergangenen Ereignis einhergingen, wiederzubeleben. Die sich erinnernde Person existiert zwar nur in der Gegenwart, aber wenn sie ein mentales Bild von der Vergangenheit heraufbeschwört, überträgt sie das vergangene *Gefühl* in ihr gegenwärtiges Bewusstsein. Weil das eine Veränderung ihres gegenwärtigen Zustandes darstellt – sie *fühlt* sich innerlich anders –, muss die Veränderung von einer Art *Energie* begleitet werden. Davis benutzt das Wort „Emotion", um die Energie zu beschreiben, die die Macht hat, Gefühle zu verändern. Weil das etwas ist, das vom Selbst im Prozess

---

[69] Der Hippocampus ist für das Bilden und Bewahren *episodischer* Erinnerungen maßgeblich, aber nicht für *prozessuale* Erinnerungen. Eine Person, die die Funktion des Hippocampus verloren hat, wird nicht mehr fähig sein, Erlebnisse und Ereignisse zu erinnern, kann aber immer noch erlernte Fertigkeiten erinnern, etwa ein Auto zu fahren oder Klavier zu spielen. Prozessuale Erinnerung ist an das Kleinhirn und motorische Bereiche des Gehirns gebunden.

des Wiederbelebens einer zuvor gespeicherten Erinnerung erschaffen wurde, ist die Definition von Emotion selbst hergestellte Energie.

Das Knetmodell von Emotion ist komplexer als die vorherigen Modelle. Um alle Elemente der Definition darzustellen, benötigt das Modell eine Repräsentation folgender Begriffe: Selbst; ein konkretes Objekt, das mit Freude assoziiert wird, in der Form eines Objektes, das das Selbst gerne hätte; eine Gedankenblase, die ein mentales Bild enthält, in dem Selbst das gewünschte Objekt sieht, aber nicht hat; eine zweite Gedankenblase, in der das imaginierte Selbst das gewünschte Objekt besitzt; und einen Pfeil, der die zwei Gedanken verbindet und das Wechseln der mentalen Aufmerksamkeit hin zu dem Bild, das das Erlangen des gewünschten Objekts repräsentiert, darstellt. Es muss auch eine Darstellung des Gefühls geben, das die beiden Gedanken begleitet: zwei Modelle von Selbst, mit und ohne das gewünschte Objekt, zusammen in einer Gefühlsblase. Das Modell soll auch eine Darstellung der Energie enthalten, die zusammen mit der Zustandsveränderung auftritt, indem ein Pfeil innerhalb der Gefühlsblase benutzt wird, der auf das Modell von Selbst mit dem gewünschten Objekt zeigt.

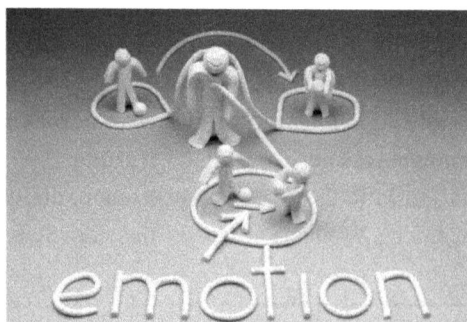

Gefühl

Dieses Bild von *Emotion* ist ein umfassender Begriff und es ist wahrscheinlich, dass ein Davis-Berater zusätzliche Zeit mit seinem Klienten damit verbringen wird, diese Idee zu erkunden. Bei der

Erkundung in der Umwelt schafft der Berater Möglichkeiten, mit anderen Menschen in Kontakt zu kommen, und ermutigt den Klienten, sich ihre Gesichter anzuschauen und auf den Ton ihrer Stimmen zu achten, um ihn dann später dazu aufzufordern, eine Vermutung darüber zu wagen, wie sich die andere Person vielleicht gefühlt hat. Der Klient könnte einem seiner Geschwister ein kleines Geschenk, etwa eine Blume, geben. Wie hat der Geschwisterteil reagiert? Hat er gelächelt? Hat der Ton seiner Stimme sich verändert? War er glücklich? Überrascht?

Natürlich bewirken diese Übungen mehr, als nur die Aufmerksamkeit des Klienten auf die Erzeugung und Existenz einer Emotion zu lenken. Indem Emotionen an Handlungen und Ereignisse gebunden werden und der Klient dazu ermutigt wird, auf Gesichter und Gesichtsausdrücke und Veränderungen der Sprechintonation zu achten, fördert der Berater grundlegende soziale Fertigkeiten, die autistischen Personen normalerweise schwerfallen. Im Kontext des Verstehens von *Emotion* lernt der Klient auch, seine eigene Aufmerksamkeit mehr auf die emotionserzeugenden Aspekte seiner Interaktion mit Anderen zu konzentrieren.

Menschliche soziale Interaktion wird hauptsächlich von Emotionen gelenkt, nicht von Vernunft. Weil autistische Personen emotionale Impulse nicht in der gleichen Art und Weise erleben und darauf reagieren wie Andere um sie herum, sind ihre sozialen Fertigkeiten eingeschränkt. Wenn der Autist sich mehr in die hochfunktionale Richtung entwickelt, wird er versuchen, Vernunft zu benutzen, um das Verhalten anderer Menschen zu erklären und zu antizipieren, und natürlich scheitert er – er weiß nicht, dass Menschen sich irrational verhalten, wenn sie scherzen oder ausgelassen sind, oder wenn sie wütend sind oder sich verletzt fühlen.

Wenn Emotionen als *selbst hergestellte Energie* verstanden werden, sind sie durchdrungen von einer neuen Macht. Auf einer Ebene wird der Klient selbstbestimmter, weil er die Fähigkeit erlangt, seine eigenen Emotionen zu erkennen, zu nutzen und dahingehend zu lenken, sein Leben sinnvoller und bereichernder zu machen. Wenn dem Klienten die Emotionen, die innerhalb seiner selbst wohnen, angenehmer und vertrauter geworden sind, wird er auch die Emotionen Anderer besser verstehen. Er wird die Fähigkeit entwickeln, zunächst zu fragen, später zu ahnen, was eine andere Person vielleicht als Reaktion auf seine Aussagen und Handlungen fühlt, und diese Reaktion auf eine Weise zu erwidern, die die Entwicklung von sozialen Beziehungen fördert.

Davis-Beraterin Cinda Osterman erzählt über ihre Arbeit mit einem 12-jährigen Jungen, der immer sehr zurückhaltend war, wenn er mit Fremden sprechen sollte:

Joel mochte jeden Begriff, den er knetete, aber besonders Emotion. Als wir von unseren Beobachtungen zurückkamen, war er sehr begeistert. Er sah es sehr gerne, wie Menschen sich veränderten, wenn man ihnen ein Kompliment machte. Am gleichen Abend ging er mit seinen Eltern in ein gutes Restaurant essen. Seine Mutter war verblüfft darüber, was passierte: Joel mochte sein Essen so gern, dass er die Bedienung fragte, ob er dem Küchenchef persönlich dafür danken könne. Diese war sehr beeindruckt und holte sofort den Chef. Joel sah ihm direkt ins Gesicht und sagte dem Chef, wie gut ihm das Hauptgericht geschmeckt hatte und insbesondere das außerordentliche Dessert. Der Chef war offensichtlich sehr erfreut. Später sagte Joel zu seiner Mutter, dass er sich bereit fühlte, die Welt anzunehmen und es nicht erwarten konnte, neue Herausforderungen zu finden.

Wollen – Drang, als__ zu existieren

Der nächste Basisbegriff ist *wollen*, einfach definiert als "Drang, als __ zu existieren". Diese Definition ist so formuliert, dass sie auf den anderen Davis-Begriffen aufbaut und sich sowohl auf sie als auch auf den Identitätsentwicklungsprozess beziehen lässt.

Das Wort *Drang* in der Definition untermauert das Verständnis, dass der Ursprung von *wollen* der instinktive Antrieb ist, nach Freude zu streben und Schmerz zu vermeiden. Die Wendung „zu existieren" bezieht den Begriff *wollen* zurück auf die zweite Konstruktion von „bestehen bleiben" und „überleben" – *Existenz* ist synonym mit Überleben. Die Ergänzung der Definition mit „als" deutet Veränderung an: wollen repräsentiert den inneren Drang, eine Veränderung herbeizuführen, die dem Überleben des Individuums dient. Das bildet die *Lebenskraft* als „Drang, das zu sein, wer oder was ich bin".

Wieder ist die Davis-Definition so angelegt, dass sie den autistischen Klienten befähigt, den hier erkundeten Inhalt mit seinem Begriff von Selbst in Beziehung zu setzen und den Prozess des inneren Wachstums und der inneren Entwicklung zu fördern. Sie ist auch so formuliert, dass sie ein Baustein für die nachfolgenden Begriffe ist.

Der Prozess des Knetens ist ziemlich einfach. Die Elemente des Modells *wollen* sind genau die gleichen wie in dem Modell *Emotion – Selbst*; ein ersehntes Objekt; zwei separate mentale Bilder in Denkblasen, die den Zustand von haben und nicht haben repräsentieren, das ersehnte Objekt; und eine Gefühlsblase, die beide Bilder umschließt, mit einem Pfeil, der den Übergang in die Richtung des kleinen Selbst, welches das ersehnte Objekt hat, darstellt.

Das Einzige, was sich im Modell von *wollen* verändert, ist der dominante Pfeil, der auf das kleine Selbst in der Gefühlsblase zeigt, das den ersehnten Gegenstand hält, denn *wollen* ist eine Emotion, die von einem mentalen Bild ausgelöst wird, in dem das Selbst etwas tut oder hat, was der Sehnsucht zugrunde liegt. Während also *Emotion* die Energie ist, die von dem Bild der Zustandsveränderung (von nicht haben zu haben) hervorgerufen wurde, ist *wollen* bloß der Teil des Modells, auf den diese Energie gelenkt wird.

Erkundungen mit dem Berater können schlicht beinhalten, auf Dinge oder Ereignisse hinzuweisen, die der Klient will oder vielleicht nicht will. Natürlich umfasst das auch die Übung, über eine emotionsgelenkte Meinung nachzudenken und diese zum Ausdruck zu bringen, was für einen Jungen wie Brandon dazu führt, dass er fähig wird zu überlegen, welchen Autotyp er am liebsten mag.

Brauchen – etwas, was Wollen befriedigt

Bis zum Kneten von *brauchen* waren die Begriffe der dritten Konstruktion auf interne Gefühle und Gedanken konzentriert. Der Begriff *brauchen* verbindet die interne Gedanken-/Gefühlswelt mit der Außenwelt. *Brauchen* ist ein Objekt oder eine Handlung in der realen Welt, welches das interne Gefühl befriedigt, das *wollen* begleitet.

Wenn jemand ein Eis essen *will*, wird dieses *Wollen* befriedigt, indem er in ein Geschäft geht und eine Eistüte kauft. Wenn jemand Basketball spielen *will*, wird dieses *Wollen* befriedigt, indem er mit einem Ball in der Hand auf dem Spielfeld steht. Wenn jemand Musik hören *will*, wird dieses *Wollen* befriedigt, indem das Radio mit dem Lieblingssender angemacht wird.

Das Knetmodell für Emotion/wollen braucht nur ein zusätzliches Element: eine Darstellung des Objekts der realen Welt, das begehrt wird, etwas, das Selbst als außerhalb seiner Gedanken und Gefühle beobachten kann. Dies kann abgebildet werden, indem ein Modell des begehrten Gegenstandes (ein Knetball) vor das Selbst gelegt wird, gekennzeichnet durch einen dominanten Pfeil.

Weil *brauchen* außerhalb des *Selbst* liegt, ist irgendeine Art physische Handlung für das *Brauchen* nötig, um es zu erzielen oder zu erreichen. Mit anderen Worten hat brauchen zwei Teile: den Gegenstand selbst sowie die Handlung oder das Ereignis, das darin resultiert, dass das *Brauchen* realisiert wird. Norma-

Brauchen

lerweise ist das etwas, was die Person alleine anstoßen muss, außer sie hat Glück und ein Familienmitglied oder Freund antizipieren ihr wollen und erfüllen das Brauchen aus eigenem Antrieb. Eltern sind geübt darin, als eigenständig Handelnde das *Brauchen* kleiner Kinder ungebeten zu erfüllen, aber um sinnhaft am Leben teilnehmen zu können, muss der Klient die Fähigkeit entwickeln, auf eigene Initiative hin zu handeln.

Die Handlung wird zwar nicht im Modell gezeigt, aber in die Erkundungen mit dem Berater mit einbezogen. Das bereitet den Klienten auf das Kneten der Begriffe vor, die *brauchen* folgen (*Absicht* und die Begriffe der vierten Konstruktion: *Motivation, Fähigkeit* und *Kontrolle*). Bei den Erkundungen mit dem Berater wird der Klient üben, wollen und brauchen zu identifizieren, sowohl in ihm selbst als auch in anderen. Teil dieses Prozesses ist das Besprechen und Präzisieren dessen, was die Person *tun* muss, um den gebrauchten Gegenstand zu bekommen. Wenn der Klient zum Beispiel eine Banane essen will, muss er in die Küche gehen und sich eine holen; wenn seine Schwester draußen spielen will, muss sie die Tür öffnen. Auf diese Weise legt der Berater das Fundament für den nächsten Schritt.

Absicht – der Drang, das Brauchen zu befriedigen

Das letzte Modell für einen Basisbegriff-der dritten Konstruktion ist *Absicht*. Mit diesem Begriff kehrt der Fokus auf ein internes Gefühl des *Selbst* zurück, das durch das Hinzufügen einer Gefühlsblase zu dem bereits existierenden Knetmodell von *brauchen* dargestellt wird. Die Definition von *Absicht* ist „der Drang, das Brauchen zu befriedigen". Der Unterschied zwischen dem *Wollen* und der *Absicht* ist, dass es eine Handlung geben muss, welche die Zustandsveränderung bewirkt, die *brauchen* repräsentiert. Das Modell innerhalb der zusätzlichen Gefühlsblase stellt ein kleines *Selbst* dar, das die benötigte Handlung vornimmt – wie sich bücken, um den Knetball aufzuheben.

Weil eine Handlung benötigt wird, um *brauchen* zu befriedigen, gibt es auch den Bedarf für Energie. Die Menge der benötigten Energie korrespondiert mit der in Betracht kommenden Handlung – je schwieriger oder komplizierter die Aufgabe, desto größer der Energiebedarf. Wenn die Aufgabe von *Selbst* vollendet werden soll, ist die Energiequelle *Emotion*. Der Unterschied zwischen *wollen* und *Absicht* beinhaltet das Erkennen von *brauchen* einerseits und die Intensität von *Emotion* andererseits. Je intensiver die Emotion, desto mehr Energie wird produziert. Absicht ist ein mentales Bild oder Gefühl, das eine Emotion von genügender Intensität auslöst, um die Aufgabe zu erledigen.

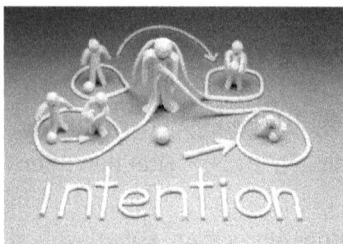

Absicht

Wenn, anders gesagt eine Person ein Glas Milch will, sich aber zu müde fühlt, um aus ihrem Sessel herauszukommen, wird sie so lange nicht aufstehen und in die Küche gehen, den Kühlschrank aufmachen und Milch in ein Glas gießen, bis die emotionale Intensität von Milch *wollen* ausreicht, um das konkurrierende Gefühl zu überwinden, weiterhin die Bequemlichkeit des Sessels zu genießen. Natürlich wird in der Physik und im Leben extra Energie benötigt, um Trägheit zu überwinden. Eine Person, die im Wohnzimmersessel sitzt, wird mehr Energie brauchen, um die Milch zu bekommen, als jemand, der bereits vor dem Kühlschrank steht und die gleiche Aufgabe erledigen will.

Das kann veranschaulicht werden, indem man zum Modell der kinetischen Energie beim Fallen des Knetballs zurückkehrt. Um die Energie hervorzubringen, muss der Ball zuerst vom Tisch hochgehoben werden. Wenn er nur ein paar Zentimeter hochgehoben und dann fallen gelassen wird, wird nicht viel Energie in dem Ball sein – er wird sanft auf dem Tisch landen und seine Form wahrscheinlich behalten. Aber wenn der Ball höher gehalten und aus einer Höhe von einem halben Meter fallen gelassen wird, wird er beim Landen auf dem Tisch ein lauteres Geräusch machen und die Kraft des Aufschlags wird eine Seite des Balls in höherem Maße verformen.

Bei den Erkundungen des Umfelds wird der Berater den Klienten ermutigen, die Handlungen und das Verhalten anderer Menschen zu beobachten und über ihre Absichten zu mutmaßen. Wenn man zum Beispiel eine Nachbarin zum Briefkasten gehen sieht, beabsichtigt sie wahrscheinlich, ihre Post zu holen; wenn man einen Mann sieht, der dem Hund eine Leine an das Halsband macht, beabsichtigt er vermutlich, den Hund auszuführen.

Wie bei den anderen Unternehmungen auch untermauern diese Erkundungen nicht nur das Verständnis des gekneteten Begriffes, sondern bieten auch die Möglichkeit, dieses Wissen in die Tat umzusetzen, indem jeweils eine neue Lebensfertigkeit geübt wird – in diesem Fall die Fähigkeit, Beobachtungen zu benutzen, um die unausgesprochenen Absichten anderer Menschen zu antizipieren.

Kapitel 10

Den Prozess vervollständigen:
gemeinsame und fortgeschrittene Begriffe

Nach der Fertigstellung der drei Konstruktionen ist der Klient bereit, eine Reihe anspruchsvollerer Begriffe zu kneten, welche die drei Wurzelbegriffe verbinden, die auf *Veränderung, bestehen bleiben* und *Energie* basieren. Der Prozess der Identitätsentwicklung ist vervollständigt, wenn die einzelnen Konstruktionen zusammengebracht und in die Tat umgesetzt wurden. Die ersten drei Konstruktionen haben sich darauf konzentriert, die verschiedenen Aspekte von *Körper, Denken* und *Lebenskraft* zu erkunden; die letzten Schritte sind dazu bestimmt, diese Ideen in einem einheitlichen *Selbst* zusammenzubringen.

Die abschließende Folge von Modellen und Erkundungen gibt dem Klienten die nötigen Werkzeuge, um sich selbst zu verwirklichen. Davis definiert Lebenskraft als den „Drang, das zu sein, wer und was ‚ich' bin." Die abschließenden vier Begriffe, die geknetet werden sollen, und die darauffolgende Übung geben dem Klienten die Fähigkeit, diesen Drang in die Tat umzusetzen.

Die gemeinsamen Begriffe –
Motivation, Fähigkeit, Kontrolle

Während der ersten drei Konstruktionen hat der Klient Begriffe auf drei Ebenen geknetet: Wurzel, Grund und Basis. Im nächsten Schritt des Programms gibt es drei gemeinsame Begriffe oder Begriffe der vierten Ebene, die beherrscht werden sollen. Davis definiert einen gemeinsamen Begriff als einen, der wenigstens zwei der drei Wurzelbegriffe entstammt.

Motivation – der Drang, zu kontrollieren

Die Definitionen der drei gemeinsamen Begriffe überschneiden sich: das heißt, jeder Begriff enthält einen der anderen zwei Begriffe in seiner Definition. Das bedeutet, dass ein vollständiges Verstehen erst erreicht werden kann, nachdem alle drei geknetet worden sind. Allerdings bauen alle drei auf demselben Knetmodell von *Absicht* auf, das am Ende der dritten Konstruktion auf dem Tisch war.

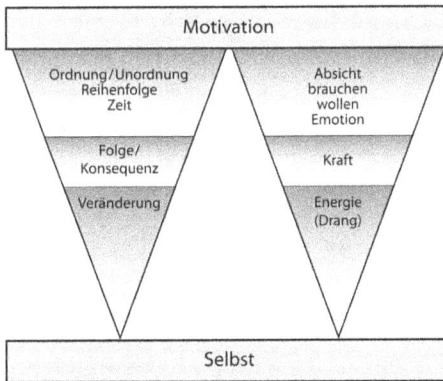

Der Davis-Berater wird in der Reihenfolge vorgehen, die von den Elementen, die zu dem Knetmodell hinzugefügt werden müssen, vorgegeben wird. Er wird mit dem Begriff *Motivation* beginnen, weil alle Elemente des Motivation-Modells bereits im Modell von *Absicht* enthalten sind. Der einzige Unterschied ist, dass Motivation vom gesamten Modell dargestellt wird und nicht nur von einzelnen Elementen.

Motivation ist definiert als „Drang zu kontrollieren". *Kontrolle* wiederum ist definiert als „Fähigkeit, eine Veränderung herbeizuführen", doch der Klient kann diesen Begriff nicht kneten, bevor er ein Modell von „Fähigkeit" gemacht hat. Der Klient kennt den Begriff Veränderung herbeiführen jedoch schon aus der ersten Konstruktion; folglich sind die benötigten Elemente für das Modell Motivation bereits vorhanden.

Motivation verbindet die zwei Konstruktionen Veränderung und Energie – sie ist das Produkt aus dem Wunsch, Veränderung herbeizuführen kombiniert mit der Energie, dies zu tun. *Motivation* existiert also, wenn es eine Kombination aus selbst hergestellter Energie mit dem Bewusstsein gibt, dass Handeln notwendig ist, um ein Ziel zu erreichen.

Bei den Erkundungen im Umfeld wird der Berater den Klienten dazu ermutigen, die Handlungen der Menschen zu beobachten, denen sie begegnen, und über die Absicht zu spekulieren, die der Ursprung der Motivation für die beobachtete Handlung war. Zum Beispiel wird eine Frau beobachtet, die in einem Café ein Sandwich kauft. Die Motivation ein Sandwich zu kaufen resultiert aus der Absicht der Frau, es zu essen. (Oder anders herum: Wenn die Frau beabsichtigt, ein Sandwich zu essen, dann ist die Handlung, um diese Absicht zu realisieren, dass sie den gewünschten Gegenstand erst einmal kauft.)

Fähigkeit – Wissen, Fertigkeit und Gelegenheit, etwas zu kontrollieren

Der nächste gemeinsame Begriff, der erkundet wird, ist *Fähigkeit*, der die Wurzeln *Veränderung* und *bestehen bleiben* verbindet. Die Wurzel *Veränderung* lieferte ein Verständnis von Ursache und Wirkung, Konsequenz, Zeit, Reihenfolge und Ordnung versus Unordnung. Die Wurzel *bestehen bleiben* erkundete die Ideen von denken und Wahrnehmung und gipfelte in *Erfahrung*.

Fähigkeit wird von Davis als „Wissen, Fertigkeit und Gelegenheit, etwas zu kontrollieren" definiert. „Kontrollieren" ist die „Fähigkeit, Veränderung zu verursachen." Die Idee „Kontrollieren" entstammt also direkt der Wurzel Veränderung – man braucht bloß *Selbst* auf den Punkt der Ursache von Veränderung zu setzen.

„Wissen, Fertigkeit und Gelegenheit" sind alles Inhalte, die der Wurzel *bestehen bleiben* entstammen. Der Begriff *Wissen* („Erfahrung, gewonnen dadurch, Empfänger einer Wirkung zu sein") wurde bereits geknetet, muss aber noch in das Modell von *Fähigkeit* integriert werden.

Davis definiert Fertigkeit als „Erfahrung darin, eine erwünschte Veränderung herbeizuführen." Anders gesagt, erlangt man *Fertigkeit* als Ergebnis der Übung, am Punkt der *Ursache* zu sein, welche ein Grundbegriff innerhalb der Wurzel *Veränderung* ist. Innerhalb des Modells von *Fähigkeit* wird das erforderliche *Wissen* von *Fertigkeit* erlangt. Dieses Wissen wird aus der Erfahrung gewonnen, am Punkt der *Wirkung* der selbst initiierten Veränderung zu sein.

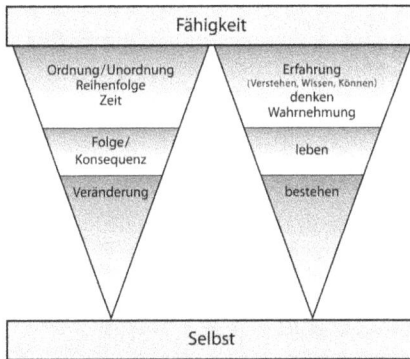

Wenn wir zum Beispiel über die Aufgabe hinausgehen, bloß einen liegenden Ball aufzuheben, und stattdessen das Wissen betrachten, das erforderlich ist, um einen Ball zu fangen, der geworfen oder geschlagen wurde, können wir sehen, dass der erfahrene Baseballspieler mehr braucht als nur die Fertigkeit, einen Ball zu fangen. Er muss auch wissen, welche der vielen Fertigkeiten des Ballfangens nötig ist, um diesen speziellen Ball zu fangen. Springt er hoch in die Luft, um den Ball abzufangen? Kann er stehen bleiben und die Hände ausstrecken, weil der Ball zu ihm kommt? Oder muss er über das Feld rennen, die Flugbahn des hohen Balles einschätzen, sodass er sich zur richtigen Zeit am richtigen Ort befindet, um den fallenden Ball zu ergreifen und festzuhalten? Er erlangt die *Fertigkeit* des Ballfangens nach stundenlangem Üben mit vielen verschiedenen Bällen;

er erlangt sein Wissen, indem er die Konsequenzen erlebt, die seine Entscheidungen während des Trainings nach sich ziehen. Er weiß zum Beispiel aus vergangenen Fehlern, dass die falsche Ballfang-technik dazu führen kann, dass er den Ball zwar fängt, doch nur, um dann vom Handschuh auf den Boden zu prallen.

Fähigkeit

Um in das Modell *Fähigkeit* die Inhalte von *Wissen* und *Fertig-keit* einzubauen, müssen zwei neue Elemente zum Modell *Motivati-on* hinzugefügt werden: eine Darstellung von *Selbst*, das eine Fertig-keit durch Übung erlangt, und eine Darstellung von *Selbst*, das im Besitz des Wissens ist, das durch die Übung der *Fertigkeit* erlangt wurde. Das kann mit einer Gedankenblase innerhalb einer Gedan-kenblase umgesetzt werden. Das große Haupt-*Selbst* im Zentrum des Modells bekommt eine zusätzliche Gedankenblase; zusätzlich zu den zwei ersten Gedankenblasen mit mentalen Bildern der zwei Zustände, den Ball nicht zu haben und ihn zu haben, kommt eine Gedankenblase hinzu, die das *Wissen* repräsentiert, das notwendig ist, um den Ball zu bekommen. In der dritten Gedankenblase befin-det sich ein kleines *Selbst*, das durchdrungen ist von diesem Wissen.

Weil das kleine Selbst sein Wissen durch das Erreichen einer Fertigkeit erlangt hat, hat dieses Modell seine eigene kleine Gedan-kenblase, und in dieser Blase befindet sich die Darstellung von Fer-tigkeit: mindestens drei sehr kleine *Selbst*, die mit der fertigkeitsbil-denden Aufgabe beschäftigt sind, sich zu bücken und den Ball auf-zuheben. Die Kneteleemente sind für beide Modelle gleich; der einzige Unterschied ist die Platzierung der dominanten Pfeile, die auf *Wissen* und *Fertigkeit* zeigen.

Das dritte Element von *Fähigkeit* ist „die Gelegenheit, etwas zu kontrollieren". Eine Person kann Wissen oder Fertigkeit nicht benutzen oder anwenden, wenn sie nicht die Gelegenheit dazu hat. Oder anders: Unser hypothetischer Baseballspieler kann keinen Ball fangen, wenn er ihm nicht zuerst einmal zufliegt.

Davis definiert *Gelegenheit* als „Befugnis, Zeit, Ort und Bedingungen für das Handeln". Es ist nicht notwendig, Knetmodelle eines jeden einzelnen Wortes zu machen, das diese Definition umfasst, aber der Berater wird einige Stunden mit dem Klienten verbringen, die Ideen im Gespräch erkunden sowie Beispiele aus dem Umfeld besprechen.

Lehrern, die dieses Buch lesen, wird das Problem bekannt vorkommen, dass fehlende Befugnis ein Hindernis für Handlung ist – sie haben oft eine sehr klare Vorstellung davon, wie sie ihr Wissen und ihre Fertigkeiten in einer Situation anwenden wollen, werden aber davon abgehalten, weil ihre Vorstellungen dem neu eingeführten Lehrplan zuwiderlaufen oder nicht in den zugewiesenen Stundenplan passen.

Für unseren imaginativen Baseballspieler liegt die Befugnis in den Spielregeln. Wenn er an der zweiten Base ist, wird er nicht versuchen, einen Ball zu fangen, der zu dem Spieler auf der Shortstop-Position fliegt, auch wenn er ahnt, dass sein Teamkollege den Ball nicht fängt.

In unserem einfachen Knetmodell wird Befugnis innerhalb des *Selbst* erzeugt. In diesem Fall hat Selbst die *Befugnis*, weil es keine Erlaubnis von irgendjemandem braucht, den Ball anzufassen. Wenn wir jedoch eine andere Situation voraussetzen – zum Beispiel einen brandneuen Ball, der einem älteren Geschwisterteil gehört, das ausdrücklich gesagt hat: „Fass meine Sachen nicht an!" –, dann wäre die Befugnis nicht da.

Zeit, Ort und Bedingungen sind Begriffe, die bereits beim Kneten von Reihenfolge und Ordnung erkundet wurden. Somit sind die Ideen nicht neu; sie müssen nur im Kontext des Begriffes *Gelegenheit* wieder erkundet werden. Im Fall des einfachen Modells von *Selbst*, das den Ball aufhebt, ist die Zeit jetzt, der Ort ist hier und die Voraussetzung zum Handeln existiert, weil der Ball auf dem Boden vor dem *Selbst* liegt.

Während der Gespräche und Umwelterkundungen mit dem Berater wird der Klient Beispiele für sowohl das Fehlen als auch das Existieren eines jeden Elementes erforschen. Zum Beispiel kann eine Person um fünf Uhr Hunger haben, aber nicht vor sechs Uhr essen, weil um sechs Uhr Essenszeit ist. Der Ort, an dem man isst, ist der Esszimmertisch, nicht das Badezimmer oder der Fußboden im Hobbyraum. Die Bedingungen für das Essen sind, dass der Tisch gedeckt ist, dass die Familie versammelt ist und dass das Essen vorbereitet wurde. Die *Motivation* zu essen war schon seit einer Stunde vorhanden, aber erst um sechs Uhr kommen alle Familienmitglieder an den Tisch und wird das Essen vorbereitet und aufgetragen, sodass *Gelegenheit* existiert, das Essen zu genießen.

Im Knetmodell ist *Gelegenheit* der Ball auf dem Tisch vor dem ersten (größten) Modell von Selbst – aber mit dem Zusatz der Elemente *Absicht*, *Fertigkeit* und *Wissen* repräsentiert es nun *Gelegenheit*.

Die gesamte Konstruktion, alles zusammen genommen, ist *Fähigkeit*.

Das Verständnis von *Fähigkeit* ist eine starke Grundlage für die Zukunft. Zusammen mit dem Berater wird der Klient wahrscheinlich die Ideen von einfachen Fähigkeiten erkunden – die Dinge, die er tun kann, und die Fähigkeiten, die er an anderen beobachtet. Er kann zum Beispiel die Fähigkeit haben, Klavier zu spielen; sein Vater besitzt die Fähigkeit, Auto zu fahren. Aber auch das Davis-Programm hat neue Fertigkeiten und neues Wissen gesät, welches wiederum neue Gelegenheiten schaffen kann.

Der autistische Klient taucht aus einem Zustand der Unfähigkeit auf und befindet sich nun in einem Zustand, in dem er den gleichen Grad der Fähigkeit und Selbstständigkeit erlangt oder haben wird, der für Nicht-Autisten selbstverständlich ist. Mit dem Davis-Modell hat er auch ein Gerüst, anhand dessen er weiß, was er bei jedem Schritt auf dem Weg braucht.

Kontrolle – Fähigkeit, eine Veränderung herbeizuführen

Der letzte gemeinsame Begriff, der beherrscht werden soll, ist *Kontrolle*, die definiert wird als „Fähigkeit, eine Veränderung herbeizuführen." *Kontrolle* ist durch den gemeinsamen Wurzelbegriff *Veränderung* mit den Begriffen *Motivation* und *Fähigkeit* verbunden. Wenn der Klient jede in dem Modell dargestellte Idee versteht, sind alle Teile bereits vorhanden.

Innerhalb des vorhandenen Modells wird *Veränderung* einfach dargestellt, indem das große Modell von *Selbst* bewegt wird, sodass es *Selbst* beim Auslösen der Veränderung darstellt. Für das Knetball-Modell bedeutet das einfach, dass das Knet-*Selbst* sich bückt, um den Ball aufzuheben, der ursprünglich zur Darstellung von *brauchen* und später *Gelegenheit* benutzt wurde. Die drei Begriffe zusammen zeigen den Prozess, wie man eine Idee oder einen Wunsch in die Tat umsetzt.

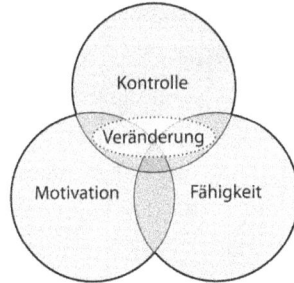

Sie wiederholen auch noch einmal die Dreiergruppe *Denken*, *Körper* und *Lebenskraft*. Motivation und ihre Wurzel Energie liefern die Kraft; Fähigkeit mit ihrer Wurzel bestehen bleiben liefern Lernen und Erfahrung; und der Begriff Kontrolle bringt die Idee und das Wissen in den Bereich der physischen Welt.

Ein fortgeschrittener Begriff – Verantwortung

Der letzte Identitätsentwicklungsbegriff, der geknetet wird, ist *Verantwortung* und wird als „Fähigkeit und Motivation, etwas zu kontrollieren" definiert. Der Klient hat bereits alle Begriffe geknetet, die in der Definition enthalten sind: Fähigkeit, Motivation, Kontrolle. Das letzte Modell enthält diese drei Ideen und verbindet sie.

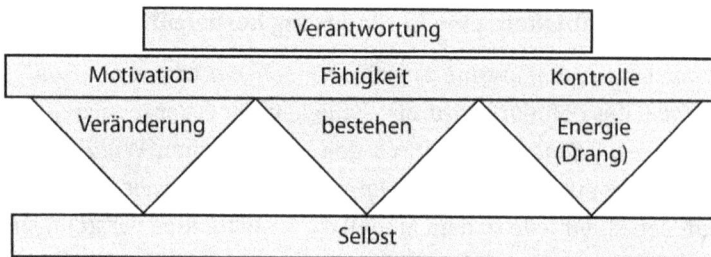

Da die gemeinsamen Begriffe bereits geknetet wurden, ist es nicht nötig, zum bereits bestehenden Knetmodell von *Kontrolle* etwas hinzuzufügen. Stattdessen veranlasst der Berater den Klienten, das Wort „Kontrolle" und den dominanten Pfeil zu entfernen und dann jeden der Begriffe auf allen Ebenen, die im Modell gefunden werden, zu bestimmen. Der Berater wird seinen Klienten dahin bringen zu verstehen, dass das Zusammentreffen von *Motivation, Fähigkeit* und *Kontrolle* im *Selbst Verantwortung* ist und dass das Modell als Ganzes diesen Begriff darstellt.

Anschließend wird der Berater den letzten Begriff Verantwortung mit dem Klienten erkunden und sowohl Dinge und Situationen bestimmen, für die er verantwortlich ist, als auch Bereiche, in denen er keine Verantwortung trägt. Durch dieses Gespräch wird der Klient erkennen, dass Situationen, in denen ihm Verantwortung abgeht, dadurch verursacht werden, dass ihm entweder von Fähigkeit oder Motivation ein Aspekt fehlt.

Bevor er zum Davis-Programm kam, gab es signifikante Bereiche im Leben des Klienten, in denen er entweder als direkte oder indirekte Auswirkung seines Autismus keine Verantwortung übernehmen konnte. Der Autismus stand ihm in Situationen direkt im Weg, in denen er verhinderte, dass der Klient seine Umwelt so wahrnahm oder verstand, dass er Kontrolle ausüben konnte. Zusätzlich, als indirektes Ergebnis des Autismus, wurde der Klient in vielen Bereichen der Möglichkeit beraubt, notwendige Fertigkeiten zu erlangen. Sein Leben war in vielerlei Hinsicht eingeschränkt.

Mit dem Kneten – und Beherrschen – von *Verantwortung* gibt das Davis-Programm jedem Klienten den Schlüssel zu seinem eigenen zukünftigen Erfolg im Leben. Das ist gemeint mit der „Fähigkeit, vollständig am Leben teilzunehmen". Der Mensch wurde nicht nur in Bereiche geführt, in denen er seine Welt versteht, sondern er besitzt nun auch ein Verfahren, das ihn durch das Leben leitet und einen unabhängigen Weg ermöglicht.

Die Davis-Beraterin Elizabeth Shier erzählt diese Geschichte von einem kleinen Jungen, mit dem sie gearbeitet hat:

Ich halte eine enge Verbindung zu meinem ersten Klienten, dem siebenjährigen Ryan, der die Begriffe einschließlich Verantwortung abgeschlossen hat. Letzte Woche kam seine Mutter mit Tränen in den Augen in mein Büro, umarmte mich so stark, dass ich keine Luft mehr bekam und sagte: „Ryan hat seinem jüngeren Bruder etwas abgegeben und niemand hatte ihn dazu aufgefordert! Du hast mir meinen Sohn gegeben." Sie war überwältigt von den Veränderungen, die sie in der Beziehung zwischen Ryan und seinen Geschwistern gesehen hatte.

Ryan hat sich auch mit einem Jungen in der Schule angefreundet, und die beiden haben Ärger bekommen – sie haben sich hinter dem Rücken ihres Lehrers aus dem Klassenzimmer geschlichen und laut kichernd im Waschraum versteckt. Als sie entdeckt wurden, hat er nicht versucht, die Schuld auf den anderen Jungen zu schieben. Zuerst waren seine Eltern beschämt, aber nun erkennen sie, dass für ihn dieses gemeinsame Planen mit einem anderen Kind in der Vergangenheit nicht möglich war. Und er hatte noch nie Schuld auf sich genommen, sodass sie froh waren, dass er seine Rolle in dem Ärger verstand und die Konsequenz bereitwillig akzeptierte. Seitdem hat er bessere Wege gefunden, um mit seinem neuen Freund Pläne zu schmieden.

Die Geschichte illustriert, dass ein Klient, der die Davis-Begriffe zu beherrschen gelernt hat, sich nicht unbedingt so verhält, wie es die Erwachsenen vielleicht vorziehen würden. Ein junger Mensch, der fähig ist, in seinem Leben Kontrolle auszuüben, ist auch in der Lage, Regeln zu brechen und Grenzen auszutesten. Aber Ryan war auch in der Lage, die Schuld auf sich zu nehmen und die Konsequenzen seiner Handlung zu verstehen – etwas, zu dem er vor dem Erarbeiten der Begriffe nicht fähig gewesen wäre.

Alles in allem begann Ryan sich wie ein „normales" Kind zu benehmen und nicht wie ein Kind mit einer Behinderung. *Verantwortung* und alle sie umgebenden Begriffe waren Teil seiner Identität geworden.

Integration der Identitätsentwicklung

Mit der Vervollständigung des abschließenden Begriffs der Identitätsentwicklung sind alle Teile vorhanden. Der Klient hat nun die grundlegende Beherrschung all jener Begriffe, die für die Entwicklung eines neuen Aspektes seiner Identität nötig sind: Er ist nun eine Person, die in der Lage ist, sich selbst zu verstehen und Kontrolle über ihre Umwelt auszuüben, die bereit ist, Verantwortung in ihrem Leben zu akzeptieren und zu übernehmen. Sie hat das notwendige Verstehen, Wissen und Können, um diesen Schritt zu machen.

Was noch bleibt, ist, die Teile in Bewegung zu setzen. Der Klient soll die Begriffe benutzen und anwenden, um eine Aufgabe in einer

Situation der realen Welt zu vollenden. Wenn das erst einmal bewerkstelligt wurde, werden die Begriffe vollständig in seine Kernidentität integriert sein.

Weil das Kneten der Begriffe in dem Begriff *Verantwortung* gipfelte, benötigt die Integration des Begriffes eine Situation, in der der Klient Verantwortung an- und übernehmen kann. Das wird normalerweise mit der Übung „Ordnung schaffen" gemacht. Für ein Kind oder einen Jugendlichen ist die ideale Situation, um Verantwortung zu übernehmen, im eigenen Zimmer Ordnung zu schaffen.

Weil die Davis-Ziele sind, Werkzeuge für das Leben bereitzustellen, sollte der Verantwortungsbereich des Kindes noch lange gelten, nachdem das Davis-Programm beendet wurde. Wie das Kneten gezeigt hat, braucht eine Person auch Kontrolle, um Verantwortung ausüben zu können. Das bedeutet, wenn das Kind die Verantwortung dafür übernimmt, in seinem Zimmer Ordnung zu schaffen, müssen die Eltern auch bereit sein, dem Kind zu erlauben, diese Verantwortung auf einer nachhaltigen, permanenten Basis zu behalten. Falls ein Elternteil nicht bereit ist, einem Kind so viel Kontrolle zu überlassen, oder der Wohnraum dafür nicht angemessen ist – zum Beispiel, wenn ein Kind das Zimmer mit einem älteren Geschwisterkind teilt –, dann kann ein anderer Bereich der Kontrolle zugeteilt werden. Dem Kind kann zum Beispiel die Verantwortung dafür gegeben werden, auf seinem Tisch oder in seinem Schubladenschrank Ordnung zu schaffen.

Bevor eine Person Verantwortung üben kann, braucht sie das Wissen und die Fertigkeit, die für diese Aufgabe erforderlich sind. Um sicherzugehen, dass das Kind bereit ist, Ordnung in seinem eigenen Raum zu schaffen, wird der Berater mit ihm zusammen eine Liste mit Schritten erarbeiten, die gebraucht werden, um Ordnung in jeglicher Umgebung zu schaffen. Der Berater lässt zunächst seinen Klienten ein Puzzle allein zusammenbauen. Der Berater gibt Hinweise bezüglich der Schritte, nach denen vorgegangen wird, wie: zuerst alle Teile mit dem Motiv nach oben zu legen, dann die Randteile herauszusuchen und so weiter, bis das Puzzle fertig ist. Diese Übung hilft die Idee zu verfestigen, dass man, um aus Unordnung Ordnung zu machen, einen Prozess aus aufeinanderfolgenden Schritten durchläuft.

Dann wird der Berater mit seinem Klienten daran arbeiten, Ordnung in eine Gruppe von Gegenständen zu bringen, die für das Ziel dieser Übung ausgewählt wurden, wie etwa der Inhalt einer Schreibtischschublade. Die Gegenstände werden einfach in der Mitte eines Tisches aufgehäuft. Dem Klienten wird wiederum die Aufgabe gestellt, für jeden Gegenstand den richtigen Platz und die richtige Position festzulegen. Der Berater leitet an und hilft, eine Liste mit Fragen zu den einzelnen Gegenständen zu entwickeln. Mit dieser Übung bekommt der Klient ein einfaches Gerüst, das für die Aufgabe, Ordnung in jeglicher Umgebung zu schaffen, angewandt werden kann. Die Reihenfolge, um Ordnung zu schaffen, hat neun Schritte:

1) *Isoliere einen einzelnen Gegenstand;*
2) *benenne, was es ist;*
3) *bestimme seinen Zustand;*
4) *bestimme den für ihn besten Platz, basierend auf seiner Identität und seinem Zustand;*
5) *weise ihm diesen Platz zu;*
6) *bestimme, welche Lage er auf diesem Platz einnehmen soll;*
7) *weise ihm diese Lage zu;*
8) *lege ihn in dieser Lage auf diesen Platz;*
9) *wiederhole diese Reihenfolge, bis in der Umgebung Ordnung geschaffen ist.*

Für diesen Prozess ist der Berater oder ein anderer Helfer mit dem Klienten in seinem Zimmer – oder in dem Bereich seiner vereinbarten Verantwortlichkeitszone –, um ihn durch die Schritte zu leiten, Ordnung in einer Situation des realen Lebens zu schaffen. Normalerweise hat der Klient eine geschriebene Version der neun

Schritte, die er unter der Anleitung und Ermutigung des Beraters auf die Aufgabe, seinen Raum zu organisieren, anwendet. Der Berater wird ihn dazu ermutigen, sich auf seine Erinnerung an die Schritte zu verlassen anstatt auf die geschriebene Liste, und mit der Zeit wird der Denkprozess automatisiert.

Auch wenn Davis den Prozess in neun einzelne Elemente einteilt, ähnelt der eigentliche Prozess dem, was die meisten Menschen normalerweise tun würden, wenn sie einen Bereich aufräumen; Personen mit Autismus oder ADHS brauchen am Anfang einfach zusätzliche Hilfe, um diese Fertigkeit zu erlangen.[70]

Obwohl der Berater anwesend ist, übt der Klient die Kontrolle aus, indem er persönlich darüber entscheidet, welcher Platz und welche Lage für jeden Gegenstand angemessen sind. Wenn er entscheidet, dass seine Socken in die unterste Schublade gehören, dann wird die unterste Schublade benutzt, auch wenn seine Mutter die Socken immer in die oberste Schublade getan hat. Der Kern von *Verantwortung* ist *Kontrolle*; und die Person, die Ordnung schafft, muss diejenige sein, die die Entscheidungen trifft.

Mit älteren Teenagern oder Erwachsenen wird ein Berater manchmal einen anderen Ansatz für die Aufgabe der Identitätsintegration benutzen. Oft haben ältere Klienten bereits einen Bereich in ihrem Leben, in dem ihnen „Verantwortung" überlassen wird, in dem sie aber Schwierigkeiten haben. Ein Teenager kann zum Beispiel häusliche Pflichten haben, die aber nicht erledigt werden; ein Erwachsener kann Schwierigkeiten damit haben, reguläre Pflichten am Arbeitsplatz zu Ende zu führen. Der Berater kann helfen, diese Probleme in Angriff zu nehmen, indem er einen doppelten Nutzen liefert, und zwar den Weg der Identitätsintegration zusammen mit der Hilfe für den Klienten, einer existierenden Lebensbarriere entgegenzutreten und sie zu überwinden. Der Prozess, diese Probleme

---

[70] Eine detaillierte Beschreibung der Übung Ordnung schaffen wird in Kapitel 16 des Buches *The Gift of Learning* gegeben. Siehe: Ronald D. Davis und Eldon M. Braun, *The Gift of Learning: Proven New Methods for Correcting ADD, Math & Handwriting Problems* (New York: Perigee Trade, 2003).

zu lösen, verstärkt das Lernen, das bereits stattgefunden hat, weil der Berater dem Klienten helfen muss zu bestimmen, welches Element der Davis-Konstruktion fehlt. Ist das Problem ein Problem fehlender Motivation? Oder eine fehlende Fähigkeit aufgrund fehlenden notwendigen Wissens oder fehlender Fertigkeit? Im Laufe dieser Erkundungen wird der Klient nicht nur das vorliegende Problem in Angriff nehmen, sondern auch fähig sein zu erkennen, wie die Davis-Begriffe erfolgreich auf Situationen des realen Lebens angewandt werden können.

Das Endergebnis ist, dass das Davis-Programm den „Behinderungs"aspekt von Autismus beseitigt. Die Idee von „Behinderung" impliziert die Überzeugung, dass die Person nicht imstande ist, etwas zu tun – zum Beispiel hat eine Person, die ihre Beine nicht mehr gebrauchen kann, eine Behinderung, weil sie nicht gehen kann. Aber in einigen Fällen wird die verinnerlichte Überzeugung der eigenen Unfähigkeit eine Barriere an und für sich. Die Person fängt an zu glauben, dass ihre Behinderung eine unüberwindbare Barriere ist, sodass sie ihre Begrenzung akzeptiert, statt die Schritte zu tun, die für eine Veränderung notwendig sind. Davis hält eine Schritt-für-Schritt-Anleitung bereit, die der Person erlaubt, einen Handlungsplan zu machen und auszuführen, um ihre Behinderungen zu überwinden. Wenn diese Begriffe in die Tat umgesetzt werden, sind sie selbstverstärkend. Jeder Erfolg bildet Selbstvertrauen und die Fähigkeit, andere Herausforderungen anzunehmen.

Mit der Vollendung der Identitätsentwicklung hat sich der Klient zu einer Person entwickelt, die fähig ist, eine normale Abfolge von Lebensereignissen und -erfahrungen zu verstehen, zu thematisieren und zu bewältigen. Sie hat eine Welt voller Chaos und Verwirrung zurückgelassen und ist ein bewusster und kompetenter Mensch geworden.

Das Davis-Programm ist nicht beendet, weil es bei der Arbeit, die abgeschlossen wurde, um Selbstverwirklichung geht. Die maßgebliche Barriere des Autismus ist die Schwierigkeit mit sozialer

Kommunikation und Beziehungen, etwas, das noch der Bearbeitung bedarf. Ein Verständnis des Selbst ist allerdings eine wichtige Voraussetzung für soziales Verständnis und Engagement.[71] Oft ist es am besten, ein paar Tage, Wochen oder sogar Monate zwischen der Vollendung der Phase der Identitätsentwicklung und dem abschließenden Abschnitt der sozialen Integration verstreichen zu lassen. Normalerweise weiß der Klient, wann er soweit ist, und arrangiert dann ein Treffen mit dem Berater, um den letzten Abschnitt des Programms zu beschreiten.

---

[71] Vgl. Lombardo und Baron-Cohen, *The Role of the Self in Mindblindness in Autism* (2011).

Kapitel 11

Soziale Integration

Die dritte und letzte Phase des Davis-Autismus-Ansatzes bietet autistischen Personen eine Grundlage, um soziale Beziehungen aufzubauen und aufrechtzuerhalten. Das wird erreicht, indem wiederum eine Reihe von allgemeinen Begriffen geknetet wird. Unter der Anleitung des Beraters wird sich der Klient zuerst auf den Begriff *Anderer* und *Andere* konzentrieren, dann zum Begriff *Beziehung* kommen, wo er vier Grundtypen von Beziehungen erkundet, und schließlich die Idee von *richtig* und *falsch* behandeln.

Das Davis-Programm ist nicht gemacht, um dem Klienten soziale Fertigkeiten, Moral oder kulturelle Normen beizubringen, sondern vielmehr um dem Klienten das *Verstehen* einer Reihe von Grundbegriffen zur Verfügung zu stellen, welche die Interaktionen mit Anderen beeinflussen und lenken. Bei der Begriffsbeherrschung und Erkundungen im Umfeld während der Arbeitsphase der Identitätsentwicklung wurde der Klient bereits aufgefordert, die Motivationen und Handlungen anderer Menschen zu beobachten und darüber nachzudenken. Seit dem Kneten von *Konsequenz* hat vieles aus dem Davis-Programm den Klienten bereits befähigt, eine größere Einsicht in sein eigenes Verhalten und dessen Auswirkung auf Andere um ihn herum zu erlangen. Zusätzlich wurde er aufgefordert, das Verhalten Anderer zu beobachten, ihre Gesten und Gesichtsausdrücke zu registrieren und Folgerungen daraus zu ziehen. Der Fokus blieb jedoch auf das Ego zentriert, das zentrale und höchste Ziel waren Selbstverständnis und Selbstverwirklichung.

Im Kontext sozialer Beziehungen muss sich der Fokus ändern in Richtung Wahrnehmung, Anerkennung und Respekt hinsichtlich des Wollens, Brauchens und der Motivationen Anderer. Der Autist muss lernen, sich als Teil von etwas Größerem als er selbst zu sehen: einem Paar, einem Trio oder einer Gruppe. Er bedarf der Fähigkeit, die Beziehung an sich als etwas Lebendiges und Dynamisches zu erkennen, etwas, das durch die Handlungen der beteiligten Menschen bewahrt und gepflegt werden kann. Mit Hilfe dieses Verstehens wird es ihm möglich sein, sich von einer auf sich selbst zentrierten Existenz zu lösen und zu einem teilnehmenden Mitglied seiner Gemeinschaft zu werden.

Anderer und Andere

Der Prozess beginnt mit dem Platzieren eines Modells von *Selbst* auf dem Tisch. Der Klient fügt dann ein Modell einer zweiten Person hinzu, die mit ein *Anderer* bezeichnet wird. Um das Verstehen zu zementieren, dass dieses Modell einen anderen Menschen darstellt, zeigt der Klient auf die Knetfigur und sagt: „Du stellst einen *Anderen* dar, also eine Person, die von *mir* getrennt ist. Du

Andere

stellst jede *Erfahrung* dar, die die Person jemals gemacht hat, alles *Wissen*, alles *Können* und alles *Verstehen*."

Der nächste Schritt ist das Kneten mehrerer Figuren, um eine Gruppe zu erschaffen, die Andere darstellt. Es wird der gleiche Ablauf benutzt: „Du stellst *Andere* dar, also Personen, die von *mir* getrennt sind. Du stellst jede *Erfahrung* dar, die jede von mir getrennte Person jemals hatte, alles *Wissen*, alles *Können* und alles *Verstehen*."
Auf diese Weise wird der Klient angeleitet, andere Personen als einzelne, individuell motivierte Menschen zu erkennen und zu betrachten.

Die Wiederholung dieser Formulierung, die der vorhergehenden Bestimmung von *Selbst* gleicht, lenkt die Aufmerksamkeit des Klienten ohne Weiteres auf die Idee, dass andere Menschen als Individuen getrennt von ihm existieren, jeder mit seiner eigenen Menge an

Erfahrungen, die aus dem Wissen, Können und Verstehen gezogen wurden. Weil die Wortfolge mit der Identifizierung des Modells von *Selbst* parallelisiert wird, verstärkt sie auch die Idee, dass andere Menschen dem Selbst sehr ähnlich sind, auch wenn sie gleichzeitig einzelne Lebewesen sind.

Es ist jedoch nicht das Ziel des Davis-Programms, die „Theory of Mind" affirmativ zu lehren. Der Klient wird von den Begriffen der sozialen Integration immer die Rückschlüsse ziehen, die zum jeweiligen Zeitpunkt wie von selbst kommen. Das Ziel des Programmes ist, eine Grundlage zu schaffen, die ihn dazu befähigt, sinnvolle Beziehungen zu Anderen aufzubauen und daran teilzunehmen. Er wird nicht fähig sein, dies zu tun, ohne das Getrenntsein und die Unabhängigkeit Anderer zu verstehen, aber es ist wahrscheinlich nicht nötig, dass er ausdrücklich über ihren Denkprozess nachdenkt, bevor er an Stelle von Knetfiguren tatsächlich reale Menschen trifft und mit ihnen in Kontakt tritt.

Der Berater wird weiterhin jeden Begriff mit seinem Klienten besprechen, aber Erkundungen im Umfeld sind nicht länger notwendig oder angemessen. Weil sich der Blick auf die Beschäftigung mit *Anderen* richtet, ist es für den Klienten nicht länger möglich, die zu erforschende Idee während der Arbeit mit dem Berater vollständig zu beherrschen. Die Anderen sind nicht dabei, sodass das empirische Lernen, das mit dem Aufbauen von Beziehungen und der Interaktion mit Anderen einhergeht, nicht eins zu eins im Kontext mit dem Berater erreicht werden kann. Der Berater kann bloß ein Ende der dreigeteilten Beherrschung anbieten: *Verstehen* oder Information, die aus der Beobachtung gewonnen wird. In diesem Stadium leitet und lehrt der Berater. Später wird der Klient fähig sein, das reale Leben mit realen Menschen allein zu erkunden.

Die Rolle des Selbst in Beziehungen

Als nächstes wird der Klient das Modell *Andere* kurz zur Seite stellen, um sich wieder auf *Selbst* zu konzentrieren, dieses Mal als Vorbereitung darauf, seine eigene Rolle beim Aufbauen von Beziehungen zu verstehen. Der Berater veranlasst den Klienten, eine symbolische Darstellung der Emotionen und des Verhaltens von *Selbst* zu machen, während es sich durch die Zeit bewegt. Begonnen wird mit einem kleinen Punkt aus Knete, der auf den Tisch gelegt wird, um die Idee von *jetzt* darzustellen. Darüber wird eine gerade Knetschlange gelegt, die an den Enden mit einer Knetschlange verbunden wird, die aussieht wie eine Sinuskurve und die gerade Knetschlange in der Mitte kreuzt.

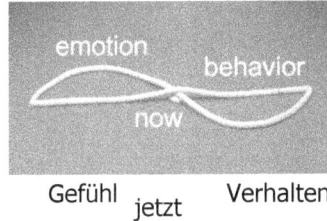

Der gebogene Knetstrang repräsentiert die *Emotion* des Klienten. Er hat den Begriff *Emotion*, der definiert wurde als seine selbst hergestellte Energie, bereits gemeistert und braucht dies nicht noch einmal zu tun. Die Knete wird nun vielmehr als Symbol für eine Idee benutzt, die er schon versteht.

Die gerade Linie repräsentiert das *Verhalten* des Klienten – definiert als: „wie ich handle oder mich benehme" – oder, wenn das Wort getrennt von der Knete bestimmt wird, wie *man* handelt oder *sich* benimmt. Auf diese Weise lenkt die Davis-Definition die Aufmerksamkeit des Klienten fast unmerklich auf die Idee, dass *Verhalten* ein Begriff ist, der sowohl für ihn selbst als auch für die Handlungen Anderer gilt.

Als nächstes wird dem Modell ein Übergangspfeil zugefügt, der vom *jetzt*-Punkt weg vom *Selbst* zeigt. Der Klient identifiziert den Pfeil mit den Worten: „Du zeigst meine Bewegung durch die Zeit."

Dann holt sich der Klient sein Modell von *Anderer* und setzt es auf den Punkt vor dem *Pfeil*, vor das *Selbst* und ihm zugewandt. Das

Beziehung

ist das Modell von *Beziehung* – die Verbindung einer Person (oder „mir") mit einer anderen. Der Klient hat nun ein Modell, das *Selbst* im gleichen Kontext zeigt, in dem es Andere sehen, nämlich als eine Person, die eine Reihe von Emotionen und Verhalten mit sich herumträgt. Er kann aus dem Modell auch erkennen, dass seine Fähigkeit, Beziehungen aufzubauen und daran teilzunehmen, eng mit seinen Emotionen und seinem Verhalten verknüpft ist.

Er ist bereit, die Idee verschiedener Beziehungstypen zu erkunden.

Vier Formen von Beziehungen

Davis hat vier grundlegende Typen von Beziehungen ermittelt. Jeder basiert auf dem zugrunde liegenden Element der Gemeinsamkeit, das den Einzelnen mit einer anderen Person oder Gruppe, mit der er interagiert, verbindet. Jede Beziehung, die eine Person hat, kann als eine oder mehrere dieser Formen definiert werden. Die Form der Beziehung lenkt das Verhalten der Personen innerhalb der Beziehung.

Ein häufiges Merkmal von Autismus ist die Tendenz, Aussagen wörtlich zu nehmen und die Handlungen Anderer für bare Münze zu nehmen. Sozial angepasste neurotypische Menschen tendieren dazu, ihre Worte und Handlungen den Erwartungen Anderer anzugleichen. Dabei werden oft Fakten beschönigt, man verlässt sich vielleicht auf Euphemismen, um zu vermeiden, Andere zu verletzen, oder benutzt Humor oder Sarkasmus, um seinen Standpunkt deutlich zu machen. Der arglose Autist läuft ununterbrochen Gefahr, die Absichten und Motive Anderer fehlzuinterpretieren.

Das Davis-Gerüst erlaubt dem Klienten, das Verhalten Anderer zu kontextualisieren, je nach Handlungsmuster, das die Beziehung bestimmt. Das Verstehen der verschiedenen Beziehungstypen hilft dem Klienten zu wissen, welche Art von Verhalten von ihm erwartet wird und was er von Anderen in dieser Beziehung antizipieren oder erwarten kann.

Das erste Modell ist eine Beziehung, die auf *Vertrauen* beruht, definiert als „das Gefühl, dass ein Anderer dem Selbst gleichwertig ist." Weil diese Beziehung auf einer Emotion im Selbst und im Anderen beruht, wird sie in dem Modell mit Gefühlsblasen dargestellt, die an beide Modelle gefügt werden. Jede Gefühlsblase enthält zwei kleine Figuren mit einem Gleichheits-

Vertrauen

zeichen dazwischen. Das stellt die Idee dar, dass jede Person in der Beziehung das Gefühl hat, dass die andere Person ihr gleich ist.

Vertrauen kann die Grundlage sein für eine Beziehung zwischen einer Person und einer anderen. Eine Person kann viele Freunde haben, aber die Beziehung *Vertrauen* wird für jeden einzeln aufgebaut. Die Beziehung *Vertrauen* ist das Kennzeichen einer wahren Freundschaft.

Das Verstehen, wie wichtig die Gegenseitigkeit für die Vertrauensbeziehung ist, wird dem Klienten beim Bewerten zukünftiger Beziehungen helfen. Autisten kommen manchmal in Schwierigkeiten, weil sie zu gutgläubig sind; sie können nicht begreifen, dass eine Person, die freundlich erscheint, sie letztendlich schlecht behandelt. Auch wenn der Klient niemals in der Lage sein wird, die Gedanken einer anderen Person zu lesen, so hilft ihm das Davis-Modell doch, sich selbst die richtigen Fragen zu stellen, wenn er sich auf neue Beziehungen einlässt.

Die zweite Form von Beziehung basiert auf *Glauben*. Glauben stammt auch von einer geteilten Emotion oder einem verinnerlichten Gefühl ab, aber Glauben kann die Grundlage für eine Beziehung mit einer oder vielen Personen sein. Davis definiert Glauben als: „etwas, das als wirklich, tatsächlich empfunden wird". Ein offensichtliches Beispiel

Glauben

wäre die Beziehung zwischen Mitgliedern einer gemeinsamen Religion, aber die Davis-Definition ist weit genug, um jeden Typus gleicher Meinung zu umfassen. Es kann zum Beispiel ein gemeinsames Gefühl sein, dass Bowling Spaß macht und eine erfreuliche Aktivität ist, welches die Person dazu anregt, mit Anderen in einem Bowlingverein zu sein. Weil der Glaube alles sein kann, kann er mit Knetbällen dargestellt werden; sie werden in zwei separate Gefühlsblasen gelegt, die einzeln mit *Selbst* und mit ein *Anderer* verbunden sind.

Wenn man sich die Modelle anschaut, sieht man, dass die auf Glauben basierende Beziehung ein gemeinsames Gefühl für *etwas* braucht, ohne die gegenseitige Aufmerksamkeit, die in der auf Vertrauen basierenden Beziehung existiert. Zwei Personen können den gleichen Glauben haben, dass Bowling Spaß macht, und bowlen möglicherweise sogar in der gleichen Mannschaft, selbst wenn sie sich gar nicht mögen oder sich außerhalb der Bowlingbahn nicht unterhalten.

Die verbleibenden zwei Formen von Beziehung basieren auf Begriffen, die außerhalb des Selbst ihren Ursprung haben und zum Wohl von Gruppen aus Individuen und der Gesellschaft da sind.

Die erste ist *zustimmen*, definiert als: „was wir als wirklich und tatsächlich erleben". Der Begriff *zustimmen* berücksichtigt eine Beziehung mit vielen Anderen und leitet den Klienten an, sich so zu verhalten, dass es den gemeinsamen Erwartungen der Anderen entspricht. Das heißt, *zustimmen* ist mehr als nur die Idee eines vertraglichen Abkommens; es umfasst das gegenseitige Verständnis von Erwartungen in unterschiedlichen Situationen. Ein häufiges Beispiel ist, eine Verabredung zu treffen und sie einzuhalten. Die Interaktion zwischen einem Verkäufer und einem Kunden ist ein anderes Beispiel: Sie sind sich beide einig, dass der Kunde berechtigt ist, Gegenstände aus dem Geschäft zu entfernen, nachdem er eine vereinbarte Menge Geld bezahlt hat.

zustimmen

Das Modell *zustimmen* ist dem Modell *Glauben* sehr ähnlich, aber jede Figur hat eine Gedankenblase statt einer Gefühlsblase, weil die Zustimmung auf dem Verstehen von Fakten und nicht Emotionen beruht.

Das letzte Modell ist eine Beziehung, die auf *Regeln* beruht. Regeln sind „Vorschriften, welche die Grenzen von akzeptablem Verhalten aufzeigen". Der Begriff Regeln berücksichtigt Beziehungen und Verhaltensweisen mit *allen* Anderen. Regeln werden grundsätzlich aufgestellt, damit die Gruppe funktioniert. Zum Beispiel kann ein Gesetz von einer Regierungsbehörde erlassen werden, das die Handlungen von Individuen einschränkt, um die Rechte Anderer zu schützen. Das gleiche Grundprinzip gilt für die Regeln, die ein Lehrer in einem Klassenraum aufstellt; zum Beispiel die Regel, dass Schüler sich melden und warten müssen, bis sie aufgerufen werden, bevor sie reden dürfen. Dieser Begriff kann geknetet werden, indem man Markierungen benutzt, um die Grenze entlang der Verhaltens-Linie zu beschreiben, und ein kleines Modell von einem Buch oder Schreibblock hinzufügt, das die Idee der Vorschrift darstellt.

Hochfunktionelle autistische Personen sind oft frustriert von der Schwierigkeit, die große Bandbreite unausgesprochener Standards und Erwartungen, welche soziale Interaktion steuern, zu verstehen und einzuhalten. Sie können versuchen, dies zu kompensieren, indem sie eine wachsende Liste sozialer Regeln auswendig lernen, die ihnen von Eltern und Tutoren beigebracht wurden oder die sie im Laufe ihres Lebens aus der Erfahrung gelernt haben, sind aber angesichts der scheinbar endlosen Liste neuer Regeln, die gelernt werden müssen, aufgeschmissen.

Das Davis-Modell bietet der Person stattdessen einen einfachen Weg an, ihre sozialen Beziehungen und die verhaltensmäßigen Erwartungen, die damit einhergehen, zu kontextualisieren. Die Beziehung wird gestärkt und andauern, wenn jede Person sich so verhält, dass sie mit dem Element der Gemeinsamkeit, welches dieser Beziehung zu grunde liegt, im Einklang steht und es unterstützt. Das Davis-Modell bringt den Klienten dazu zu erkennen, dass innerhalb einer auf Vertrauen beruhenden Beziehung sein Verhalten darauf basieren sollte, die andere Person (die ihm gleichgestellt ist) so zu behandeln, wie er selber behandelt werden möchte – und die Bedürfnisse der Gruppe mit einer auf Regeln beruhenden Beziehung zu erkennen und zu berücksichtigen. Der Berater wird ihm beim Kneten dabei helfen, Beispiele für die verschiedenen Formen zu finden und zu verstehen, dass sich die verschiedenen Formen überschneiden und in bestimmten Beziehungen zusammen existieren können. Später, wenn der Klient allein ist, wird er seine Fähigkeit einsetzen können, Beziehungen zu kategorisieren, um sein Verhalten zu lenken. Er wird auf dem Weg dahin sicherlich Fehler machen, aber er hat ein Werkzeug, das es einfacher macht, die gelernten Lektionen in ihren dazugehörigen Kontexten anzuwenden.

Der begriffliche Ansatz, der mit Davis erlernt wurde, wird der Person ebenso helfen, die Wichtigkeit ihrer Handlungen und die der Anderen im Kontext verschiedener Beziehungen korrekt einzuschätzen. Viele hochfunktionelle Autisten quälen sich unnötig wegen eines kleinen sozialen Fauxpas; der Autist hat nicht nur Schwie-

Regeln

rigkeiten damit zu wissen, wie er sich in einer bestimmten Situation verhalten soll, sondern ihm fehlt auch die Fähigkeit, die wahrscheinlichen Konsequenzen der Fehler, die er macht, zu erkennen und abzuschätzen. Mit dem Davis-Modell kann er sich auf die Themen konzentrieren, die wirklich wichtig sind: Er versteht, welche Verhaltensweisen wahrscheinlich mit einem Achselzucken von Anderen ignoriert werden und welche Verhaltensweisen das Fortbestehen einer Beziehung bedrohen. Gleichermaßen wird er wissen, wann er handeln muss, um einen Fehler zu korrigieren.

Der letzte Teil: gut und schlecht, richtig und falsch

Nach der Vollendung der Modelle, welche die vier Kategorien von Beziehungen darstellen, gibt es einen letzten Abschnitt: das Kneten der Ideen *gut* und *schlecht*, *richtig* und *falsch*.

In den frühen Jahren von Davis' Laufbahn, lange bevor er anfing, ein Programm für Autismus zu entwickeln, arbeitete er mit einem kleinen autistischen Mädchen, das ich Malika nenne. Das Mädchen war die Enkeltochter von Rons Kollegin, Dr. Fatima Ali, und so kam es, dass er es über die Jahre sehr gut kennenlernte. Malika schaute sich besonders gern den Disney-Animationsfilm *Pinocchio* an und Ron nahm an, dass sie von der Idee einer kleinen Holzpuppe, die ein Mensch werden wollte, fasziniert war. Eines Tages fragte er Malika, welchen Teil der Geschichte sie am liebsten mochte, und sie überraschte ihn mit der Antwort, dass sie Jiminy Cricket am liebsten mochte, die Figur, die von der blauen Fee eingesetzt wird, um als Pinocchios Gewissen zu agieren, ihn anzuleiten, den Unterschied zwischen richtig und falsch zu erkennen. Das Mädchen erklärte: „Ich habe kein Gewissen, und das ist es, was ich brauche."

Der abschließende Schritt der Davis-Beziehungsbegriffe stattet den Klienten mit der Fähigkeit aus, sein eigenes Gewissen zu erschaffen, seine zukünftigen Handlungen im Kontext seiner Beziehungen mit dem Ziel zu lenken, das *Richtige* zu tun. Das Verständnis der Idee von *richtig* im Gegensatz zu *falsch* an sich garantiert nicht, dass die Person immer die korrekten Entscheidungen treffen wird, aber es bedeutet, dass die Person ihr eigenes erworbenes Wissen, Können und Verstehen einsetzen kann, um eine Wahl aus den entsprechenden Gründen zu treffen. Die Person wird nicht einfach aufgrund auswendiggelernter sozialer Regeln oder des Wunsches, sich anzupassen oder von Anderen akzeptiert zu werden, handeln.

Dies ist kein Versuch, eine Reihe von Moralvorstellungen zu lehren oder aufzustellen, so wie das Davis-Modellieren keine Abfolge von Regeln oder Beispielen liefert. Der Berater bespricht Beispiele in dem Kontext, in dem er dem Klienten hilft, die Begriffe zu verstehen, aber in einer Weise, dass er den Klienten zu weiterer Erkundung und weiterem Verstehen anleitet. Das Davis-Ziel ist, jeden Klienten mit der *Fähigkeit* zu erfüllen – und mit der *Verantwortung* –, sein eigenes Urteilsvermögen darin zu üben festzustellen, was im Kontext seiner Beziehungen zu Anderen *richtig* ist.

Davis definiert jeden Begriff sehr einfach wie folgt:

Schlecht: unterstützt das Leben/Überleben nicht;

Gut: unterstützt das Leben/Überleben;

Falsch: eine Handlung, die das Leben/Überleben nicht unterstützt;

Richtig: eine Handlung, die das Leben/Überleben unterstützt.

„Überleben" wird in der Definition benutzt, weil es der Grundbegriff der zweiten Konstruktion ist: „Leben/überleben" repräsentiert die Art, wie wir als Menschen bestehen bleiben erleben. Überleben heißt als Selbst bestehen bleiben. Im Knetmodell Beziehung wird Überleben repräsentiert, indem Modelle hinzugefügt werden, die Leben und Tod des Beziehungsparadigmas symbolisieren, zusammen mit Knetpfeilen, die Emotionen und Verhal-

schlecht

tensweisen darstellen, welche das Überleben unterstützen (oder auch nicht).

Mit diesem Modell wird die Idee von *schlecht* oder *gut* direkt mit Emotionen und Handlungen des *Selbst* in Verbindung gebracht, die von der geraden und geschwungenen Knetlinie repräsentiert werden, auf der das Modell *Selbst* steht. Diese Begriffe werden auch im Kontext einer Beziehung mit einem *Anderen* dargestellt.

Der nächste Schritt ist das Kneten von *falsch*, dann von *richtig*. In allen Fällen wird der negative Begriff (schlecht, falsch) vor dem positiven Begriff (gut, richtig) geknetet, weil diese Ordnung des Knetens den Berater und den Klienten dazu bringt, mit dem positiven Modell zu enden. Das heißt, das allerletzte Modell, das geknetet wird, stellt die Idee von *richtigem* Verhalten dar.

Falsch ist einfach eine *Handlung*, die *schlecht* ist, die also *das Überleben nicht unterstützt*. Und der letzte geknetete Begriff, *richtig*, ist eine *Handlung*, die *gut* ist – *die das Überleben unterstützt*. Weil dieses Modell im Kontext einer Beziehung zu einem *Anderen* gemacht wird, ist auch die Idee der Förderung gegenseitigen Überlebens in diesem Modell inbegriffen. Eine Beziehung funktioniert, wenn alle Teilnehmer *als Selbst bestehen blei-*

richtig

ben können. Der Klient trifft die *richtige* Entscheidung, wenn seine Handlungen sowohl die eigene Fähigkeit, als Selbst bestehen zu bleiben, als auch die Fähigkeit der Anderen, in der gleichen Weise bestehen zu bleiben, fördern.

Der Klient, der alle Beziehungsbegriffe geknetet hat, muss immer noch das dazugehörige Wissen und Können erlangen, was nur in aktiver Teilnahme an Beziehungen passieren kann. Er wird Fehler machen, weil Fehler Teil des Lernprozesses sind – er wird vielleicht in einer sozialen Gruppe zu dicht bei den Anderen stehen, zu laut sprechen, den Blickkontakt vergessen oder zu einem sozialen

Treffen unangemessen gekleidet erscheinen. Aber er wird diese Fehler mit einem neuen Verständnis und einer Reihe zugrunde liegender Fertigkeiten machen. So wie die neun Schritte zum Schaffen von Ordnung ihm die Fähigkeit gegeben haben, sich selbst die nötigen Fragen zu stellen, um Ordnung in seiner Umgebung zu schaffen, ohne bestimmte Regeln für den Umgang mit schmutzigen Socken aufzustellen, werden die Beziehungsbegriffe ein verinnerlichtes, analytisches Gerüst liefern, das den Lernprozess lenkt.

Die Breite und Einfachheit des Davis-basierten Verstehens wird es erleichtern zu wissen, wann man die gelernten Lektionen in dem einem oder dem anderen Kontext anwenden soll, und die Fähigkeit entwickeln helfen zu verstehen und vorauszusehen, wie die Handlungen eines Einzelnen Auswirkungen auf Andere haben und wie Andere wahrscheinlich reagieren werden.

Wenn sich der Klient den Begriff so weit zu eigen gemacht hat, dass er in seinen Handlungen danach strebt, was *gut* und *richtig* ist, dann wird sein eigenes Verhalten sehr wahrscheinlich in die „goldene Regel" passen: Er wird Andere so behandeln, wie er selbst gerne behandelt werden möchte. Seine Handlungen werden anständig sein, denn er wird versuchen, Schaden zu vermeiden. Und er wird sich auch innerhalb von Beziehungen selbst beschützen können – erkennen, wenn eine Beziehung verbittert ist oder wenn andere ihn ausnutzen oder ihn ungerecht behandeln –, weil er sich auf den breiteren Kontext der Beziehung konzentrieren kann, ebenso wie auf die Auswirkungen auf sowohl das eigene Verhalten als auch auf das Anderer.

Der Klient, der den letzten Schritt des Davis-Programms abgeschlossen hat, hat den Lernprozess noch nicht beendet. Im Gegenteil, er fängt gerade erst an – aber er ist nun ausgerüstet mit den Werkzeugen und Begriffen, die notwendig sind, um erfolgreich und unabhängig leben zu können – kurz gesagt: um anzufangen, vollständig an dem Leben teilzunehmen, das er sich selbst entwirft.

Kapitel 12

Wie es weitergeht

Ein wesentliches Merkmal von Autismus sind die inneren Einschränkungen einer Person, die einem angemessenen, sozialen Verhalten im Weg stehen. Der Davis-Autismus-Ansatz stellt eine neuartiges Denkmodell zur Verfügung, nach dem man diese Einschränkungen unmittelbar bearbeiten kann. Das Programm lässt sich auf die Erfahrungen und Ideen eines erfolgreichen Erwachsenen zurückführen, der aufgrund seiner eigenen Kindheitsgeschichte als Autist tief verwurzelten Respekt und Verständnis für die autistische Perspektive mitbringt. Der Ansatz wurde über viele Jahre hinweg mit Hilfe gemeinschaftlicher praktischer Erfahrungen weiterentwickelt und präzisiert.

Das gesetzte Ziel des Programms – autistische Menschen zu befähigen, „vollständig am Leben teilzunehmen" – wird am besten durch die tatsächlichen Erfahrungen autistischer Menschen, ihrer Familienangehörigen und der Berater, die sie anleiteten, illustriert.

Der Davis-Unterschied

„In diesem Programm habe ich mit Knete gearbeitet, um Begriffe wie ‚ich', ‚Zeit', ‚Ordnung', ‚Reihenfolge' und - das war für mich am wichtigsten - ‚Beziehung' zu verinnerlichen und gründlich zu verstehen. Mein Berater hat mir auch beigebracht, wie ich bewusst loslassen und entspannen und mich mental in dieser Welt verankern kann, sodass ich mich selbst davon abhalten kann zu desorientieren oder tagzuträumen. Ich habe auch gelernt, meine Angstattacken und Wutanfälle zu erkennen und zu kon-

trollieren. *Wenn ich merke, dass sie kommen, kann ich mich dafür entscheiden, meine Gedanken zu ändern und loszulassen, und es ist, als hätte mich nie etwas geplagt! Ich weiß jetzt, wie ich sichere Grenzen gegenüber Menschen ziehen kann, sodass mich ihre Emotionen nicht überwältigen oder ich mich ausnutzen lasse. Ich kann meine Gefühle auf eine Art und Weise mündlich ausdrücken, wie ich es zuvor nicht konnte. Mit großen Menschenmengen umzugehen, ist immer noch an-strengend, aber es ist nicht mehr furchterregend und erdrückend, so wie früher.*"[72]

Der Davis-Autismus-Ansatz ist ein völlig neuartiger Ansatz, der autistische Menschen befähigt und stärkt. Das Programm kann zu tiefgreifenden Veränderungen in der praktischen Fähigkeit führen, die sich in veränderten Einstellungen und Verhaltensweisen zeigen, die weit jenseits der Erwartungen anderer Programme liegen. Gleichzeitig vermeidet das Programm direkte Bestrebungen, das Verhalten zu verändern, zu beeinflussen oder zu erzwingen, und basiert nicht auf dem Versuch, dem autistischen Klienten beizubringen, er solle denken oder handeln, als sei er nicht autistisch. Viele hochfunktionale Autisten sind berechtigterweise skeptisch und widerständig gegenüber den Versuchen Anderer, ihre Art zu denken oder zu fühlen zu verändern. Die Veränderungen, die mit einem Davis-Programm eintreten, passieren auf natürliche Weise, als Ergebnis des Lernprozesses und der Entwicklung neuer Fertigkeiten und Einsichten. Davis liefert einen Zugang zu besserem Selbstverständnis und sozialer Bindung, während gleichzeitig die Integrität der Person gewahrt bleibt.

Einige Schlüsselelemente, die das Davis-Programm von anderen unterscheiden:

---

[72] In einer Facebook-Gruppe gepostet am 1. August 2009: www.facebook.com/groups/6567263146/ (Stand: 26. Februar 2012).

218

1. Der autistische Ursprung

Aufgrund des frühkindlichen Autismus von Ron Davis resultieren seine Ideen aus seinen eigenen autistischen Erfahrungen und seinem autistischen Denken. Davis ist sich darüber im Klaren, dass seine Erfahrungen einmalig sind. Keine zwei Autisten gleichen sich und es ist unmöglich, von einem auf den anderen zu schließen. Doch Davis' Vorgeschichte hat ihn sensibel gemacht und führte zu dem Verständnis, wie sich die Erfahrungen des Autismus auf das Verhalten auswirken.

Davis weiß zum Beispiel, dass viele vorherrschende Überzeugungen hinsichtlich Autismus falsch sind. Es wird beispielsweise gemeinhin behauptet, dass Autismus mit fehlender Empathie einhergeht. Aber autistische Erfahrungen umfassen oft extreme Sensibilität und Reaktionsfähigkeit gegenüber den Emotionen und Gefühlen Anderer. Vermeidungsverhaltensweisen, wie etwa sich von Anderen zurückzuziehen oder Berührungen oder Augenkontakt zu vermeiden, sind keine Zeichen der Gleichgültigkeit, sondern vielmehr ein Hinweis, dass der Autist sich gefühlsmäßig überfordert fühlt.[73]

Ebenso weiß Davis aus eigener Erfahrung, dass es für einen erfolgreichen Lernprozess des Autisten nicht erforderlich ist, das Ver-

---

[73] Der Theoretiker [Adam Smith] unterscheidet zwischen „kognitiver" und „emotionaler" Empathie. „Kognitive Empathie" ist die Fähigkeit, das Verhalten eines anderen zu verstehen und vorherzusagen und entspricht der „Theory of Mind". „Emotionale Empathie" ist die emotionale Reaktion einer Person, die von dem emotionalen Zustand einer anderen ausgelöst wird und dieser entspricht. Ausgehend von den autobiographischen Berichten vieler autistischer Erwachsener als auch von Verhaltensbeobachtungen autistischer Kinder, gibt es starke Anzeichen dafür, dass Autisten gemeinhin eine Übersättigung an emotionaler Empathie erfahren, was zu Angstgefühlen, Unbehagen und Verwirrung führt. Vgl. Adam Smith, „The Empathy Imbalance Hypothesis of Autism: A Theoretical Approach to Cognitive and Emotional Empathy in Autistic Development", *The Psychological Record* 59, Nr. 3 (2009), S. 489-510. Siehe auch die Autismus-Theorie der „intensiven Welt" in: Kamila Markram und Henry Markram, „The Intense World Theory – A Unifying Theory of the Neurobiology of Autism", *Frontiers in Human Neuroscience* 4 (2010), S. 224.

halten neurotypischer Personen zu imitieren oder seine Art zu denken zu verändern. Autisten können mit einer Methode lernen und Fortschritte machen, die ihren kognitiven Stärken Rechnung trägt. Ihr Verhalten wird sich verändern, wenn die Ursache für dieses Verhalten verschwindet.

2. Aus der Praxis entwickelt

Wenngleich erst im Jahr 2008 eine vereinheitlichte Struktur für den Davis-Autismus-Ansatz festgelegt wurde, so werden die spezielle Methodik und die Werkzeuge schon seit den frühen 1980ern benutzt. Nach dem heutigen Stand der Dinge repräsentiert das strukturierte Programm sowohl die miteinander geteilten Ansichten von einem Dutzend Personen, die umfangreiche Erfahrungen in der Arbeit mit den Davis-Techniken, mit Kindern und Erwachsenen jeden Alters, in vielen Sprachen und Ländern haben, als auch die anhaltenden Beiträge vieler Anderer, die in der Methode ausgebildet wurden und aktiv mit autistischen Klienten arbeiten.

Als Davis das Programm entwickelt hat, ging es ihm natürlicherweise darum, Worte und Begriffe aus Knete zu modellieren, denn dieser Ansatz hatte ihm persönlich geholfen – die Knettechniken wurden jedoch deshalb beibehalten und präzisiert, weil sie funktionieren, nicht weil Davis sie sich ausgedacht hat. Einige Elemente des Programms wurden entwickelt, um genau die Probleme zu lösen, die unterwegs auftauchten. So wurde zum Beispiel das Ausrichtungsverfahren entwickelt, als sich zeigte, dass einige Personen nicht in der Lage waren, den Visualisierungsanleitungen des Davis-Orientierungsverfahrens zu folgen. Die Praxis, ein Knetmodell für „Selbst" in alle Begriffsbeherrschungsmodelle einzufügen, begann mit einem kleinen Jungen, der bei der Knetarbeit mit dem Begriff „Konsequenz" zunächst keine Fortschritte machte, bis er sich schließlich selbst in das Knetmodell mit einbezog.

3. Unterstützende Werkzeuge für Orientierung, Gleichgewicht und Stressabbau

Das Davis-Programm beginnt mit der gezielten Arbeit daran, einer Person zu ermöglichen, Wahrnehmungen in Einklang zu bringen, den Aufmerksamkeitsfokus zu kontrollieren und aufrechtzuerhalten, Stress abzubauen und das Energieniveau zu steuern, sowie mit einer einfachen Trainingsübung mit Koosh-Bällen, die darauf abzielt, Gleichgewicht und Koordination zu verbessern. Die Davis-Techniken des Orientierungstrainings sind einzigartig, aber ihr Mechanismus hat Ähnlichkeiten mit Neurofeedback: Durch mentales Training verbessert eine Person die Fähigkeit, ihren mentalen Zustand und ihre Aufmerksamkeit zu steuern.[74] Weil allerdings die meisten Davis-Orientierungswerkzeuge auf kurzen, einfachen, direkten Anweisungen beruhen, wobei die Person ihre eigenen körperlichen Empfindungen als Rückmeldung zu benutzen lernt, können die Davis-Techniken generell sehr schnell vermittelt und erlernt werden. Die aufgenommenen Tonsequenzen für die auditive Orientierung können auf gängigen tragbaren Wiedergabegeräten abgespielt werden. Es ist keine spezielle Ausrüstung nötig.[75] Alle Davis-Werkzeuge können regelmäßig sowohl zuhause als auch mit einem Berater geübt und intensiviert werden.

---

[74] Es hat sich gezeigt, dass Neurofeedback-Übungen das ausführende Funktionieren und soziale Verhalten unter autistischen Kindern verbessert. Vgl. Kouijzer, van Schie, et al. (2010) und Kouijzer, de Moor, et al. (2009).

[75] Im Gegensatz dazu erfordert Neurofeedback normalerweise viele Stunden Übung durch Ausprobieren mit einer Computerschnittstelle. Zum Beispiel haben Studenten in einer Forschungsstudie zweimal die Woche insgesamt 40 halbstündige Sitzungen durchgeführt. Weil die Übung von einer Maschine abhängig war, gab es keine Möglichkeit, zwischen den Sitzungen weiter zu üben oder das Geübte zu vertiefen. Vgl. Mirjam E.J. Kouijzer et al., „Neurofeedback Improves Executive Functioning in Children with Autism Spectrum Disorders", *Research in Autism Spectrum Disorders* 3, Nr. 1 (2009), S. 145-162.

4. Angeleitete, teilnehmende und eingliedernde Beherrschung wesentlicher Begriffe

Das Herz des Davis-Autismus-Ansatz ist die angeleitete Beherrschung von Schlüsselbegriffen, die die fehlenden Elemente bereitstellen, die notwendig sind, um eine eindeutige Wahrnehmung für „Selbst" und eine natürliche Kernidentität zu entwickeln. Diese Begriffe ermöglichen ein Verständnis für beides, die äußere Welt und die innere Welt der Gedanken und Gefühle. Das Programm endet mit einer Zusammenstellung von Begriffen, die sich auf die Rolle der Person in Beziehungen mit Anderen konzentrieren. Jeder Begriff beruht auf einem einfachen Inhalt, und die Begriffe werden der Reihe nach behandelt, wobei jeder neue Begriff jeweils auf vorher gemeisterten Begriffen aufbaut. Die Begriffe sind eher anhand von Erfahrung entwickelt worden als entlang einer psychologischen Theorie. Statt theoretisch zu entscheiden, welche typischen Entwicklungsschritte von autistischen Klienten nachvollzogen werden sollten, wurden die Davis-Begriffe aus der praktischen Erfahrung mit Kindern und Erwachsenen entwickelt.

Mit diesem Ansatz ist der Lernprozess natürlich und kann den Bedürfnissen des Betroffenen angepasst und entsprechend geführt werden. Der Einsatz von Knete sorgt dafür, dass der Lernende aktiv teilnimmt. Darüber hinaus liefert das Kneten eine Methode, abstrakte Begriffe darzustellen und so Begrenzungen der sprachlichen Möglichkeiten zu überwinden, und es ist auf Lernstärken im bildlichen Bereich ausgerichtet, die häufig bei Autismus vorkommen.[76]

Die geführte Erforschung der Begriffe und der Dialog erweitern und verstärken die Einsichten, die beim Kneten gewonnen werden, und helfen dem Autisten, die Begriffe auf Beobachtungen von Men-

---

[76] Autistische Personen scheinen eine gesteigerte Fähigkeit zu haben, bildliche mentale Darstellungen zu formen, abzurufen und zu beeinflussen. Vgl. Isabelle Soulières et al., „Enhanced Mental Image Mapping in Autism", *Neuropsychologia* 49, Nr. 9 (2011), S. 848-857. Bildliche Prozesse scheinen eine wichtige Rolle im autistischen Denken und bei der Fähigkeit zur Informationsaufnahme zu spielen. Vgl. Soulières et al., *Enhanced Visual Processing* (2009).

schen und Ereignissen zu beziehen. Der Autist wird ebenfalls langsam darauf hingeführt, größere Aufmerksamkeit auf andere Menschen zu richten, denen man während der Erkundung begegnet,
indem man die Beobachtung sowohl als Weg zur Veranschaulichung
als auch zur Erweiterung der Ideen, die beim Kneten erforscht wurden, benutzt.

Weil es eine festgelegte Zusammenstellung von Begriffen und
eine festgelegte Reihenfolge bei der Anleitung gibt, können der Berater, der Autist und die Familienmitglieder den Fortschritt im Verlauf des Programms einfach beurteilen. Der Fortschritt wird an der
Fähigkeit des Autisten gemessen, jeden Begriff zu erkennen und
seinerseits zu erklären, sowohl in Knetform als auch in der realen
Welt. Weil jede Begriffsbeherrschung in der gleichen Reihenfolge
abläuft, wird sich der Autist mit dem Ansatz wahrscheinlich immer
wohler fühlen und im weiteren Verlauf des Programms wirksamer
arbeiten.

5. Fokus auf Selbstverständnis

Ron Davis wusste aus seiner eigenen Kindheit, dass sein Autismus in gewisser Weise in der Wahrnehmung bestand, „alles und
nichts gleichzeitig zu sein", und dass er erst die Schritte der Individuation und dann die der Identitätsentwicklung tun musste, bevor
er in der Welt funktionieren und eine Beziehung zu Anderen herstellen konnte. Also war es für ihn offensichtlich, dass das Erlangen
eines Verständnisses des „Selbst" natürlicherweise der erste Schritt
war, den jeder Autist machen musste, bevor er fähig sein konnte,
sich der sozialen Welt mit Anderen anzupassen oder darin zu funktionieren.

Akademische Forscher haben erst in jüngster Zeit angefangen,
ihr Augenmerk auf die Bedeutung der Selbst-Konzeptualisierung
und die Rolle, die dies in den Denkprozessen und dem funktionalen

Verhalten von autistischen Menschen spielt, zu richten.[77] Forscher bestätigen nun, dass das „Selbst" „eines der wichtigsten Themen in der Autismusforschung" ist, aber die aus der Forschung abgeleiteten Ideen wurden noch nicht dazu benutzt, um neue therapeutische Ansätze für Autismus zu entwickeln.[78] Meistens konzentriert sich die therapeutische Vorgehensweise bei Autismus direkter auf die Fähigkeit des Autisten, mit Anderen in Beziehung zu treten, und beruht darauf, neue Verhaltensweisen zu unterrichten, wie etwa Augenkontakt herzustellen oder Konversationsfähigkeit zu üben.

Das Davis®-Programm baut auf der genauen Erarbeitung von Begriffen auf, die mit dem *Selbst* und dem Selbstverständnis in Zusammenhang stehen. Zusätzlich zu dem potentiellen Nutzen, den die Methode autistischen Menschen bietet, wird das Davis-Programm wohl auch die zukünftige Forschung anregen und beeinflussen, und zwar hinsichtlich der Rolle, die die Selbstwahrnehmung für die Entwicklung eines Verständnisses für ein soziales Miteinander spielt, das für Autisten schwer nachvollziehbar ist.

Fallbeispiel: Tagebuch eines Davis-Programms

Die Davis-Beraterin Karen LoGiudice hat ein Tagebuch über den Arbeitsverlauf mit einer jungen Frau Anfang zwanzig geführt. Amber lebte in einer Wohngruppe und nahm an einem Tagesprogramm teil, das Aktivitäten wie zum Beispiel Kunstprojekte umfasste. Als Karen sie zum ersten Mal traf, war sie sehr still und beantwortete die meisten Fragen mit einem schnellen "Ja" oder "Nein". Als sie eintraf, um ihr Programm zu beginnen, waren Ambers Eltern be-

---

[77] Die erste Forschungsstudie zur Selbstwahrnehmung im Autismus ist ein Bericht aus dem Jahr 1999. Er handelt von drei Erwachsenen mit Asperger-Syndrom, die ihre eigenen Gedanken notieren und beschreiben sollten. Vgl. Uta Frith und Francesca Happé, "Theory of Mind and Self-Consciousness: What It Is Like to Be Autistic", *Mind & Language* 14, Nr. 1 (1999), S. 1-22.
[78] Vgl. Lombardo und Baron-Cohen, „The Role of the Self in Mindblindness in Autism" (2011), und Peter R. Hobson, „Explaining Autism: Ten Reasons to Focus on the Developing Self", *Autism* 14, Nr. 5 (2010), S. 391-407.

sonders besorgt über Verhaltensweisen, die Probleme in der Wohngruppe verursachten. Amber zeigte wenig Interesse an den Aktivitäten und Unterhaltungen der Anderen um sie herum und ihre physischen Koordinationsfähigkeiten waren sehr schlecht. Ihre Eltern brachten sie regelmäßig zu den Sitzungen mit Karen und holten sie wieder ab. Das Davis-Programm wurde im Laufe von fünfzehn Tagen abgeschlossen, welche in drei separate einwöchige Blöcke und auf einen Zeitraum von sechs Monaten verteilt waren. Der ausgedehnte Zeitplan gab Karen die Möglichkeit, die Veränderungen zu beobachten, die zwischen den Blöcken in Ambers Leben aufgetreten waren, als die in jeder Beratungswoche eingepflanzten Keime Wurzeln bekamen und sich entwickelten.

1. Woche, Oktober. Individuation abgeschlossen. Identitätsentwicklung durch die Begriffsbeherrschung „Überleben"

1. Tag: Amber ist superstill und spricht nicht viel. Ich vermute, sie hat größere Sprachfähigkeiten, als es zunächst den Anschein hat. Amber hat die **Entspannung und Orientierung, auditive Feineinstellung** und **Kooshball-Übung** gut aufgenommen. Als sie den Ton der auditiven Orientierung hörte, überkam sie ein Zustand der Ruhe. Ihre Mutter war fassungslos, als sie hörte, dass Amber einen Koosh-Ball fangen konnte, während sie auf einem Bein stand. Ihr feinmotorisches Geschick ist grob – deshalb ist das Kneten für sie nicht ganz einfach. Die Qualität ihrer Knetarbeit verbesserte sich im Laufe des Tages ein bisschen, besonders bei den Buchstaben. Ich glaube, mit zunehmender Erfahrung öffnet sie sich der Sache mehr.

2. Tag: Amber war fröhlich, als sie hereinkam. Ihr Vater berichtete, dass sie begeistert von den Koosh-Bällen war und dass auch er über ihre Fähigkeit, die Bälle zu fangen, überrascht ist. Er sagte, dass sie mit ihrer Mutter auf dem

Heimweg weiter **Veränderungen** gesucht und besprochen hätte. Sie reagiert auch gut auf das Hören von dem
Ting-Klang. Sie hat es heute drei Mal gehört (jeweils den
ganzen 8-Minuten-Track). Amber zeigte an diesem Nachmittag Anzeichen für Individuation. In einer Pause sprach
sie mich das erste Mal direkt an und stellte eine Frage zu
dem Lärm, der während des Tagesprogramms herrschte.
Sie sagte, die anderen Leute machen zu viel Lärm, und das
stört sie sehr. Sie fuhr fort, dass eine andere Frau sie
fürchterlich beschimpft und dass sie das nicht mag. Sie
sagte, dass es von der Frau nicht in Ordnung ist, sie so zu
behandeln.

3. Tag: Amber kam fröhlich herein. Als wir **Konsequenz,
Ursache-Wirkung, vorher-nachher** überprüften, war ich
überzeugt, dass sie es hatte! Das wurde weiter bestätigt,
als wir **Zeit** bearbeiteten. Wir machten unsere erste „Erkundung außer Haus" zum Baumarkt und zu Dunkin'
Donuts. Wir haben alles Mögliche mit Hilfe der Stoppuhr
gemessen (bei der Beobachtung hinsichtlich Ursache und
Wirkung). Ich merkte, dass das Kneten immer leichter
geht. Amber ist sicherer bei der Modellerstellung, auch
wenn sie immer noch Anleitung braucht. Ihre Mutter erzählte, dass Amber zum ersten Mal überhaupt zu ihr kam
und sagte: „Willst du wissen, woran wir heute gearbeitet
haben?" und dann die Begriffe Schritt für Schritt durch-
ging. Ihre Mutter sagte, sie habe sich gewundert: „Ist das
die gleiche Amber, die ich seit zweiundzwanzig Jahren
kenne?"

4. Tag: Die einfachste Form von **Zeit** war nicht leicht.
Amber schien wirklich erschöpft zu sein, als wir fertig waren. Wir machten eine lange Pause. **Reihenfolge** schien
gut zu gehen, viele Beispiele, mit denen wir arbeiten konn-

ten. Ihr Vater war sehr enthusiastisch hinsichtlich des Programms und sagte, er habe ein Strahlen in Ambers Augen gesehen, als sie vom Mittagessen wiederkamen, das er nie zuvor gesehen hatte.

5. Tag: Die Wiederholung von **Reihenfolge** war fantastisch. Amber wusste nicht nur die Bedeutung sicher, sondern sie schaute auch konzentriert auf die Knete, um jedes einzelne Teil davon zu zeigen. Es war das erste Mal, dass ich eine Intention bei ihr sah. **Ordnung** und **Unordnung** gingen auch gut. Wir gingen zum Lebensmittelladen, um die Begriffe in der Außenwelt zu untersuchen, und es war großartig. Wir sprachen auch über **Ordnung** und **Unordnung** in Bezug auf ihre Werkzeuge und auf bestimmte Situationen. Es war toll, sie darauf Bezug nehmen zu hören, wie sie sie in ihrem Leben benutzen könnte – „Was wäre für dich der richtige Zustand in __ Situation? Welche Werkzeuge würdest du dann benutzen? Was müsstest du tun, um in dir Ordnung zu schaffen?" Sie beantwortete die Fragen mit Leichtigkeit. **Bestehenbleiben** und **Überleben** rundeten unsere Woche ab – es lief gut. Ihre Mutter war überrascht und sehr beeindruckt, als sie sah, wie wir mit den Kooshbällen spielten und Amber, ausbalanciert wie ein Felsen, auf die Bälle reagierte, die auf sie zukamen.

2. Woche, Februar. Identitätsentwicklung durch die Begriffsbeherrschung von „Emotion"

6. Tag: Ich bin begeistert über die erstaunliche Veränderung von Amber. Ihre Augen sind klar und haben einen Glanz, der vorher nicht da war. Sie sucht den Augenkontakt und will mir alles erzählen, was sie seit dem letzten Mal gemacht hat. (Sie hat einen JOB angenommen, ... was sie früher nicht durfte – nun aber, nach dieser Entwick-

lung, schon!) Bei unserer Überprüfung der Begriffe, die
wir bisher erarbeitet hatten, hatte sie alle behalten – wir
hatten viel Spaß, als wir uns die Bilder ihrer Modelle aus
der ersten Woche ansahen und sie jedes einzelne Teil bestimmen konnte. Ihr Vater richtete aus, dass die Verhal-
tensfragen in der Wohngruppe fast völlig geklärt seien.
Diese Auswirkungen auf die Situation belegen, dass Amber
seit unserer letzten Sitzung den Inhalt von **Konsequenz**
integriert hatte.

7. Tag: Wahrnehmung und **Denken** gingen gut. Ambers
feinmotorische Fertigkeiten werden besser. Kneten scheint
ein bisschen leichter zu gehen. Sie beginnt sich mehr zu
öffnen und sucht immer öfter Augenkontakt.

8. Tag: Wir haben **Erfahrung** abgeschlossen und hatten
eine echt lustige „Exkursion", um gemeinsam neue Erfahrungen zu machen. Es war eine Bindungsübung. Amber
scheint interessierter an anderen Menschen zu sein. Sie
machte eine Bemerkung über den kleinen Laden, den wir
gefunden hatten – so etwas wie, dass er ein Ort sei, an den
ihre Großmutter gern gehen würde. Sie hatte Augenkontakt mit dem Mann an der Kasse und schien mich zu beobachten, als ich mit ihm interagierte und redete.

9. Tag: Alle Begriffe schienen gut zu gehen. Ich war beeindruckt, wie leicht sie sich **Energie** und **Kraft** aneignete.

10. Tag: Wir gingen heute sehr viele Begriffe durch. Ich
hatte nicht erwartet, dass **Emotion** so schnell gehen würde. Die Entdeckungsphase war lustig. Ambers Gesichtsausdruck wechselte, sobald wir bei verschiedenen Leuten
unterschiedliche Emotionen sahen. Hier begann sie auch
das erste Mal, unaufgefordert zu reden. Bei McDonald´s

*sah sie einen Mann mittleren Alters auf eine kleine alte
Frau zugehen und sagen: „Hallo, junge Frau!" Die alte
Dame war entzückt. Ambers Augen huschten zu mir und
sahen mich direkt an, wie um zu sagen: „Ich habe verstanden, dass das ein Witz war!" Sie kicherte. Was folgte, war
noch erstaunlicher. Amber begann, mir von ihrer Großmutter zu erzählen. Sie erzählte eine lange, detaillierte
Geschichte darüber, dass ihre Großmutter aus Schottland
kam und ihren Mann im Krieg getroffen hatte, als er Sol-
dat gewesen war. Noch am selben Tag wiederholte ich die
Geschichte gegenüber Ambers Mutter – die erstaunt war
und sagte: „Das hat Amber Ihnen alles erzählt?" Später
fand ich heraus, dass die Familie völlig ahnungslos war,
dass Amber diese Geschichte kannte und fassungslos, dass
sie tatsächlich all diese Informationen aufgenommen hatte.*

3. Woche, April. Abschluss, Identitätsentwicklung bis hin zum Ordnungschaffen; soziale Integration mit Beziehungsbegriffen

11. Tag: *Es war großartig zu hören, dass Amber angefangen hatte, zu arbeiten! Sie ist SO glücklich. Sie kann jetzt
ohne direkte Personalaufsicht arbeiten.* **Fertigkeit** *ging
sehr gut. Wir gingen in die Spielhalle. Amber hatte einen
Wahnsinnsspaß. Ihre Augen strahlten, sie fühlte sich versiert und sie lernte und verbesserte sich mit jedem Spiel,
das sie spielte.*

12. Tag: *Heute war ein guter Tag. Amber besprach mit ihrer Mutter und mir unseren geplanten Ausflug in die
Wohngruppe morgen. In Bezug auf einige Dinge war sie
sehr hartnäckig – wer Dienst hatte, um welche Zeit ihr
Mitbewohner nach Hause kam und dass sie fertig sein
wollte, bevor sie zurückkamen. Innerlich jubelte ich – aber*

ich glaube, ihre Mutter musste sich auf Ambers neu entdeckte Stimme erst einstellen. Ich erinnerte sie daran, dass
dies gut ist ... wir wollen, dass Amber fähig ist, vollständig
am Leben teilzunehmen, und sich selbst und ihre Meinung
in Bezug auf ihre Umgebung zu äußern, war Teil davon.
Ihre Mutter stimmte zu.

13. Tag: Wir hatten Spaß heute ... ich war in Ambers
Wohngruppe, um die letzte **Ordnungschaffen-Übung** zu
machen. Als wir ihr Zimmer betraten, dachte ich zuerst
„Hoppla!" – es war nahezu perfekt aufgeräumt. Es gab
praktisch nichts, was nicht an Ort und Stelle lag. Aber
dann öffneten wir den Schrank ... und „Bingo!" – wir verbrachten zwei Stunden damit, und als ich ging, war er
vollkommen aufgeräumt. Einmal fragte ich sie, ob sie eine
Pause machen wolle, und sie sagte: „Nein, jetzt nicht."
Wenn ich sie bisher gefragt hatte, hatte sie immer das Gegenteil geantwortet.

14. Tag: Die **Beziehungsbegriffe** gingen ganz gut. Amber
schien ziemlich interessiert zu sein. Ihre Mutter sagte, dass
Amber während der GESAMTEN Fahrt hierher geredet
hatte. Sie sagte, das war eine große Veränderung; früher
wären sie still gewesen und hätten Radio gehört. Ihre
Mutter sagte: „Sie hat so viel Zeit ihres Lebens schweigend
verbracht ... sie hat eine Menge zu erzählen!"

15. Tag: Die restlichen Begriffe (wir hatten nur noch zwei
übrig) gingen gut. Unsere Feier war großartig und ich
übergab Amber eine Abschlussurkunde. Ihr Vater hielt eine Rede darauf, wie dankbar er war für die Veränderungen, die sie bereits bis jetzt bei Amber gesehen hatten. Er
sei begeistert und könne es nicht erwarten zu sehen, wohin sie das führen würde. Ich erinnerte ihn daran, dass das

nicht das Ende war ... tatsächlich war es der Anfang ... wenn sie anfing, ihre zukünftigen Erfahrungen durch diese neuen Begriffe zu filtern.

Fallbeispiel: Erfahrungen eines Erwachsenen nach 18 Monaten

Davis-Beraterin Christien Vos aus den Niederlanden arbeitete im Verlauf eines Jahres mit einem männlichen Erwachsenen. Sie trafen sich einmal alle zwei Wochen. Er hat mit dem Programm gekämpft und war oft streitlustig und widerständig; trotzdem hat er nach Abschluss des Programms tiefgreifende Veränderungen in seinem Leben erfahren:

Mit 39 Jahren lebte Willem, ein hochfunktionaler männlicher Autist, allein und hatte keine Freunde. Als er zu mir kam, war er unfähig, mehr als eine Aufgabe am Tag zu erledigen, und er war wiederholt dabei gescheitert, eine Arbeit zu bekommen oder zu behalten. Er war sehr argwöhnisch und hochsensibel und stotterte. Er war auch extrem intelligent, aber es fehlte ihm an Kreativität.

Das Davis-Autismus-Programm war ein harter Weg für ihn. Er hasste es, mit Knete zu arbeiten, stellte am Anfang viele der Begriffe in Frage und widersetzte sich. Gleichwohl hörte er nicht auf, ein Jahr lang einmal alle zwei Wochen zu mir zu kommen. Im Laufe der Zeit nahm seine Abneigung ab und unsere Auseinandersetzungen wurden kürzer und weniger angreifend/verteidigend. Er begann das Gefühl zu mögen, das jeder beherrschte Begriff ihm verschaffte.

Weil er allein lebte, keine Freunde und keine Arbeit hatte, war es schwierig für ihn, im täglichen Leben eine Rück-

meldung zu bekommen. Trotzdem konnte er nach ein paar Monaten, als wir seine Erfahrungen aus den zurückliegenden Wochen besprachen, die Veränderungen in seinen eigenen Denkprozessen und seinem Verhalten erkennen.

Nachdem er das Programm beendet hatte, hörte ich eine Weile nichts mehr von ihm. Schließlich, nach 18 Monaten, schrieb er mir eine Email und machte einen Termin aus, damit er von seinem derzeitigen Leben berichten konnte.

Bei diesem Treffen erzählte er von folgenden Veränderungen:

- er hat keine Angst mehr vor Anderen, obwohl er immer noch das Gefühl hat, dass er übermäßig argwöhnisch ist, und immer noch stottert;

- er hat in sozialen Situationen einen Überblick, versteht, warum Leute handeln, wie sie handeln, und fühlt sich nicht mehr ängstlich, durcheinander, zornig, verloren oder gestresst;

- er kann mehrere Dinge gleichzeitig machen und mit mehrteiligen Aufgaben in der richtigen Reihenfolge umgehen und dabei entspannt und orientiert bleiben;

- er entwickelt Initiativen und führt sie wirklich aus;

- er wurde kreativer – er hat zum Beispiel angefangen zu zeichnen;

- er ist der Mannschaftskapitän und Webmaster seines Bridgeclubs und schreibt Berichte von Bridgeturnieren für die Bridgegemeinde;

- er ist einer Diskussionsgruppe beigetreten (im wahren Leben, nicht im Netz), die sich regelmäßig vor ihren Diskussionen zum Essen trifft;

- er macht Pläne für seine Zukunft.

Fallbeispiel: Ein Kind mit Asperger-Syndrom nach einem Jahr

Davis-Beraterin Gale Long konnte ebenfalls von den langfristigen Veränderungen eines jungen Mädchens berichten, mit dem sie gearbeitet hatte. Die Mutter des Kindes lieferte ebenfalls Hintergrundinformationen.

Kaylas Mutter berichtet:

Kayla wies viele Symptome des Asperger-Syndroms auf. Neben den sprachlichen Problemen hatte sie mit Wut und Ärger zu kämpfen, war leicht reizbar durch Geräusche, Menschenmengen, Licht und Gerüche. Ihre motorischen Fertigkeiten waren unterentwickelt, sodass normale Aktivitäten wie Radfahren oder Gehen schwierig waren. Ihre Manien und Zwangsvorstellungen waren Aspekte, die alltägliche Handlungen schwierig machten. Das Erkennen sozialer Hinweisreize fehlt, was ihr erschwert, Gesichtsausdrücke, Körpersprache und die unausgesprochenen Regeln der Gesprächsführung zu deuten. Sie neigte dazu, übertrieben freundlich zu sein. Sie hatte eine ungewöhnliche Empfindlichkeit gegenüber Licht, Lebensmitteln und Berührung. Ihre sensorische Integrationsstörung hatte eine jahrelange Therapie zur Folge. Wie die meisten Autisten hatte sie sowohl Schwierigkeiten mit dem Übergang von einer Handlung zur nächsten als auch damit, Freundschaften zu schließen und zu pflegen.

Wir befanden uns während ihrer Grundschulzeit in einem ununterbrochenen Stresszustand. Die Schule hatte keinen Plan, wie sie ihr helfen konnte. Sie wussten nicht, wie sie mit ihr im Klassenraum umgehen sollten. Die Schüler wussten nicht, wie sie mit ihr interagieren sollten. Sie machten sich über sie lustig, und weil sie sprachlich unterlegen war, fing sie an zu randalieren. Sie wurde wegen ih-

res Benehmens der Schule verwiesen und kam in der vier-
ten Klasse auf eine Schule für verhaltensauffällige Kinder.
Als sie in die Mittelstufe kam, war Kayla konfrontiert mit
Chaos, Angst, Sich-anpassen-Wollen und Sich-abgelehnt-
Fühlen. Sie hatte keine Freunde und wurde gemobbt. Die
Fachleute sagten, ich müsse die Tatsache akzeptieren,
dass sich bei Kayla nie eine Verbesserung einstellen wür-
de.

Die Autismus-Beraterin berichtet:

Bei unserem ersten Treffen kam Kayla zurückhaltend her-
ein. Sie versteckte sich ein wenig hinter ihrer Mutter und
klammerte sich an ihre Hand, als ob etwas Schreckliches
passieren würde, wenn sie losließe. Aber so, wie sie mich
mit ihren schönen blauen Augen und langen Wimpern an-
sah, war sie offensichtlich neugierig. Als sie anfing, sich in
meiner Gegenwart mehr zu entspannen, wurde sie über-
mütig und begann zu kreischen und auf und ab zu sprin-
gen. Mit offensichtlicher Begeisterung vertraute sie mir
einige Erfahrungen an, aber ich hatte solche Schwierigkei-
ten, ihre Sprache zu verstehen, dass ich so tun musste, als
wüsste ich, was sie gesagt hatte.

Beobachtungen der Autismus-Beraterin – ein Jahr nach dem Davis-Autismus-Programm:

Kürzlich habe ich mich mit Kayla nach der Schule zum Es-
sen getroffen. Als die Schüler aus dem Unterricht entlassen
wurden, bemerkte ich Kayla, die in aller Ruhe den Fußweg
entlang ging und mit einem Freund klönte und lachte.
Was für ein Unterschied! Vor einem guten Jahr war es
normal gewesen, dass die anderen sie schikanierten oder
auf dem Spielplatz links liegen ließen, wenn ich sie zu ih-
ren Autismus-Sitzungen abholte. Oftmals hatte sie ge-

weint. Es tat mir leid, dass sie so kämpfen musste, um in ihre Welt hineinzupassen.

Heute hat Kayla viele Freunde, die sie gleichberechtigt behandeln. Gerade neulich hat Kayla an einem zweitägigen Ausflug mit Floßfahrt teilgenommen. In den vorherigen Jahren hatte sie nie Freunde und nicht die Fertigkeit, Übernachtungserfahrungen zu sammeln. Das war also enorm – fähig zu sein, Ängste und unzureichende soziale Fertigkeiten zu überwinden, um tatsächlich einen schönen Tag mit Freunden genießen zu können! Kayla kämpft manchmal immer noch, aber sie hat die Werkzeuge und die Fähigkeit, Situationen zu beurteilen und angemessen zu reagieren. Von Kayla zu lernen, wie schwierig alles aus der autistischen Perspektive ist, war lehrreich für mich.

Als wir mit dem Essen fertig waren, bat ich Kaylas Mutter, in drei Worten zu beschreiben, wie Kayla vor ihrem Autismus-Programm war. Sie antwortete: Isolation, Frustration und Traurigkeit. Die drei Ausdrücke, mit denen sie Kayla jetzt beschreibt: Hoffnung, Leichtigkeit der inneren Einstellung und Freude.

Ängstlich erwartete ich Kaylas Antwort auf die gleichen Fragen. Sie dachte sorgfältig darüber nach und sagte mir drei Worte für vorher: Traurigkeit, Einsamkeit und Kummer. Heute sagt sie, sie fühlt sich glücklich, einbezogen und zuversichtlich.

Fallbeispiel: Reflexionen über die drei Phasen des Programms

Davis-Beraterin Cathy Dodge Smith erinnert sich an Erfahrungen mit einigen ihrer Klienten und bezieht diese auf die unterschiedlichen Phasen des Davis-Programms.

In der Programmphase der **Individuation** *kann ich manchmal schon die reale Person hinter der Maske oder dem Nebel des Autismus erahnen, und zwar während kurzer Phasen desjenigen Zustandes, den wir ‚Orientiertsein' nennen, und den die meisten Leute wohl als 'Totalpräsent-Sein' bezeichnen würden. Am Anfang sind solche Momente kurz und flüchtig. Man muss sehr aufmerksam sein, um sie zu bemerken und darauf zu reagieren.*

Ich hatte einen kleinen Siebenjährigen in meinem Büro, der nicht sehr interessiert daran war, was ich auf der Tagesordnung hatte. Über eine Stunde lang wanderte er herum, redete ununterbrochen, fasste Sachen an und bewegte sich hauptsächlich in seiner eigenen Welt. Auch wenn er mich von Zeit zu Zeit ansprach oder mich bisweilen etwas fragte, so war er doch nicht an meinen Antworten interessiert, wartete noch nicht einmal meine Erwiderung ab. Schließlich hörte er mitten drin auf, kam zu meinem kleinen Tisch, wo ich auf ihn wartete, sah mir in die Augen und sagte deutlich: „Okay. Was sollen wir machen?" Ich sagte ihm, was ich von ihm wollte, und er setzte sich hin und machte es. Er war für etwa fünf Minuten total bei mir, dann stand er auf und war wieder „weg".

Wenn die Individuation stabiler wird, dehnen sich die flüchtigen Momente der Orientierung aus und die Zeit, die man „weg" ist, verringert sich allmählich. Das mache nicht ich; es passiert einfach, wenn der Klient sich im orientierten Zustand zunehmend wohler fühlt und er weiß, wie man freiwillig dorthin kommt.

Die nächste Phase des Programms, **Identitätsentwicklung**, erlaubt der Person, vergleichsweise zügig die normalen Entwicklungsschritte zu durchlaufen, die sie teilweise oder ganz ausgelassen hat, weil sie in der realen Welt nicht völlig präsent war. Während wir die Begriffe gemeinsam entdecken, wird dem Klienten die reale Welt nach und nach vertrauter.

Ich habe einmal mit einer jungen Frau (26 Jahre alt) den Begriff „Zeit" erarbeitet. Als ich sagte, dass sich die Erde dreht, auf der wir uns befinden, sah sie mit einem strahlenden Gesichtsausdruck hoch und sagte, dass sie sich plötzlich „Okay" fühlte und ausgeglichener und verbundener damit, auf dieser Erde zu sein.

Ein ähnliches Erlebnis hatte ich mit einem jungen Mann, als er die Arbeit mit dem Begriff „Reihenfolge" beendete. Er konnte selbst einem einfachen Ablauf von Schritten nicht folgen, etwa einem geschriebenen Rezept oder einer geschriebenen Notiz, wie er zum Supermarkt gehen, etwas kaufen und zurück nach Hause kommen sollte. Sein Gesichtsausdruck, als er den letzten Schritt zur Beherrschung von Reihenfolge machte, war reine Freude, Glück, Überraschung und Ruhe.

Ist Identitätsentwicklung erst einmal abgeschlossen, kommt die letzte Phase des Davis-Programms, **soziale Integration**. Auch hier ist es fantastisch, das erwachende Bewusstsein davon mitzuerleben, wie Beziehungen funktionieren. Ein junger Mann sagte mir, „er brauchte das wirklich", weil er immer völlig frustriert davon war, dass er etwas wissen sollte, was ihm aber vorher nicht erklärt worden war. Er entdeckte, dass das die „ungeschriebenen Gesetze" sozialer Interaktion waren. Wir verbrachten eine

wunderbare Zeit damit, solche „ungeschriebenen Gesetze"
zu finden und aufzuschreiben!

Eine neue Welt der Möglichkeiten

Menschen kommen zum Davis-Programm, weil sie *Verände-rung* suchen. Eltern autistischer Kinder hoffen auf eine Veränderung der Art und Weise, wie ihr Kind sich in Gesellschaft von Anderen benimmt und interagiert. Ältere autistische Personen, die selbständig kommen und nach Hilfe suchen, hoffen auf Veränderungen, die ihnen helfen, die Einschränkungen in ihrem Leben, die sie frustrieren oder unglücklich machen, zu überwinden.

Die Davis-Methoden helfen, indem sie Werkzeuge bereitstellen, mit denen die Person ihre Aufmerksamkeitssteuerung selbst regulieren und überprüfen, Stress abbauen und das Energieniveau kontrollieren kann. Der Gebrauch dieser Werkzeuge verändert die Art und Weise, in der die Person ihre Umwelt wahrnimmt und darauf reagiert. Das Davis-Programm umfasst ein System von Lernkonzepten, die der Person eine erweiterte Wahrnehmung und Erkenntnis ihrer Welt und ihrer Rolle vermitteln. Dieses neue Verständnis hilft ihnen, ihr eigenes Leben zu regeln und mit Anderen zu interagieren. Mit neuem Wissen und neuen Fähigkeiten ist die Möglichkeit für weitere Veränderungen eröffnet. In der Davis-Vorgehensweise versehen *Wissen + Fertigkeit + Möglichkeit* den Menschen mit *Fähigkeit* – aber es liegt bei der Person, die Begriffe *Kontrolle* und *Verantwortung* zu üben, welche erst die Veränderungen in ihrem Leben bewirken. Für jeden Einzelnen ist der Weg unterschiedlich, bestimmt von individuellen Zielen, Interessen und Talenten.

„Sobald meine Identität sich zu entwickeln begann und mein Erinnerungsvermögen einsetzte, war mein größter Wunsch im Leben, ein realer Mensch zu werden. Ich konnte sehen, dass Andere etwas waren, was ich nicht war. Meine wichtigste Aufgabe war von Anfang an, einen Weg

zu finden, der es mir erlaubte, ‚normal' zu sein oder wenigstens so zu erscheinen. Wenn ich meinen Weg durch dieses Chaos finden und eine 'Karte' für meinesgleichen bereitstellen könnte, damit sie es mir gleichtun könnten, hätte meine Existenz einen Sinn. Der Davis-Autismus-Ansatz ist das Ergebnis meiner bestmöglichen Bemühungen, diese Karte zu liefern."

Ron Davis

Glossar

Begriffe, die das Davis-Programm beschreiben

Basisbegriff: ein Begriff, der das Wissen wiedergibt, das von einem Wurzelbegriff erlangt wurde.

Begriffsbeherrschung: ein Verfahren mit aufeinanderfolgenden Schritten, in dem abstrakte Begriffe mit Knete dargestellt werden.

dominanter Pfeil: ein Knetpfeil, der dazu benutzt wird, die Aufmerksamkeit auf einen Teil eines Knetmodells zu lenken.

fortgeschrittener Begriff: ein Begriff, der alle grundlegenden Konstruktionen und gemeinsamen Begriffe umfasst.

Gedankenblase: eine Knetschlaufe, deren eines Ende am Kopf des Modells von Selbst befestigt ist; die Modelle innerhalb der Schlaufe stellen mentale Aktivität dar.

Gefühlsblase: eine Knetschlaufe, deren eines Ende auf der Brust des Modell von Selbst befestigt ist; die Modelle innerhalb der Schlaufe stellen mentale Bilder dar, die Emotionen hervorrufen.

gemeinsamer Begriff:	ein Begriff, der zwei oder mehr Konstruktionen entstammt.
Grundbegriff:	ein Begriff, der davon abgeleitet wird, wie eine Person einen Wurzelbegriff erlebt.
Individuation:	der Prozess, eine beständige Wahrnehmung zu entwickeln, der dazu führt, dass das Selbst als eine einzelne Einheit getrennt von Anderen wahrgenommen und erlebt wird.
Modell der einfachsten Form:	ein Modell der Begriffsbeherrschung, das sehr einfache Knetelemente wie Knetbälle und Pfeile benutzt als einfachste Art, einen Inhalt darzustellen.
Orientierung:	ein Bewusstseinszustand, in dem die mentalen Wahrnehmungen mit den realen Fakten und Verhältnissen in der Umgebung übereinstimmen.
Wurzelbegriff:	ein Begriff, der auf einem Naturgesetz basiert.

Begriffe der Identitätsentwicklung und sozialen Integration

Absicht	der Drang, das Brauchen zu befriedigen.
Anderer	Person, getrennt vom Selbst.
Andere	Personen, getrennt vom Selbst.
bestehen (bleiben)	gleich bleiben.

Beziehung	Verbindung einer Person mit einer anderen.
Brauchen	etwas, was Wollen befriedigt.
Denken	der Denkprozess.
Drang	instinktiver Wunsch, nach Angenehmem zu streben und Schmerz zu meiden.
denken	mentale Aktivität.
Emotion	Energie, die im Selbst hergestellt wird.
Energie	Möglichkeit, etwas zu beeinflussen.
Erfahrung	verändert leben.
Fähigkeit	Wissen, Fertigkeit und Gelegenheit, etwas zu kontrollieren.
falsch	die Handlung, die das Leben/Überleben nicht unterstützt.
Fertigkeit	erfahren darin, eine gewünschte Veränderung herbeizurufen.
Folge/Konsequenz	etwas geschieht als Ursache von etwas anderem.
Gelegenheit	die Autorität, die Zeit, der Ort und der Zustand zum Handeln.
Glauben	etwas wird als wirklich, tatsächlich empfunden.
gut	unterstützt das Leben/Überleben.

Können	Erfahrung, gewonnen da durch, etwas zu verursachen.
Kontrolle	Fähigkeit, eine Veränderung herbeizuführen.
Körper	physische Form.
Kraft	angewandte Energie.
leben/überleben	als Selbst bestehen bleiben.
Lebenskraft	der Drang, derjenige zu sein, was und wer „ich" bin.
Motivation	Drang zu kontrollieren.
nachher	etwas geschieht später als etwas anderes.
Ordnung	Dinge am richtigen Platz, in der richtigen Lage und im richtigen Zustand.
Regeln	Vorschriften, welche die Grenzen von annehmbarem Verhalten aufzeigen.
Reihenfolge	die Art und Weise, wie Dinge aufeinander folgen, eines nach dem anderen, in der Zeit, in Größe, Menge, willkürlicher Ordnung und/oder Wichtigkeit.
richtig	eine Handlung, die das Leben/ Überleben unterstützt.
schlecht	unterstützt das Leben/Überleben nicht.
Selbst	die eigene Person, ich.

Unordnung	Dinge nicht am richtigen Platz, nicht in der richtigen Lage und/oder nicht im richtigen Zustand.
Ursache	etwas, das etwas anderes bewirkt.
Veränderung	etwas wird zu etwas anderem.
Verantwortung	Fähigkeit und Motivation, etwas zu kontrollieren.
Verhalten	wie man handelt oder sich beträgt.
Verstehen	Erfahrung, gewonnen dadurch, etwas zu beobachten.
Vertrauen	das Gefühl, dass ein Anderer dem Selbst gleichwertig ist.
vorher	etwas geschieht früher als etwas anderes.
Wahrnehmung	Aufmerksamkeit nach außen.
Wirkung	etwas, das verursacht wird.
Wissen	Erfahrung, gewonnen dadurch, Empfänger einer Wirkung zu sein.
wollen	Drang, als__ zu existieren.
Zeit	das Messen von Veränderung im Vergleich zu einem Standard.
zustimmen	etwas wird als wirklich, tatsächlich gedacht.

Literaturverzeichnis

American Psychiatric Association, (Hg.), "Proposed Revision: A 09 Autism Spectrum Disorder", DSM-5 Development, URL: www.dsm5.org/proposedrevision/pages/proposedrevision.asp x?rid=94 (geladen: 26. Januar 2011, Stand: 31. Oktober 2011).

Bacon, Alison M. und Simon J. Handley, "Dyslexia and Reasoning: The Importance of Visual Processes", British Journal of Psychology 101 (2010), S. 433-452.

Baron-Cohen, Simon, "Out of Sight or Out of Mind? Another Look at Deception in Autism", Journal of Child Psychology and Psychiatry 33, Nr. 7 (1992), S. 1141-1155.

Boucher, Jill, Francisco Pons, Sophie Lind und David Williams, "Temporal Cognition in Children with Autistic Spectrum Disorders: Tests of Diachronic Thinking", Journal of Autism and Developmental Disorders 37, Nr. 8 (2007), S. 1413-1429.

Bruner, Jerome S. und Leo Postman, "On the Perception of Incongruity: A Paradigm", Journal of Personality 18 (1949), S. 206-223.

Chen, Eric Y., Mirror Mind (2005).

———, Autism & Self Improvement: My Journey to Accept Planet Earth (Singapore: Eric Chen Yixiong, 2007).

———, Star Child on Earth (2010).

———, "Autism Speaks for Itself: Lost on Planet Earth" URL: iautistic.com/autism-speaks.php (geladen: 31. Mai 2009, Stand: 6. Oktober 2011).

Courchesne, Eric et al., "Neuron Number and Size in Prefrontal Cortex of Children With Autism", Journal of the American Medical Association 306, Nr. 18 (2011), S. 2001-2010.

Cytowic, Richard E., "Synesthesia: Phenomenology and Neuropsychology", Psyche 2, Nr. 10 (1995).

Davis, Ronald D., The Gift of Dyslexia: Why Some of the Smartest People Can't Read ... and How They Can Learn (1994).

———, My Study of Disorientation (Burlingame, CA,1997).

———, "Red Dirt and Water", The Dyslexic Reader (1997).

———, "The History of Concept Mastery and Symbol Mastery", The Dyslexic Reader 30, Nr. 1 (2003), S. 1-5.

———, "Waking Up: The Origin of Concept Mastery", The Dyslexic Reader 40, Nr. 3 (2005), S. 10.

———, Nurturing the Seed of Genius (Facilitators Workshop Manual) (Burlingame, CA: Davis Autism International, 2009).

Davis, Ronald D. und Eldon M. Braun, The Gift of Learning: Proven New Methods for Correcting ADD, Math & Handwriting Problems (New York: Perigee Trade, 2003).

———, The Gift of Dyslexia, Revised and Expanded: Why Some of the Smartest People Can't Read ... and How They Can Learn (New York: Perigee Trade, 2010).

Dawson, Michelle, Isabelle Soulières, Morton Ann Gernsbacher und Laurent Mottron, "The Level and Nature of Autistic Intelligence", Psychological Science 18, Nr. 8 (2007), S. 657-662.

Dawson, Michelle, Laurent Mottron und Morton Ann Gernsbacher, "Learning in Autism", in: Learning and Memory: A Comprehensive Reference: Cognitive Psychology, (Hg.) J.H. Byrne und H. Roediger (New York: Elsevier, 2008), S. 759-772.

Dinstein, Ilan et al., "Disrupted Neural Synchronization in Toddlers with Autism", Neuron 70, Nr. 6 (2011), S. 1218-1225.

Farley, Adam, Beatriz López und Guy Saunders, "Self-Conceptualisation in Autism: Knowing Oneself Versus Knowing Self-Through-Other", Autism 14, Nr. 5 (2010), S. 519-530.

Frith, Chris D. und Uta Frith, "The Self and Its Reputation in Autism", Neuron 57, Nr. 3 (2008), S. 331-332.

Frith, Uta und Francesca Happé, "Theory of Mind and Self-Consciousness: What It Is Like to Be Autistic", Mind & Language 14, Nr. 1 (1999), S. 1-22.

Gernsbacher, Morton Ann, Michelle Dawson und Laurent Mottron, "Autism: Common, Heritable, But Not Harmful", Behavioral and Brain Sciences 29, Nr. 4 (2006), S. 413-414.

Happé, Francesca, "Theory of Mind and the Self", Annals of the New York Academy of Sciences 1001 (2003), S. 134–144.

Hobson, R. Peter, "Explaining Autism: Ten Reasons to Focus on the Developing Self", Autism 14, Nr. 5 (2010), S. 391-407.

———, "On the Origins of Self and the Case of Autism", Development and Psychopathology 2, Nr. 2 (2008), S. 163.

Hobson, R. Peter und Jessica A. Meyer, "Foundations for Self and Other: A Study in Autism", Developmental Science 8, Nr. 6 (2005), S. 481-491.

Hollander, Eric et al., "Oxytocin Increases Retention of Social Cognition in Autism", Biological Psychiatry 61, Nr. 4 (2007), S. 498-503.

Jacob, Suma, Camille W. Brune, C.S. Carter, Bennett L. Leventhal, Catherine Lord und Edwin H. Cook Jr., "Association of the Oxytocin Receptor Gene (OXTR) in Caucasian Children and Adolescents with Autism", Neuroscience Letters 417, Nr. 1 (2007), S. 6-9.

Kamio, Y. und M. Tochi, "Dual Access to Semantics in Autism: Is Pictorial Access Superior to Verbal Access?", Journal of Child Psychology and Psychiatry 41, Nr. 7 (2000), S. 859-867.

Kanner, Leo, "Autistic Disturbances of Affective Contact", Nervous Child 2 (1943), S. 217-250.

———, "The Conception of Wholes and Parts in Early Infantile Autism", American Journal of Psychiatry 108 (1951), S. 23-27.

Kouijzer, Mirjam E. J., Hein T. van Schie, Jan M. H. de Moor, Berrie J. L. Gerrits und Jan K. Buitelaar, "Neurofeedback Treatment in Autism. Preliminary Findings in Behavioral, Cognitive, and Neurophysiological Functioning", Research in Autism Spectrum Disorders 4, Nr. 3 (2010), S. 386-399.

Kouijzer, Mirjam E. J., Jan M.H. de Moor, Berrie J. L. Gerrits, Marco Congedo und Hein T. van Schie, "Neurofeedback Improves Executive Functioning in Children with Autism Spectrum Disorders", Research in Autism Spectrum Disorders 3, Nr. 1 (2009), S. 145-162.

Lerer, E., S. Levi, S. Salomon, A. Darvasi, N. Yirmiya und R. P. Ebstein, "Association Between the Oxytocin Receptor (OXTR) Gene and Autism: Relationship to Vineland Adaptive Behavior Scales and Cognition", Molecular Psychiatry 13 (2008), S. 980-988.

Lind, Sophie E., "Memory and the Self in Autism: A Review and Theoretical Framework", Autism 14, Nr. 5 (2010), S. 430-457.

Lind, Sophie E. und D. M. Bowler, "Delayed Self-Recognition in Children with Autism Spectrum Disorder", Journal of Autism and Developmental Disorders 39, Nr. 4 (2009), S. 634-650.

Lombardo, Michael V. und Simon Baron-Cohen, "The Role of the Self in Mindblindness in Autism", Consciousness and Cognition 20, Nr. 1 (2011), S. 130-140.

Lombardo, Michael V. et al., "Atypical Neural Self-Representation in Autism", Brain 133, Nr. 2 (2010), S. 611-624.

Lombardo, Michael V., Jennifer L. Barnes, Sally J. Wheelwright und Simon Baron-Cohen, "Self-Referential Cognition and Empathy in Autism", PLoS ONE 2, Nr. 9 (2007), S. e88e.

Markram, Kamila und Henry Markram, "The Intense World Theory – A Unifying Theory of the Neurobiology of Autism", Frontiers in Human Neuroscience 4 (2010), S. 224.

Meyer, Jessica A. und Peter R. Hobson, "Orientation in Relation to Self and Other: The Case of Autism", Interaction Studies 5, Nr. 2 (2004), S. 221-244.

Mitchell, Peter und Kelly O'Keefe, "Do Individuals with Autism Spectrum Disorder Think They Know Their Own Minds?", Journal of Autism and Developmental Disorders 38, Nr. 8 (2008), S. 1591-1597.

Mottron, Laurent, "Commentary: The Power of Autism", Nature 479, Nr. 5 (2011), S. 33-35.

Mukhopadhyay, Tito Rajarshi, The Mind Tree: A Miraculous Child Breaks the Silence of Autism (New York: Arcade Publishing, 2003).

Mundy, Peter, Mary Gwaltney und Heather Henderson, "Self-Referenced Processing, Neurodevelopment and Joint Attention in Autism", Autism 14, Nr. 5 (2010), S. 408-429.

Pert, Candace B., Molecules of Emotion: The Science Behind Mind-Body Medicine (New York: Simon & Schuster, 1999).

Pineda, J.A. et al., "Positive Behavioral and Electrophysiological Changes Following Neurofeedback Training in Children with Autism", Research in Autism Spectrum Disorders 2, Nr. 3 (2008), S. 557-581.

Postman, Leo, and Jerome S. Bruner, "Perception Under Stress", Psychological Review 55, Nr. 6 (1948), S. 314-323.

Redcay, Elizabeth und Eric Courchesne, "When is the Brain Enlarged in Autism? A Meta-Analysis of All Brain Size Reports", Biological Psychiatry 58, Nr. 1 (2005), S. 1-9.

Rubber Hand Illusion, URL: www.youtube.com/watch?v= TCQbgjG0RU (geladen: newscientistvideo, 19. September 2007, Stand: 10. Juni 2011).

Sahyoun, Chérif P., Isabelle Soulières, John W. Belliveau, Laurent Mottron und Maria Mody, "Cognitive Differences in Pictorial Reasoning Between High-Functioning Autism and Asperger's Syndrome", Journal of Autism and Developmental Disorders 39, Nr. 7 (2008), S.1014-1023.

Smith, Adam, "The Empathy Imbalance Hypothesis of Autism: A Theoretical Approach to Cognitive and Emotional Empathy in Autistic Development", The Psychological Record 59, Nr. 3 (2009), S. 489-510.

Soulières, Isabelle et al., "Enhanced Visual Processing Contributes to Matrix Reasoning in Autism", Human Brain Mapping 30, Nr. 12 (2009), S. 4082-4107.

Soulières, Isabelle, Michelle Dawson, Morton Ann Gernsbacher und Laurent Mottron, "The Level and Nature of Autistic Intelligence II: What about Asperger Syndrome?", PLoS ONE 6, Nr. 9 (2011), S. e25372.

Soulières, Isabelle, Thomas A. Zeffiro, M. L. Girard und Laurent Mottron, "Enhanced Mental Image Mapping in Autism", Neuropsychologia 49, Nr. 5 (2011), S. 848-857.

Tammet, Daniel, Born on a Blue Day: Inside the Extraordinary Mind of an Autistic Savant (New York: Free Press, 2007).

Tau, Gregory Z. und Bradley S. Peterson, "Normal Development of Brain Circuits", Neuropsycho¬pharmacology 35, Nr. 1 (2010), S. 147-168.

Taylor, Jill Bolte, My Stroke of Insight: A Brain Scientist's Personal Journey (New York: Viking, 2008).

Teigen, K. H., "Is a Sigh ‚Just a Sigh'? Sighs as Emotional Signals and Responses to a Difficult Task.", Scandinavian Journal of Psychology. 49, Nr. 1 (2008), S. 49-57.

The Rubber Hand Illusion – Horizon: Is Seeing Believing?, URL: www.youtube.com/watch?v=sxwn1w7MJvk (geladen: BBC, 15. Oktober 2010, Stand: 10. Juni 2011).

Toichi, Motomi et al., "A Lack of Self-Consciousness in Autism", American Journal of Psychiatry 159 (2002), S. 1422-1424.

Uddin, Lucina Q., "The Self in Autism: An Emerging View From Neuroimaging", Neurocase 17, Nr. 3 (2011), S. 201-208.

Uddin, Lucina Q. et al., "Neural Basis of Self and Other Representation in Autism: An fMRI Study of Self-Face Recognition", PLoS ONE 3, Nr. 10 (2008), S. e3526.

van der Hoort, Björn, Arvid Guterstam und H. Henrik Ehrsson, "Being Barbie: The Size of One's Own Body Determines the Perceived Size of the World", PLoS ONE 6, Nr. 5 (2011), S. e20195.

Wellman, Henry M., David Cross und Julanne Watson, "Meta-Analysis of Theory-of-Mind Development: The Truth about False Belief", Child Development 72, Nr. 3 (2001), S. 655-684.

Williams, David, "Theory of Own Mind in Autism: Evidence of a Specific Deficit in Self-Awareness?", Autism 14, Nr. 5 (2010), S. 474-494.

Williams, David und Francesca Happé, "Representing Intentions in Self and Other: Studies of Autism and Typical Development", Developmental Science 13, Nr. 2 (2010), S. 307-319.

Wolff, Jason J. et al., "Differences in White Matter Fiber Tract Development Present From 6 to 24 Months in Infants With Autism", The American Journal of Psychiatry, February 2012: doi: 10.1176/appi.ajp.2011.11091447.

Internetquellen

Die deutschsprachige Hompage zum Davis-Autismus-Ansatz lautet:
www.davis-autismus.com

Die englischsprachige Hompage zum Davis-Autismus-Ansatz lautet:
www.davisautism.com

Die Namen und Kontaktdaten der zur Zeit deutschsprachigen lizenzierten Davis-Autismus-Berater/-Coaches finden sich hier:
www.davis-autismus.com

Die Namen und Kontaktdaten weltweit aller zur Zeit lizenzierten Davis-Autismus-Berater/-Coaches finden sich hier:
www.davisautism.com/contact_facilitator.html

Zu Informationen über die Forschung und Entwicklung des NOIT-Gerätes von Davis zur auditiven Orientierung siehe(englisch):
www.noitresearch.org

Weitere Informationen über die Davis-Programm für Legasthenie/Dyskalkulie/AD(H)S:
www.legasthenie-adhs-dyskalkulie.com

Weitere Informationen über die Davis-Programme in englischer Sprache einschließlich aktueller Forschungsberichte:
URL: **www.dyslexia.com**

Wörterbuch/Lexikon:
URL: **dictionary.reference.com**
URL: **ftexploring.com/energy/definition.html**

www.ingramcontent.com/pod-product-compliance
Lightning Source LLC
Chambersburg PA
CBHW061724270326

41928CB00011B/2102